한 권으로 읽는
101개국
101가지
핵심 키워드

강력한 리더십을 만드는 101가지 아이디어

만딥 라이 지음 김상학 옮김

plan b
DESIGN

한국 독자들을 위한 서문

한국에서의 제 경험을 통해 느꼈던 에너지는 저에 대한 사랑이었습니다. 나를 앞으로 움직였고, 이 같은 움직임은 우리의 마음, 삶, 관계, 일 등에서 매우 강력하게 작용했습니다.

이것은 마치 에스컬레이터나 컨베이어 벨트와 같습니다. 무엇을 굳이 하려고 하지 않아도 흐름이 이미 거기에 있었고, 그 파도에 올라타는 당신의 마음가짐에 달렸습니다.

이 책이 매일 1%씩이라도 독자들에게 영감을 주고, 활기를 북돋우며, 삶을 이해할 수 있는 계기가 되기를 바랍니다. 이 책에서 밝히기도 했지만, 한국의 역동적인 환경 속에서 내려야 하는 매번의 의사결정에 도움이 되는 도구를 갈고닦을 수 있는 안식처로 이 책을 여겨 주시면 좋겠습니다. 전 세계 국가들로부터의 지혜가 여러분의 일상을 아름답게 만들어 줄 수 있으리라 믿습니다.

만딥 라이

프롤로그_당신의 가치와 함께 리딩하라

"거기 가면 누가 너와 결혼하겠니?"

'옥스퍼드'란 단어가 입 밖으로 나가는 순간 어머니는 단호하게 말씀하셨다. (하지만) 대학 면접을 위해 부모님 차를 몰고 내 마음대로 다녀온 곳이 바로 그곳이었다.

여느 부모들이라면 지원이나 격려를 해 주거나, 심지어 자랑스러워했겠지만 어머니는 그렇지 않으셨다. 어머니에게 '옥스퍼드' 같은 단어는 영국 지배계급의 전형이었다. 그들은 어머니의 모국 인도를 영국 식민지 시대에 너무 많이 변화시켰다. 결정적으로 그녀가 소외되고 외롭고 폭력적인 인종 학대의 희생양이 되어버린 곳에 살도록 한 책임이 있는 사람들이었다. 어머니는 이 마을에서 유일하면서도 가장 친한 친구인 나를 마약에 노출된 땅으로 보내고 싶지 않으셨다. 결국 내가 세바스찬이라는 상류층 백인 소년과 결혼하는 상상까지 하셨다.

결혼, 열여덟 살에게는 자유와 행복의 끝이라 여겨졌다. 가능한 오랫동안 피해야 할 새장처럼 느껴졌다. 그때도 지금처럼 가장 소중하게 생각한 것은 타인의 기대에 휘둘리지 않고 내 삶의 방향을 정하는 힘이었다. 어머니에게는 내가 적절한 시기에 적절한—적당한 신앙과 배경과 혈통을 지닌 시크교도인—남자, 바람직하게는 펀자브 출신의 남자와 결혼하는 것보다 더 중요한 건 없었다. 우리는 서로가 간절히 원하는 것을 가장 두려워했다. 인생에서 처음으로 가치의 중요성을 깨달은 순간이었다. 어머니에게는 가족과 유산이 중요한 반면 나는 자유, 탐험, 지식에 대한 갈망에 스스로 감동하곤 했다. 우리는 둘 다 '나'를 위해 최선을 원했지만 그것이 무엇인지에 대해서는 서로 동의할 수 없었다. 우리의 출발점과 기본 가정은 양립할 수 없었고, 서로의 가치가 충돌했다.

우리는 모두 인생에서 선택이나 도전, 기회가 우리의 성격과 욕망에 대해 중요한 점들을 드러내는 이 같은 순간을 경험한다. 직업상의 목표를 우선시할지 혹은 가족의 필요를 우선시할지, 최고의 급여를 선택할지 혹은 의미 있는 직업을 추구할지 등 자신이 원하는 일이나 건강과 웰빙에 도움이 되는 일을 하기 위해 크고 중요한 결정에 직면하지만 그와 동시에 시간을 보내는 방법에서도 끊임없는 선택에 놓인다. 우리는 날마다 삶 속에서 장기적이거나 단기적인 측면에서의 결정을 내린다. 인정하든 아니든 이러한 결정은 우리가 믿고 가장 중요하다고 생각하는 원칙, 즉 우리의 잠재의식에서부터 나타나는 가치에 따라 결정된다.

많은 사람들이 어떻게 하면 최고의 자아를 유지하고 가장 만족스러운 삶을 사는지 끊임없이 질문하는데, 이러한 수수께끼는 가치에 대한 인식 없이는 대답하기 어렵다. 우리는 자신의 가치와 주변의 핵심 인물들, 일하는 회사, 살고 있는 지역사회가 소중히 여기는 가치를 구현해야 한다. 가치는 우리가 열망하는 많은 것들의 열쇠를 쥐고 있다. 간단히 말해서, 가치는 우리 삶 전체의 기초인 것이다. 우리가 지키려 하거나 반대하는 행동의 근거인, 지속적이고 근본적인 신념이다. 다른 모든 것, 우리가 결정을 내리거나 포부를 키워가거나 관계를 구축하는 것 등은 단순히 우리의 근본적인 가치를 표현하고 증폭시키는 것이다. 가치는 우리의 삶을 지배하고 있지만 어느 누구도 가치가 무엇이고 얼마나 강력하며 어떻게 사용할 수 있는지 충분히 이해하지 못한다. 가치를 더 많이 알고 이해할수록 우리에게 중요한 것이 무엇인지 더 명확해지고, 목적을 위한 결정을 내리는 데 더 많은 자신감을 느낀다. 우리 자신과 우리의 동기를 유발하는 것이 무엇인지를 더 잘 이해하려면 우리의 가치를 알아야 한다. 그리고 삶에서 사람들의 가치를 인식하고 그들의 눈으로 세상을 바라보며 지속 가능하고 조화로운 관계를 만들어 나가도록 노력해야 한다.

가치는 삶의 경험, 개인적인 열망, 가족의 유산, 문화적 기반의 집합체를 나타낸다. 우리가 선택하는 직업, 파트너, 생활방식, 목표를 결정하는 것도 가치이다. 가치는 받아들일 수 있고 공정하며 정당하다고 믿는 것의 한계를 설정하기도 한다. 이처럼 우리는 삶을 관통하는 기본적인 개인 코드를 갖고 있고, 그 코딩 언어가 바로 가치이다. 가치는 세상을 보는 방식과 무엇을 볼지에 영향을 미친다. 인종차별이나 사회적 불의의 희생자라면 평등과 공정함이 중요한 가치가 되고, 그렇지 않은 사람보다 세상에서 불의를 더 많이 목격할 가능성이 높다. 어린 시절, 처치다운 글로스터셔 마을에서 우리 집은 폭격 받았고, 코가 부려져서 피가 붉은색인지 갈색인지를 다른 아이들이 볼 수 있었으며, 가족 모두 차를 타고 빠져나올 때 부모님 중 한 분은 트렁크에 타고 계셔야 했다. 사람들이 집에 아무도 없다는 사실을 알아서는 안 되었기 때문이다. 이 사건은 지울 수 없는 기억으로 남았다. 삶의 환경과 경험을 바탕으로 이와 같이 무의식적으로 프로그래밍 되는데, 우리는 이것을 인식하고 있어야 한다. 그러면 우리의 삶을 맡기는 대신 강력하게 선택할 수 있다. 이때 가치에 대한 이해는 우리가 성취하고자 하는 것에 도움이 된다.

어머니와 함께한 그 순간은 우리 각자의 결론으로서 가치의 중요성을 이해하기 시작한 때였다. 그 이후로 수십 년 동안 가치로 인해 사람이 어떻게 정의되고, 삶의 방향을 어떻게 선택하는지 관심이 커졌다. 그리고 가치를 이해하고 성찰하는 것이 왜 그렇게 중요한지 명확하게 이해할 수 있었다. 거기에는 다섯 가지 이유가 있다.

첫째, 가치는 자신이 인간으로서 갖는 신념과 개인적인 열망을 이끄는 동기를 이해하는 데 도움을 준다.

둘째, 가치는 종종 가치 충돌에 뿌리를 둔 분쟁의 원인을 이해하는 데 도움을 주며 이런 대조적인 관점에서의 더 나은 공감을 통해 문제를 해결할 수 있다.

셋째, 가치는 삶을 설명하는 데 도움이 된다. 자라면서 자신에게 각인된 가치와 스스로 선택한 삶에서 그 가치를 사용하거나 발전시키는 방법을 이해할 수 있게 한다.

넷째, 가치는 인생에서 원하는 것을 찾는 데 도움을 주며 동기부여에서 성취하는 것으로 탐색할 수 있는 나침반을 제공한다.

다섯째, 가치는 개인의 딜레마와 도전적인 삶을 결정할 수 있는 방법을 제시하며 이를 통해 어떤 선택이 우리의 가치와 가장 일치하는지, 그리고 더욱 성취하고 성공적이며 행복한 삶에 기여할 것인지 확인하는 방식을 제공한다.

나는 지난 20년 동안 투자 은행을 시작으로 벤처 캐피털, 국제 개발 *international development* 및 언론 등의 경력 전환을 통해 거의 150개국을 방문했다. 이 여정을 통해 가치가 전 세계에 걸쳐 사람들의 행동, 관계, 문화를 어떻게 정의하는지 알 수 있었다. 로이터와 BBC 월드 서비스에 기고하면서 가치가 국가와 국민의 삶을 어떻게 형성하는지 실제로 보고, 보도를 위해 새로운 나라를 방문할 때마다 똑같은 깨달음을 얻었다. 어디를 가든지 분명하지만 실제로 표현되지 않는, 일상생활의 많은 부분을 지배하는 일종의 문화 언어가 존재했다. 이는 거리에서, 카페와 상점에서, 비즈니스 미팅에서, 부엌과 식탁 주변에서 그리고 동네, 마을, 도시를 거쳐가며 발견되었다. 또한 국가가 주요 사건들에 어떻게 대응하는지, 개인과 지역사회가 어떻게 상호작용하는지를 보면 알 수 있었다.

더 많은 국가들을 방문하고 여러 가치들을 보면서, 그리고 개인과 지역사회가 진화를 위한 변화 창출에 가치들을 어떻게 사용하는지를 보면서 점점 더 영감을 받았다. 인도 최북단의 라다크Ladakh에서 이러한 인식이 확고해질 수 있었던 보도를 한 적이 있었다. 전 세계 정부에 환경 문제가 영향을 미치기 거의 20년 전, 라다크에서는 일회용 비닐봉지 사용이 금지되었다. 이는 NGO나 지방 정부가 아니라 자원봉사 단체인 라다크 여성 연합에서 시작되었다. 지역 주민들과 관광객들이 버린 플라스틱 쓰레기 문제에 분노한 여성 연합은 플라스틱을 불법화했고, 지역 환경 보호와 보존을 위해 천 가방을 만들고 판매했다. 인도 정부가 라다크 여성 연합의 선구적인 노력에 자극받아 일회용 플라스틱을 불법화하기로 결정하는 데는 20년이 걸렸다.

가치는 개인과 조직에 동일한 문화적, 도덕적 기반을 제공한다. 직원이나 공급업체 또는 고객으로서 한 회사와 관계를 맺을 때나 지침이 되는 목적과 강력하게 고수하는 가치들이 있을 때 차이를 느낄 수 있다. 그것은 어떤 비즈니스 거래나 고용 계약보다 더 크고 의미 있는 것으로 여겨진다. 유니레버의 전 CEO인 폴 폴먼, 마스터카드 CEO 아제이 방가, 리바이스 CEO 칩 버그와 같은 글로벌 기업의 리더들은 제품 개발부터 고용, 보수, 회사 문화, 지속 가능성에 이르기까지 모든 것을 결정하는 데 가치를 활용한다고 말했다. 다시 말해서, 그들은 강력하고 독특한 가치들을 중심으로 전체 비즈니스 모델을 구축한 것이다. 역할과 목적을 이해하고 충성도 높은 고객과 직원 모두를 성공적으로 유치하는 기업들은 변함없이 그 기업의 핵심 가치에 따라 기업을 운영해 나갈 것이다. 따라서 이 책은 기업이나 학교와 같은 기관, 심지어 가정을 이끄는 사람들뿐만 아니라 개인들을 위한 책이기도 하다.

우리가 사는 세계는 분화되고 기술은 진보하며 변동성이 극심하기 때문에 가치 탐색은 반드시 필요하다. 뉴스가 조작되고 정치적으로 대립하며 전통적인 믿음의 원천이 줄어들고 있는 환경에서 가치는 닻과 같은 역할을 한다. 기술은 우리에게 매일같이 정보를 퍼부어 대고, 사람들 사이에 의심을 조장한다. 과거에는 확실했던 것들이 더 이상 확실하지 않은 세상에서 길을 찾기 위해 개인의 가치를 이해하는 것이 그 어느 때보다 중요해졌다.

가치는 삶의 다양한 장면에서 언제든 등장한다. 어릴 때부터 주입되고, 가르침을 통해 전승되고, 경험을 통해 습득된 것들이 있기 때문이다. 또한 우리가 열망하고, 우리 자신을 형성하며, 우리 삶의 원칙으로 삼고자 하는 것들도 분명히 있다. 가치는 자신으로부터 나올 수도 있고, 외부에서 가져올 수도 있다. 중요한 것은 그것이 나 자신에게 진실한지 확인하고, 그것을 존중하며 표현하는 실용적인 방법을 찾는 것이다.

이 책의 활용법

　이 책은 실제 우리 삶 속에서 가치가 어떻게 작용하는지 이해하는 데 여러 나라들의 사례를 살펴보는 것만큼 도움되는 것이 없다는 믿음으로 쓰게 되었다. 각 국가를 정의하는 가치는 국가의 역사, 지리, 종교적인 지형, 전통, 인구 통계 등 다양한 출처에서 비롯된다. 한 국가의 핵심 가치는 수 세기 또는 수천 년에 걸쳐 형성되고, 세대에서 세대로 전승되어 끊임없이 진화하지만 근본적으로 바뀌지 않는다.

　지정학적, 경제적, 종교적, 환경적 변화가 가치를 중심으로 진화함에 따라 가치들은 대체로 큰 변화 없이 유지된다. 실제로 대부분 위기와 변화를 통해 국가를 유지하는 데 도움이 되는 것은 바로 가치이다. 정부, 헌법, 식민지 개척자, 내전, 정치적 운동은 있다가도 사라질 수 있다. 국경은 변경되고, 국가들은 한 세대가 지나 지도에서 사라지기도 하며 복원되거나 더 변경되기도 하지만 한 국가의 문화와 정체성인 핵심 가치는 남는다. 미국의 '기업가 정신'은 수 세기 동안 이민자들을 끌어들여 새로운 지리적, 과학적, 기술적 경계를 개척해 온 과정에서 이어져 왔다. 파키스탄의 '용기'는 (인도와의) 분할 이후 피로 물든 여파 속에서 파키스탄 건국 이래로 국민들이 세계에서 자신들의 위치를 위해 싸워 온 결과이다. 헝가리의 '경쟁력'은 13세기 이후 끊임없는 침략과 정복을 겪은 역사에서 비롯된다. 프랑스의 '저항'은 2018년 노란 조끼 시위質레 자운gilets jaunes◆와 1789년 상퀼로트sans-culottes◆◆를 연결하는 전통이다. 모든 국가의 상승 곡선은 일관성이 없고 혼란스러울 수 있지만 그 변화 과정을 통해 진화했으며, 결과적으로 국가를 정의하는 가치를 형성하는 데 도움이 됐다. 전 세계의 가치를 공유하고 가치의 힘과 풍부한 다양성을 보여 줌으로써 자신의 가치를 발견하고 최대한 활용할 수 있도록 영감을 얻길 바란다.

　물론 101개국 중 각각 하나의 가치만을 선택한다고 해서 국가를 구성하는 사람, 공동체 및 문화의 태피스트리tapestry가 동질적이라는 의미는 아니다. 또한 어떤 가치가 한 국가를 대표해야 하는지 객관적인 진실을 주장하는 것도 아니다. 여기에서 선택한 가치들은 많은 대화와 열정적인 토론의 결과이지만, 그중 일부는 동의하지 못할 수도 있다. 그 가치가 한 나라의 삶과 문화에 어느 정도 영향을 미칠 수 있는지를 설명하고, 우리 삶도 마찬가지임을 이해하는 것이 이 책의 목적이다. 국가가 아무리 다양하고 이질적이며 삶이 아무리 복잡하고 다면적일지라도, 한 나라 국민들의 동기를 유발하고 영감을 주는 단 하나의 요소를 추출하는 것은 가능하며 의미 있다고 생각했다. 이러한 핵심 동인을 이해하려는 시도는 결론 자체만큼이나 중요하다. 101개국을 움직이는 가치들을 설명하고 탐색하는 이 책과 함께 여행을 떠나보자. 나는 여기

◆ 질레 자운gilets jaunes : 2018년 11월 에마뉘엘 마크롱 프랑스 대통령의 유류세 인상 발표에 반대하면서 시작되어, 점차 반정부 시위로 확산된 시위를 말한다. 노란 조끼는 운전자가 사고를 대비해 차에 의무적으로 비치하는 형광 노랑 조끼를 집회 참가자들이 입고 나온 것에서 붙여진 명칭이다. [네이버 지식백과]
◆◆ 상퀼로트sans-culottes : 프랑스 혁명기의 의식적인 민중 세력을 가리키는 말이다.

나오는 모든 국가에서 시간을 보냈고, 대부분의 국가에서 보도를 했다. 몇몇은 이미 수년 전이라 그 후 일어난 변화를 반영하지 못한 경우도 있다.

이 책에 나오는 경험과 관찰은 내가 만난 사람들, 내가 취재한 이야기 그리고 친구와 전문가 및 전혀 모르는 사람들에게서 받은 통찰을 기반으로 한다.

가치가 의사 결정 및 방향 설정에 도움이 될 수 있도록 삶의 다양한 영역을 반영하는 다섯 가지로 가치 그룹을 분류해 보았다.

● 변화Change 가치: 국가와 국민이 변화에 어떻게 대응하며 모습을 갖춰 왔는지 보여 준다.

● 연속성Continuity 가치: 종종 큰 역경에서도 전통과 기억을 살아있게 한다.

● 연결Connection 가치: 친구, 가족, 동료, 이웃, 낯선 사람과의 개인적인 관계를 형성한다.

● 공동의Communal 가치: 지역사회, 기업 및 국가에서 보편적으로 인정되며 행동 및 사회적 규범을 결정한다.

● 핵심Core 가치: 우리의 핵심 성격과 삶의 동기를 정의한다.

이 책에 소개된 모든 국가와 나열된 모든 가치에 교훈이 있다고 믿는다. 즉, 다양한 방식으로 우리가 더 나아질 방법에 대해 관점을 제시해 준다. 그 가치들은 모두 중요하고 유익하지만 우리는 선택해야 한다. 101가지의 가치를 모두 가진 사람은 없다. 각자에게 어떤 가치는 항상 다른 것보다 더 중요할 수 있다. 이 책의 목적은 그 가치가 무엇이며, 왜 그러한지 알아내는 데 도움이 되는 것이라고 보면 된다.

이 책을 읽으면서 자신의 가치와 겹치는 국가들의 가치를 생각해 보길 바란다. 어떤 이야기가 영감을 주는가? 어떤 것이 당신의 삶의 경험과 가장 관련이 있는가? 101가지 가치들 중 어떤 것을 열망하는가? 당신을 가장 행복하게 만드는 것들과 관련된 가치는 무엇인가? 어떤 내용에 즉각 반응하며 자신을 인식하는가? 어떤 가치가 눈에 확 띄는가? 당신의 인생에서 어떤 것들이 위반되었거나 짓밟혔는가?

당신을 사로잡는 각각의 가치, 가장 개인적이고 적절하다고 느끼는 가치를 기록해 두자. 목록을 만들고 페이지 모서리를 접거나, (전자책으로 본다면) e-리더에 하이라이트를 추가하자. 분별력을 발휘하여 정말 느낌이 오는 나만의 가치를 선택하자. 평균적으로 15~20개의 가치 목록을 적게 될 것이다. 책 마지막에는 이 목록을 최종 다섯 개로 요약하는 과정과 개인 및 공동체 생활에서 이러한 가치를 활용하는 방법이 나와 있다. 여기에 설명된 가치의 표현에 대해서는 크게 개의치 않아도 된다. 모든 것은 읽는 사람의 해석에 달려 있으니 개인적으로 고쳐 볼 것을 권한다. 케냐의 '함께하기'를 팀워크로, 나이지리아의 '추진력'을 돈벌이로, 니카라과의 '시'를 순수한 언어의 힘으로 해석하고 싶다면 그렇게 해도 좋다. 가치는 당신이 가치를 두는 모든 것이다.

어떤 프로세스든 시작할 때 가장 적합한 시작점은 종종 맨 마지막이 된다. 하버드 비즈니스 스쿨에서는 내가 죽었을 때 지인들의 추도사가 무엇인지 상상하게 한다. 당신이 세상을 떠난 후에 다른 사람들이 당신에 대해 뭐라고 말할까? 이 책은 내가 여태까지 한 일 중에 가장 명확하게 사람들의 눈을 뜨게 하는 것 중 하나이다. 일단 당신이 끝을 알고, 되고 싶은 사람의 종류와 살고 싶은 삶을 알게 된다면 모든 것이 제자리를 찾기 시작한다. 그러면 어떻게 거기에 도달하느냐가 문제이고, 그에 대한 답은 당신의 가치가 길을 보여 주도록 하는 것이다. 당신의 목표를 세우고 결정하는 데 참고하라.

이제부터 자신을 발견하는 여정을 시작해 보자!

·목차·

1부
변화 가치
CHANGE
◆

2부
연속성 가치
CONTINUITY
◆

3부
연결 가치
CONNECTION
◆

4부
공동의 가치
COMMUNAL
◆

5부
핵심 가치
CORE

◆

1부

변화 가치
CHANGE

정도의 차이는 있겠지만 우리는 변화를 어떻게 이끌어 낼 건지 질문을 받는다. 사람들의 마음을 바꾸고, 삶의 방향을 바꾸고, 공동체와 사회를 바꾸길 원한다. 변화를 계획하고 희망하는 동시에, 삶 속에서 예상치 못한 변화로 진로를 바꿔야 하는 강제적 변화를 겪을 수도 있다. 크든 작든 변화는 우리가 찾고 대처해야 하는 것이다. 경제적, 정치적, 종교적, 인구 통계학적인 변화를 만들고 대응함으로써 역사를 만들어 온 국가들은 변화를 통해 지금의 모습을 갖춰 온 이상적인 모델이다.

그 국가들은 변화가 결코 단순한 한 가지의 산물이 아님을 보여 준다. 온건주의자, 실용주의자, 타협을 이끌어 내야 하는 중재자는 활동가, 이상주의자, 변혁가 못지않게 변화 과정에서 해야 할 역할이 있다. 변화는 여론을 고조시키고, 무언가를 성취한 다음, 유산으로 지속되는 의미 있는 무언가를 만드는 것이다. 이 국가들은 변화를 달성하는 데 필요한 도구들이 어떤 것인지 보여 준다.

중국

실용주의 *Pragmatism*

중국 시안의 껑쩐*Gengzhen*

 내려야 할 정류장이 얼마 남지 않았는데 속도를 늦출 기미가 보이지 않는 버스 뒤쪽, 사람들 속에 끼어버렸다. 다음 정류장이 어딘지도 모르고, 정말 길을 잃어버릴 수도 있다는 사실을 깨닫곤 당황스러웠다. 필사적으로 옆에 앉아 있는 여성의 팔을 붙잡고 창문 너머로 당장 버스에서 내려야 한다고 소리쳤다.

반응은 즉각적이었다. 그 여성은 운전자가 들을 수밖에 없도록 주먹으로 버스의 천장을 세게 쳤고, 내 손을 잡은 채 꼼짝하지 않는 승객들 사이로 길을 만든 후 버스정류장이 아닌 고속도로 갓길에 차량을 즉시 멈추게 했다. 여전히 내 손을 잡고 있던 수호천사는 동요하지 않고 버스에서 뛰어내렸다. 그녀는 치마를 입고 있었지만 길가의 높은 분리대를 뛰어넘어 차들이 쌩쌩 달리는 세 개의 차선을 가로질러 나를 인도했다. 예정된 버스정류장으로 나를 데리고 간 그녀는 고개를 살짝 끄덕이고는 다시 고속도로로 돌진했다. 가던 길을 가기 위해 다음 버스를 세우러 간 것 같았다.

이것은 중국의 대표적 가치인 실용주의와 관련된 나의 많은 만남 중 하나이다. 이 실용주의는 현재 중국의 정치, 비즈니스 문화, 종교적 전통, 교육 시스템 및 세계에서 두 번째로 큰 경제 전반에 걸쳐 찾을 수 있는 매우 실용적인 접근 방식으로 보인다.

"고양이가 쥐를 잡기만 하면 흑묘든 백묘든 상관없다." 1978년부터 1987년까지 중화인민공화국의 지도자로서 중국 경제 개방의 주요 설계자였던 덩샤오핑 전 중국 총리의 가장 유명한 말이다. 이 정신은 중국이 글로벌 강국의 기반을 갖추는 데 중요한 역할을 했다. 중국 실용주의의 가장 유명한 표현 중 하나인 덩샤오핑의 이 말은, 수단은 신경 쓰지 않고 목적에 엄격하게 초점을 맞춘 사고방식과 접근 방식을 잘 나타낸다.

정치와 관련하여 실용주의는 중국이 일반적으로 자국의 이익에 가장 부합하다고 믿는 일을 하는 데에 외국의 우려와 항의가 방해되지 않도록 하는 것을 의미한다. 인터넷의 많은 부분을 검열하든, 명목상으로 독립된 홍콩의 통제를 강화하든, 다른 많은 사람들이 동의하지 않거나 개탄할지라도 중국의 접근 방식은 자신의 길을 개척하고 이익을 추구하는 것이었다.

덩샤오핑의 유명한 말은 실용주의에 젖어 있는 중국의 정치, 사회, 경제, 군사 등과 관련된 오랜 전통을 따르고 있다. 유교는 직접적으로 가르치는 종교이기보다 윤리적으로 생각하고 행동하도록 독려하는 사상 체계이며, 이념보다는 실용주의에 가깝다고 볼 수 있다. 공자는 어느 책에서 "나에게 정해진 길은 없고, 내가 가서는 안 되는 길도 없다." 라고 썼다.

이 접근 방식은 오늘날 중국인들 생활의 많은 부분을 설명해 준다. 일부 국가에서는 도덕적으로나 윤리적인 관점에서 꺼리는 관행을 중국에서는 비즈니스상 일상적인 현실로 쉽게 수용할 수 있다. 한 조사에 따르면, 중국 기업의 35%가 정기적으로 뇌물이나 선물을 준다고 답했으며 2014년에 공식적으로 금지되었지만 의사에게 치료받기 전에 돈을 찔러주는 것도 일반적이라고 한다.

중국식 방법은 세부적인 내용이나 더 넓은 의미에 손을 대는 것이 아니라 원하는 결과를 빨리 얻기 위해 가장 명확한 조치를 취하는 것이다. 1970년대 후반에 인구가 급격히 증가함에 따라 덩샤오핑 정부는 한 자녀 정책을 도입했으며, 이 정책은 2013년까지 유지되었고 여아에 대한 광범위한 영아 살해로 비난을 받아 왔다. 좀 더 최근에는 시진핑 중국 국가주석이 총리 연임 제한을 폐지함으로써 중국의 장기 발전 계획에 정치적 제약을 우회하여 잠재적으로 무기한 통치를 할 수 있게 했다.

당신은 현재 중국 정부 정책의 일부 측면을 매우 합리적으로 강력하게 반대할 수 있다. 하지만 만약 우리를 위협하는 세력들에 의해 둘러싸여 있다면, 실용주의는 이러한 변화의 국면에서 안정적으로 우리를 이끌 수 있는 측면이 있다. 이처럼 중국 문화를 보다 폭넓게 바라보면 배울 점이 분명히 있다.

콩고민주공화국

잠재력 *Potential*

콩고민주공화국의 펜다족 키발라 추장

내가 방문했던 세계 많은 국가들 중 콩고만큼 강한 반응을 이끌어 낸 곳도 없었다. "가지 마! 아무도 널 보호해 주지 않아. 무슨 일이 벌어질지 모르는 무법천지라고!" 주변 사람들로부터 여러 번 들었던 말이다.

육로로 국경을 넘고 기괴한 광경이 보이기 시작하자 그들이 옳았다는 것을 단번에 느꼈다. 부유한 콩고인들은 중세 법정에서 봤음직한 금속 왕좌를 차지하고 있는 것처럼 보였다.

언뜻 보기에도 콩고는 통제 불능 상태라고 느껴졌다. 사람들은 총을 들고 돌아다녔고, 법집행은 제대로 이행되지 않았으며, 부패는 풍토병처럼 퍼져 있었다. 1994년부터 2003년까지 지속된 내전은 전투와 그로 인한 기근과 질병으로 인해 600만 명의 목숨을 앗아갔다. 르완다와의 동부 국경에서 분쟁이 계속되어 왔다. 수십 명의 무장 민병대가 여전히 활동 중인 것으로 추정되며, 수백만 명의 콩고인들이 내부적으로 이주했다고 한다. 콩고를 사실상 고무, 구리 및 상아 무역에 자금을 지원하는 노예 국가로 바꾼 제국주의자 레오폴드 2세부터 빚만 잔뜩 남겨 두고 조국을 떠나 자기 배만 채운 모부투 세세 세코에 이르기까지, 콩고민주공화국의 최근 역사는 외국과 국내 통치자들에 의한 무자비한 착취였다. 오늘날 다국적 기업들은 콩고의 막대한 광물 착취자로 지목되며, 착취당한 광물은 최대 24조 달러의 가치가 있는 것으로 추정한다.

그러나 이렇게 복잡하고 갈등으로 가득 찬 현실 속에서도 또 다른 콩고의 이야기가 있다. 바로 '잠재력'에 관한 것이다. 콩고는 1인당 GDP 기준으로 세계에서 가장 가난한 나라이지만, 보유한 천연자원을 보면 가장 부유한 국가 중 하나가 될 수 있는 기회가 있다. 현재 콩고 인구의 20% 미만이 전기를 이용할 수 있지만, 수력 발전 댐 건설 계획만 보면 아프리카 대륙 전체에 전력을 공급할 수 있는 잠재력이 있다고 한다. 이 나라는 현재 세계에서 가장 배고픈 나라 중 하나이며 식량 공급을 수입에 의존하고 있다. 하지만 사용 가능한 농경지는 콩고뿐만 아니라 대부분의 대륙에 공급할 수 있는 정도이다. 제대로 된 도로 및 철도

인프라를 갖춘 콩고는 대륙 중앙에 위치한 덕분에 아프리카의 많은 지역을 연결할 수 있지만, 현재 국토 면적이 겨우 10분의 1에 불과한 영국보다 도로가 적은 것이 문제이다.

천천히, 그러나 꾸준히 변화가 이루어지고 있다. 콩고의 투자유치 기관은 자국을 '잠재력이 넘치는 땅'으로 묘사하지만 이 나라의 잠재력은 막대한 광물로 인한 부와 미개척 단계인 경제적 능력 이상이다. 경제가 서서히 성장하고 외국인 투자가 증가하고 있으며 필요한 인프라도 갖춰질 것으로 여겨진다. 그 중심에는 그랜드 잉가댐이 있다. 이는 사하라 사막 이남의 아프리카에서 가장 큰 인프라 프로젝트로, 세계 최대의 수력 발전소를 조성한다고 한다.

그리고 가장 중요한 것은 국민들의 잠재력이라 할 수 있다. 강간 및 성폭력 생존자 치료에서 세계 최고 전문가가 된 산부인과 의사이자, 전쟁 중에 일어나는 강간에 반대하는 저명한 운동가 데니스 무그웨기 박사가 그 예라 할 수 있다. 그의 팀은 40만 명이 넘는 여성들을 돌보며 의료, 법률 및 심리적 지원을 제공해 왔다. 무그웨기 박사는 2018년 노벨평화상을 수상했고, 무장 세력에게 암살을 당할 뻔하기도 했다.

콩고는 전쟁으로 피폐하고 굶주리고 가난하지만 즐겁게 노력하는 희망이 가득한 곳이다. 문제가 많은 나라이지만 아프리카 대륙에는 해결책이 될 수 있다.

콩고만큼 충격적인 과거를 가진 나라도 거의 없지만, 아마 이보다 더 유망한 미래를 가진 나라도 없을 것이다. 콩고는 문제를 극복하며 특별한 잠재력을 갖고 나아가고 있다. 우리 가운데 누구라도 콩고와 같은 시도를 한다면 어떤 식으로든 유익함을 얻을 수 있을 것이다.

쿠바

문제 해결 *Problem Solving*

하바나의 옛날 차들

비행기에 내려 쿠바로 들어갈 때의 느낌은 시간을 거슬러 올라가는 것과 같았다. 1950년대 빈티지 자동차가 여유롭게 거리를 다니고, 다채로운 음식점들이 있고, 최신 패션 브랜드 대신 수제 의류에 수선 받은 안경을 끼고 걸어 다니는 사람들을 볼 수 있었다. 이 모습이 실제 쿠바이다. 삶이 경제적 의무가 아니라 더 깊은 인간의 필요에 의해 지배되는 곳으로, 함께하며 창조하고 생각할 시간과 공간이 있다.

그러나 쿠바가 기술 진보와는 거리가 멀고 전원생활만을 즐길 수 있는 나라는 아니다. 사실 쿠바는 폐암 치료법을 선도하고, 어머니와 자녀 사이의 HIV 전염을 성공적으로 예방한 최초 의료 혁신 국가이다. 또한 쿠바는 전 세계 많은 학생들을 끌어모으는 유명한 교육 시스템을 갖춘 문해력 선도 국가이기도 하다. 그뿐만 아니라 가장 성공적인 올림픽 국가 중 하나로, 최근 세 번의 올림픽에 출전한 일곱 명의 선수 중 한 명이 메달을 획득했는데 이 비율은 미국과 중국과 러시아 다음으로 높다.

국민들 중 겨우 5%가 집에서 인터넷에 접속할 수 있고, 평균 월 임금은 25달러에 그치며, 단지 2%만이 자동차를 소유한 국가에서 이러한 일이 어떻게 가능할까? 카리브해의 작은 섬나라인 쿠바는 어떻게 지정학적 거인들과 경쟁하고, 심지어 그들을 능가할 수 있었을까? 답은 해결사의 이미지를 가진 쿠바의 문제 해결 예술이라고 할 수 있다.

쿠바가 직면한 결핍과 인프라 문제를 고려할 때, 불가능한 일들이 가능해지는 것은 해결사 정신을 통해서였다. 불안정하기로 유명한 인터넷 접속 환경을 가진 국가가 번성하는 창조 경제의 본거지가 될 수 있었던 건 해결사로서의 접근 때문이었다. 그 사례로는 빈번한 의약품 부족에 직면한 건강 관리 시스템이 최저 유아 사망률과 인상적인 기대 수명을 제공한 것을 들 수 있다.

해결사 기질을 통해 쿠바인들은 종종 어려운 상황을 최대한 활용한다. 쿠바에서 지속적으로 수리한 덕에 외국에서는 폐차가 되고도 남을 만한 오래된 차의 주행거리가 계속 늘어난다. 이는 확률에 맞서 환자를 살리기 위해 약품을 구걸하거나 빌리거나 훔치는 등 자신의 힘으로 모든 것을 한다는 의미이다. 소련 붕괴 이후 쿠바인들이 힘겨웠던 10년 동안 필사적으로 살아남을 수 있었던 것은 해결사 정신이 있었기 때문이다. 그 기간에 쿠바의 세계 무역은 80% 이상 급락했고, 경제는 1991년부터 3년 연속 10% 이상 위축되는 잔인한 경기 침체를 촉발했다. 이같은 궁핍한 경제 여건으로 쿠바인들은 가혹하게 감소된 상황에 빠르게 적응해야 했고, 더 이상 쓸 돈이 없는 상황에 대해 새로운 해결책을 찾아야 했다. 렉싱턴 연구소 싱크탱크의 필립 피터스는 2002년에 다음과 같이 적었다. "학생들은 폐기 타이어를 접착테이프로 붙여 만든 신발을 신었던 것으로 기억합니다. 연료 부족으로 교통이 거의 정지 상태였기 때문에 쿠바의 부모들은 아이들이 하루 종일 거리에서 놀 수 있게 했죠. 공장들이 폐쇄되면서 노동자들은 해고되었고, 농부들은 트랙터를 말과 황소로 대체했습니다. 다시 말해, 쿠바인들은 적응하고 살아남았습니다. 경제의 바퀴는 빠졌을지 모르지만 쿠바는 어떻게든 계속 나아갈 길을 찾았습니다."

문제를 해결하든지 그럭저럭 살아갈 만큼 돈을 벌든지, 이론의 한계를 극복하든지 쿠바인들은 길을 찾을 것이다. 인터넷 접속 환경의 심각한 제한(글을 쓰는 시간만 해제됨)을 고려하면 유튜브 동영상, 스포츠 하이라이트와 최신 영화 및 TV 보는 것을 잊고 지낼 수 있다. 그러나 쿠바인들의 문제 해결 방식은 이러하다. 파퀘테로스(포장업자)라는 사람은 가장 인기 있는 콘텐츠를 다운로드하여 USB 드라이브에 업로드하고 매주 하바나 전역과 전국에 배포한다. 말 그대로 인간 인터넷으로, 통신 인프라 대신 손과 도보를 통해 전송하는 것이다.

문제를 해결하고 최선을 다할 수 있는 이 독특한 능력의 원천은 무엇일까? 쿠바에서 한 달을 보낸 후, 나는 그들이 공산주의 체제에 사는 것 이상으로 뭔가 믿는 것이 있다고 확신했다. 돈으로 모든 것이 해결되지 않는 사회에는 더 많은 존경과 더 강한 공동체 의식이 필요하다. 정원사, 의사, 예술가, 상인의 기술은 동등하게 인정받는다. 그것은 활기차고 균형 잡힌 진보적인 환경이다. 여기서는 시간이 돈과 같지 않기 때문에 일은 더 건강한 시간대만으로 제한된다. (해결사의 많은 혁신에서 입증된 것처럼) 창의력을 샘솟게 하고 매일 저녁을 채우는 음악, 춤, 예술에 활기를 불어넣는 자유에 대한 지배적인 감각이 있다. 나는 낮엔 주거 예술가와 함께 일했고, 저녁엔 독특한 살사를 구경했다.

하지만 이는 모든 사람을 위한 것은 아니다. 쿠바가 현재 직면하고 있는 심각한 경제적 도전과 더 나은 삶을 찾기 위해 미국으로 가는 위험한 탈출로를 계속 찾는 많은 사람들을 간과하면 안 된다. 많은 사람들이 여전히 (쿠바 내의) 시스템을 믿는 것(이로 인해 일이 진행되고 사회가 돌아가는 것)을 과소평가하는 것 역시 잘못된 일이다.

우리는 모든 삶에서 해결책이 애매하거나 불가능해 보이는 상황에 직면한다. 쿠바는 해결사라는 이미지를 통해 성공의 장벽이 절대적이지 않다는 것을 보여 준다. 명백한 경로가 차단될 수 있지만, 그것은 다른 방법 또는 덜 일반적인 방법이 있음을 의미한다. 그리고 여전히 우리가 있어야 할 곳으로 안내한다. 모든 사람이 경제적, 정치적 모델에서 영감을 받는 건 아니지만 누구나 쿠바의 능력에서 항상 길을 찾는 능력을 배울 수 있다. 만약 그런 결심이 섰다면, 실패는 당신에게 선택 사항이 아니다. 좌절이 당신을 막지 못할 것이라는 내면의 지식을 가지고 있다면, 당신은 거의 모든 것을 성취할 수 있다.

덴마크

평등 *Equality*

덴마크 코펜하겐 뉘하운_{Nyhavn} 운하

덴마크에서는 내가 관찰 대상이 되거나 무시를 당하거나 위협받은 적이 없었다. 거리를 자유롭게 걸을 수 있고, 직장에서도 편하게 말할 수 있고, 걱정할 필요 없이 긴장하지 않고 지낼 수 있었다. 이는 덴마크의 근본 가치인 평등에 뿌리를 두고 있기 때문이라 믿는다.

덴마크에서 평등은 성별, 인종, 종교에 관계없이 공정한 대우를 받은 것 이상을 의미한다. 좀 더 근본적인 것으로, 사람들이 서로 다른 것보다는 더 비슷해지기를 열망해야 한다는 생각이다. 많은 국가에서 평등이 정부와 기업에 의한 의무적인 조치로 여겨지는 반면, 덴마크에서는 깊이 뿌리내린 본능에 가깝다.

덴마크의 평등은 덴마크 소설가 악셀 산데모세가 1933년 풍자한『A Fugitive Crosses His Tracks』라는 책에 나오는 '얀테의 법칙'이라는 개념에 뿌리를 두고 있다. 그 안에서 산데모세는 가상의 마을인 얀테를 만들어 자신이 자란 곳을 풍자하고 있는데, 그 규칙에는 다음과 같은 것들이 있다. "당신은 당신이 특별하다고 생각해서는 안 돼요." "당신은 우리보다 더 나은 자신을 상상해서는 안 돼요." "당신이 우리보다 더 중요하다고 생각하지 마세요." "당신이 우리보다 똑똑하다고 생각하지 마세요."

얀테의 법칙 초기 버전은 농담에 가까웠지만 시간이 지남에 따라 더욱 진지해지면서 평등에 대한 덴마크의 집착을 보여 주는 상징이 되었다. 즉 집단이 개인을 이기며, 최대 과오는 자신의 능력이나 업적을 자랑하는 것이란 원칙이다.

얀테의 법칙은 1930년대에 법률로 문서화됐지만 영감을 준 아이디어는 훨씬 더 깊은 뿌리를 가지고 있다. 1692년 덴마크를 방문한 한 영국 외교관은 "여기처럼 민족정신이 단조로운 민족을 본 적이 없다."라고 말했다.

일부 사람들은 평범함을 조장하는 얀테의 법칙 사고방식을 비판했지만, 궁극적으로는 놀랍도록 평등한 사회를 만들었다. 유럽연합EU에 따르면 덴마크는 성 평등 부문에서 거의 상위권이고, 소득 불평등은 OECD경제협력개발기구 34개국 중 가장 낮았다.

이러한 인상적인 수치는 남녀 간, 빈부 간의 평등을 보장하기 위해 고안된 사회적 모델에 의해 뒷받침되었다. 보육비가 저렴해서 부모 모두 급여의 대부분을 잃지 않고 일할 수 있고, 출산 및 육아휴직 수당이 충분해서 부모가 나눌 수 있다. 높은 소득세율과 상속세율은 부의 불평등을 상쇄한다. 대학은 모두에게 무료이며, 덴마크의 고등교육 순위는 세계 3위이다.

정부는 관대한 재정 지원 혜택을 주고 종종 기업이 추가 지원을 한다. 덴마크의 한 CEO는 자신의 회사에서 부모 모두에게 3개월의 유급 휴가를 제공하고 자녀가 태어나면 아버지가 6개월을 쉬도록 권장하는데, 이것은 단순히 사람들이 기대하는 수준이라고 말했다. 레고를 비롯한 유명한 덴마크 회사에도 유사한 정책들이 있다. 평등을 보장하는 것은 부담이 아니라 인재 시장에서 경쟁 우위의 측면으로 간주한다. 직원들도 마찬가지이다. 회사에서 지나치게 늦게까지 일하는 사람을 칭찬하기보다 오히려 삶의 균형을 못 맞추는 사람으로 인식한다.

정부와 기업의 현상 유지를 거부하는 사람들조차도 평등에 중점을 둔다. 1970년대에 버려진 군대 막사에 설립된 크리스티아니아 코뮌에는 약 1,000명의 시민들이 있는데, 이들은 지역사회 회의에서 합의에 의해 결정이 내려지는 반자치半自治 상태에서 살고 있다고 한다. 지역사회에 들어서면 "당신은 이제 EU를 떠나고 있습니다."라는 표지판을 통과한다. 그곳을 방문한 뒤 공동체의 색깔과 독특한 문화뿐 아니라 모든 사람이 동등하게 대우받아야 하며 성별, 인종, 배경에 관계없이 우리에게는 가치가 있다는 느낌을 받았다.

평등에 대한 기록은 대부분의 국가들보다 자랑스럽지만, 덴마크는 여전히 유토피아가 아니다. 성별 임금 격차는 15%로 다른 16개 EU 국가보다 높다. 그리고 한 연구에 따르면, 넉넉한 출산 휴가 수당에도 여성들은 아이를 낳은 뒤 장기적으로 여전히 소득이 줄어든다고 한다. 덴마크가 성 평등에 대한 추진력을 일부 상실했을 수 있다는 인식은 새로운 발전으로 이어졌는데, 페미니스트 정당인 F!◆는 급여 평등과 육아휴직에 대한 50대 50 분할 운동을 통해 전국적인 지지를 받기 시작했다.

덴마크는 평등 가치의 본보기일 뿐만 아니라 그것이 창출하는 이점도 보여 준다. 평등한 나라의 세계적인 기준에 따르면, 덴마크는 종종 세계에서 가장 행복한 나라로 선정되기도 한다. 이는 대다수의 국가, 산업 및 직업에서 여성과 소수자가 직면한 장벽을 제거하도록 돕는 '평등'을 상기시켜 주는 의미 있는 수상이다. 덴마크는 구조적 불평등을 극복하기 위해 현재 많은 노력을 기울이고 있다. 필요한 목표가 달성되면 시간, 독창성, 정서적 에너지 등을 다른 많은 방법으로 사용할 수 있을 것이다. 덴마크는 미래의 모습을 엿볼 수 있게 하고, 이러한 장벽을 제거함으로써(또는 최소한 낮춤으로써) 궁극적으로 무엇을 달성할 수 있는지를 보게 한다. 평등의 진정한 중요성은 그 자체가 목적이 아니라 그것이 가능하게 하는 것, 즉 사람들이 누구든 어디에 있든 달성할 수 있다는 것을 보여 준다.

◆ 덴마크 여성주의 정당 *Feministisk Initiativ Danmark, F!*

에스토니아

능률 *Efficiency*

위리 라타스 에스토니아 총리

은행 계좌 개설, 세금 신고서 제출, 진료 예약, 처방전 받기 등 이런 일들은 많은 시간과 노력을 요구하고 종종 화가 치미는 경험을 하게 만드는 소모적인 과정이다. 그러나 에스토니아에서는 긴 대기 줄, 뭉툭한 연필, 고객 서비스 담당자와의 전화 통화 싸움 등을 비웃는다. 이러한 모든 작업이 온라인상에서 몇 번의 버튼 클릭만으로 이루어지기 때문이다. 투표, 은행, 의료, 심지어 자녀의 출생 등록까지 지체 없이 모두 쉽게 이용할 수 있다. 불필요한 일들이 생략되고, 관료주의가 사라지며, 좌절감에 빠지지 않는다. 사실이라고 믿기지 않을 만큼 너무 좋지 않은가? 에스토니아에서는 그렇다.

이것이 효과적인 정부와 효율적인 삶의 열쇠로 디지털화를 수용함으로써 세계에서 가장 앞서게 된 디지털 사회의 현실 모습이다. 효율성은 1991년 소련의 붕괴와 독립 이후 에스토니아의 주요 미션이었다. 당시 이 나라는 기술적으로 너무 낙후되어 개인 유선전화를 연결하는 데 최장 10년이 걸렸다. 그러나 시간이 흐르고 32세의 젊은 총리가 이끄는 에스토니아는 한 세대를 건너뛰고서 새로운 디지털 및 인터넷 기술에 투자할 수 있었다.

현 총리 위리 라타스를 인터뷰한 적이 있는데, 그는 에스토니아가 공산주의 침체에서 스타트업들의 중심지이자 기술의 효율성을 활용해서 살고자 하는 사람들을 위한 안식처를 제공해 주는 디지털 경제로 얼마나 빨리 진화할 수 있었는지 설명해 주었다. 비즈니스 측면에서 에스토니아의 디지털 혁명은 스카이프(유럽 최초의 10억 달러 기업 가치 평가), 트랜스퍼와이즈, 우버의 경쟁사인 볼트(이전의 택시파이Taxify)와 같은 주목할 만한 인터넷 기업들을 탄생시켰다. 이제 에스토니아는 아이슬란드와 아일랜드 공화국을 제외한 유럽 국가들 중에 1인당 스타트업 수가 가장 많은 곳이 되었고, 전 세계 기업가 누구나 등록만 하면 에스토니아에서 회사를 차릴 수 있다. 세금, 은행 업무, 지불 시스템 등에 접근할 수 있는 e-레지던시 프로그램을 지원하며, 이미 5만 명이 넘는 사람들이 혜택을 받았다.

일상생활에서의 디지털화는 대부분의 다른 국가에서 여전히 씨름하고 있는 많은 관료제와 과거 시스템들을 제거했다. 1년 동안 자동으로 채워진 정보를 사용하여 몇 분 만에 세금 신고서를 제출하거나, 자녀의 학교 시스템에 접속해서 자녀가 어떻게 숙제하는지 확인할 수 있다. 개인과 국가 간의 이러한 모든 원활한 상호작용은 2000년부터 존재해 온 고급 데이터 교환 시스템과 디지털 서명, 물리적 서명의 동등성에 의해 뒷받침된다. 출생 시 고유한 디지털 식별자가 발급되어 지구상의 다른 어떤 국가보다 온라인에서 더 많은 삶을 산다. 이미 유치원에서 컴퓨터 과학과 프로그래밍을 배운다.

에스토니아는 세계 다른 국가들을 앞서서 배달 로봇을 비롯한 기술을 개척하고 디지털 시대의 국가 안보 과제, 즉 적대적인 사이버 공격으로부터 정보와 시스템을 보호하는 방법에 관심을 돌리며 세계를 선도하고 있다. 에스토니아의 경험은 삶, 직업, 사회 전반에 걸쳐 많은 사람들에게 기술의 잠재력과 현실 사이의 격차를 보여 준다.

디지털 도구는 그 어느 때보다 원활한 생활을 돕고 작업할 수 있도록 존재하지만, 일하는 방식이나 과거 시스템이 편리성과 효율성을 방해하는 경우가 너무 많다. 디지털 도구는 시간과 돈을 절약하고 좌절을 덜어 주는 현대 생활의 구원자가 되어야 한다. 에스토니아는 디지털화의 단호한 접근 방식이 엄청난 이익을 가져다줄 수 있음을 보여 준다. 이처럼 130만 인구의 국가가 그것을 할 수 있다면, 모든 기업들도 가능하지 않을까? 미시적 수준에서 디지털 생활에 대한 에스토니아의 접근 방식은 우리가 조금 더 행복하고 덜 스트레스 받으며 정말 중요한 것들에 더 많은 시간을 집중할 수 있게 해 준다.

프랑스

저항 *Protest*

프랑스 파리의 스카이라인

파업하는 것만큼 프랑스적인 것은 없다. 프랑스의 국가적 아이콘이
자 가장 중요한 관광 명소인 에펠탑도 예외는 아니다. 이곳에 방문한
날, 새로운 발권 시스템에 대한 직원들의 반대 파업으로 에펠탑 위층은
폐쇄되었다. 이 같은 저항이 불편할 수도 있다. 하지만 이 또한 훌륭하

고 아름답고 필수적인 사회 기능의 한 부분이다. 프랑스는 수 세기 동안 저항이 가진 지속적인 힘을 세계에 보여 준 것을 자랑스럽게 생각한다. 저항은 프랑스의 근본이며 국가의 모토인 자유, 평등, 박애를 유효하게 만든다. 저항은 자유에 관한 것이다. 자유를 쟁취하기 위한 출발점은 자신의 목소리를 낼 수 있는 자유를 갖는 것이다. 저항은 평등과도 관련이 있다. 여성, 노동자 및 모든 소수자의 권리가 보장되는 보다 공정한 사회, 즉 웰빙을 중심으로 하는 평등한 사회 말이다. 그리고 저항은 박애와도 관련이 있다. 즉, 연대와 서로를 지지하는 것이다.

프랑스는 저항을 통해 건설되었고 그 모습이 갖춰진 나라이다. 1789년 프랑스 혁명부터 1968년 68운동◆에 이르기까지 프랑스의 역사는 노동 파업, 봉기, 대중의 권력에 대한 믿음으로 이어져 왔다. 모든 형태의 시위는 군주제 몰락, 교회와 국가의 분리, 노동자와 여성의 권리 확립을 촉발했다. 그리고 이는 프랑스 전역에서 모든 형태로 볼 수 있다. 가장 인상 깊었던 장면은 아무것도 걸치지 않은 상체에 노란색 조끼를 입고 고속도로 출구를 막고 있었던 한 무리의 농부들이었다. 이러한 접근 방식에 동의하든 아니든 무시할 수 없는 이유는 종종 효과가 있었기 때문이다.

소르본 대학교의 전 총장인 자크 소펠사는 시민의 자유, 종교의 자유, 발언의 자유를 위해 널리 영향력을 행사한 18세기 철학자이자 풍자가였던 볼테르를 언급하며 "프랑스인은 모두 볼테르의 아들이다."라고 시위 문화를 설명했다.

◆ 68운동: 1968년 대학생들에 의해 시작되어 1000만 명의 동맹 파업자들로 인해 전국이 마비되는 위급한 상황이 벌어진 매우 돌발적인 사건

그가 내세웠던 비순응적이고 급진적이며 권위를 의심하는 접근 방식은 변화를 강조하는 사람들에게서 흔히 보이듯 프랑스 사회의 특징이 되었다. 우버의 예를 보자. 차량 호출 앱은 전 세계적으로 저항의 대상이 되었지만 파리만큼 격렬한 곳은 없었다. 우버가 프랑스에 진출한 뒤 전국 택시 노조(노동조합)는 파업을 선언했고, 수도 전역의 도로를 폐쇄하여 주요 공항으로 가는 두 곳의 교통을 방해했다. 타이어가 불탔고 우버 차량들이 파손되었으며 경찰은 거리에서 최루탄을 사용했다. 이 모든 일들이 하루에 걸친 시위에서 이루어졌다.

다른 시위들은 몇 달 동안 지속되기도 한다. 특히 휘발유 세금 인상에 반대하며 시작된 질레 자운 시위는 2018년부터 2019년까지 연속 30주 넘게 매 주말마다 이어졌다. 거리의 폭동과 교통 봉쇄로 인한 사고로 폭력과 사망 사고가 발생했고, 일부에서는 시위대와 그들이 끼친 피해를 비난했다. 파란색 조끼와 빨간색 스카프로 대표되는 시위 반대 운동은 폭력에 맞서 수천 명의 행진으로 이어졌고, 이는 저항 문화의 복잡성과 상징성을 상기시켜 주었다.

프랑스 사회에 시위가 깊이 뿌리박힌 이유를 설명하는 데 도움이 되는 구조적인 이유가 있다. 여기에는 숫자상으로는 상대적으로 많지 않지만(현재 프랑스 직원의 8%만이 노조에 가입되어 있다) 기업 관리 방식에 제도적으로 강력한 역할을 하는 노동조합의 힘이 포함된다. 그리고 문화적인 전통이 있다. 학생과 노동자, 부모와 연금 수령자들은 스스로를 위해 일어서고 거리로 나가 변화를 이끄는 전통을 갖고 있다. 프랑스 달력에서 가장 중요한 날짜 7월 14일은 프랑스 혁명이 시작될 무렵, 정치범 수용소이자 왕권의 상징인 바스티유를 습격한 사건인 국가의 가장 유명한 시위를 기념하는 날이다.

　여성의 권리, 고용 권리, 성소수자$_{LGBTQ}$◆의 권리 그리고 개인적, 정치적, 종교적 표현의 자유 등은 역사를 통해 획득하고 수호해야 했다. 그 중심에는 항의가 있었다. 저항은 (역사의) 진보로 이어진다. 또한 불의에 대한 분노가 출구를 찾아 위험한 방식으로 억눌려 있지 않도록 한다. 모든 사람은 자신의 목소리를 낼 권리가 있다. 프랑스는 그런 일이 일어났을 때의 모습을 세계에 보여 준다.

◆ 성 소수자$_{LGBTQ}$: Lesbian(여성 동성애자), Gay(남성 동성애자), Bisexual(양성애자), Transgender(성전환자), Queer(성 소수자 전반) 혹은 Questioning(성 정체성에 관해 갈등하는 사람)

가나

희망 *Hope*

가나의 나나 아쿠포아도 대통령

가나의 가치를 '희망'으로 정의한 이유를 이해하려면, 가나의 대통령 나나 아쿠포아도를 이해해야 한다. 2016년 그의 선거는 새로운 시작일 뿐만 아니라, 거의 20년에 가까운 대통령 선거 운동 기간의 정점이었다. 그는 1998년 선거에 처음 도전했지만 당 경선에서 패배했다. 그로부터 10년 후 2008년에 그는 마침내 1차 투표에서 가장 많은 표를 얻은 후보가 되었다. 하지만 결선 투표에서 0.5%도 되지 않은 격차로 졌는데, 이는 가나 역사상 표차가 가장 적게 났던 선거였다. 그리고 4년 후 그는 다시 한번 매우 근접한 표차로 패배했다. 대부분의 정치인은 두 번은 고사하고 고위 공직에 한 번이라도 낙선하면 포기한다. 그러나 아쿠포아도 대통령은 달랐다. 그는 조국과 자신을 위한 성공에 희망을 가졌고, 2016년 세 번째 도전에서 마침내 성공했다.

그는 취임식에서 다음과 같이 말했다. "우리의 최고의 날이 우리 앞에 놓여 있습니다. 우리의 도전이 두렵지만 우리의 강점도 다른 이들에게는 두려움일 수 있습니다. 가나인들은 항상 끊임없이 움직이고 탐구하며 희망에 찬 사람들입니다."

아쿠포아도 대통령은 선거 이후, 가나가 잠재력을 발휘할 수 있다는 희망을 멈추지 않고 표명했다. 내가 그를 인터뷰했을 때, 그는 젊은이들이 미래의 기회를 잡을 수 있도록 돕고자 하는 자신의 열망을 가장 열정적으로 말했다. "그렇습니다. 젊은이들이 고정관념에서 벗어나 꿈을 갖고 새로운 시도를 해야 하는 이유를 찾을 수 있도록 조건을 만들어 줘야 합니다. 꿈을 꿔야 결과를 기대할 수 있기 때문에 창의력을 발휘했을 때 결과가 나온다고 볼 수 있죠. 그것이 바로 제가 시도하고 건설하기를 희망하는 사회입니다."

여러 면에서 현 대통령은 가나의 첫 번째 대통령 콰메 은크루마를 떠오르게 한다. 사하라 사막 이남 아프리카에서 독립을 이룬 최초의 영국 식민지인 현대 가나의 창립 지도자 은크루마는 강력한 희망의 비전을 가지고 1957년에 대통령직을 수행하였다. 골드코스트◆가 가나로 바뀌었을 때 그는 이렇게 말했다. "추장들과 부족민들을 포함한 우리나라의 수백만 명과 함께 이 나라의 운명을 새로 만들어 가겠습니다."

희망은 문화에 필수적이다. 대통령을 포함한 정치인들로부터만 전해지는 것이 아니다. 이는 모든 가나인, 특히 가나 전역에서 들려오는 노래를 통해서도 전해진다. "Dabi dabi ebeye yie(가나의 음악으로, '언젠가는 괜찮아질 거야'라는 뜻)"는 노래 가사 그 이상으로 이 노래는 '미래는 과거보다 나을 거야'라는 국가적 모토가 되었다.

희망은 말로만 표현되는 것이 아니라 전통적인 가나의 구슬_beads_과 같은 시각적 상징으로 생생하게 전달된다. 이는 카티 토르다와 같은 구슬 예술가들에 의해 되살아난 관습으로, 가나 여성들은 결혼, 다산, 행운에 대한 희망을 상징하는 끈으로 만든 구슬을 허리와 손목과 목에 착용한다.

한때 거대했던 디아스포라(고국을 떠나 타국으로 이동하는 현상, 혹은 그러한 사람들)가 이제 다시 가나로 돌아오는 모습에서도 볼 수 있다. 1990년대 중반에 가나 인구의 약 10~20%가 해외에 살았지만 지금은 많은 사람들이 돌아오고 있다. 역이주의 물결은 가나의 엄청난 잠재력을 실현하는 데 재능과 신념을 투자하는 것을 의미한다.

가나 국립극장의 상임 이사로 돌아오기 전에 미국에서 수년간 일했던 에이미 프림퐁은 가나에서 1년 일하고 벌 수 있는 금액을 미국에서는 한 달이면 벌 수 있었는데, 그러한 안정적인 직업을 포기한 이유에

◆ 골드코스트는 아프리카 서부 기니 만 주변에 설치되어 있던 영국 식민지로, 1957년 골드코스트 식민지는 '가나'라는 이름의 국가로 독립했다.

대해 자주 질문을 받는다면서 사람들에게 이렇게 대답한다. "보답하고 싶어서요. 여기에 있든 외국에 있든 많은 사람들이 이 나라를 사랑합니다. 그들은 경쟁하기 위해서가 아니라 돕기 위해 오는 것입니다."

음악가에서 변호사에 이르기까지 내가 인터뷰한 사람들로부터 매우 유사한 이야기를 들었다. 미디어 및 부패 방지 전문 변호사인 코리에 두오두는 영국에서의 경험을 활용하여 세계에 더 큰 영향을 미칠 수 있기를 희망하면서 가나로 돌아오기로 결정했다고 한다. 은크루마가 1957년에 말한 것처럼 에이미, 코리에 그리고 엔터테인먼트, 교육, 전문 서비스 분야에서 만난 많은 사람들은 모두 가나가 여전히 '전 세계 모든 국가에서 존경받는 독립 국가'가 될 수 있다는 희망을 갖고 있다.

그렇게 함으로써 가나인들은 전 세계에 본보기를 보여 준다. 어떤 삶, 어떤 경력, 어떤 조직이든 성공하기 위한 희망을 갖고 있지 않을까? 내일은 더 나아질 것이고, 장애물은 극복할 수 있으며, 불가능한 것은 성취할 수 있다는 근본적인 희망의 낙관론 없이는 우리에게 좋은 일들이 벌어지지 않을 것이다. 희망은 우리에게 생명을 주고 계속 나아가게 한다. 그리고 가나는 마음에 희망을 품고 산다는 것이 진정으로 무엇을 의미하는지 보여 준다.

과테말라

정의 *Justice*

과테말라 밤의 의식, 매장된 주님의 행렬(중미에서 이뤄지는 천주교 의식 중 하나)

최근 역사의 36년 동안 과테말라는 내전이 지배했다. 그리고 1996년 평화 조약에 서명한 이후, 이전 희생자들에 대한 정의를 얻기 위해 수십 년간의 투쟁이 뒤따랐다. 그 결과 과테말라는 끔찍한 범죄의 여파 속에서 비록 불완전하더라도 정의를 추구한 개척자로 자리매김할 수 있었다.

정의를 위한 싸움은 결국 전쟁 자체보다 오랜 시간이 걸렸다. 이 싸움에서 20만 명 이상의 사람들이 사망했고, 50만 명 이상의 이재민이 발생했으며, 수백 개의 마을이 황폐화되었다. 사망자 대부분은 토착 마야인이었는데, 그들에게 가해진 군대의 잔학 행위는 대량 학살이었음이 이후 인정되었다.

과테말라의 정의를 위한 전투는 앞서 있었던 잔혹한 행위가 반복되어서는 안 된다는 원칙에 뿌리를 두고 있다. '절대 다시는 벌어져서는 안 된다'는 뜻의 '눙카 마스_Nunca Más_'란 제목으로 생존자들의 기억을 담고 있는 보고서가 발표됐다. 법체계, 종교지도자, 인권단체, 지역사회 활동가들이 모여 피해자의 기억과 경험을 기록했는데, 총 6,500건의 개인 증언과 55,000명의 피해 역사가 가톨릭교회 주도 아래 진행된 프로젝트에 의해 기록되었으며 이에 대한 배상을 촉구했다.

1996년 평화 조약의 일환으로 설립된 역사 해명 위원회_Historical Clarification Commission_가 판도를 바꾸는 데 기여했다. 위원회는 국가가 분쟁 기간 동안 범죄를 저질렀던 사람들을 조사하고 책임을 물어야 하며 그들을 사면해서는 안 된다고 권고했다. 그러나 결과는 더디게 진행되고 있다. 전 독재자 에프라인 리오스 몬트는 처음에 집단 학살 및 반인도적 범죄로 유죄 판결을 받았으며 80년형을 선고받았다. 자국 법원에서 집단 학살 혐의로 유죄 판결을 받은 최초의 국가원수였다. 그러나 불과 며칠 후 판결이 기각되었고, 그는 2018년에 계속되던 재심 중 사망했다. 1년 넘게 재판을 받고 100명이 넘는 목격자들의 증언이 있었던 호세 로드리게스 산체스 군사정보국장은 군부가 과테말라 원주민에게 자행했다고 법원이 확인한 대량 학살에 대해 형사 책임이 없는 것으로 판결 받았다. 원주민들이 마침내 그들의 공동체가 국가와 군대의 손에 겪었던 고통에 대해 공식적으로 인정받았을 때도, 그들은 군 고위 인사가 그에 대한 책임을 회피하는 걸 지켜봐야 했다.

정의는 과테말라의 정치 지형을 지배하고 있고, 더 넓은 범위의 문화와 지역사회에도 만연해 있다. 나는 한 달 동안 아티틀란 호수가 내려다보이는 학교에서 스페인어를 공부하며 정의에 대한 희망을 자주 이야기하는 지역 주민들과 이야기를 나눴다. 많은 사람들이 내게 말하길, 잔잔한 호수가 아직 끝나지 않은 정의에 대해 오랜 탐색을 가능하게 하고 깊이와 인내와 고요함을 상기시켜 줬다고 했다. 다른 사람들은 폭력적이고 조직적인 범죄를 포함하여 제도적인 부패와 만연한 범죄로 정의 추구가 약화되었다고 한탄한다.

지금은 희생자 가족에 대한 국가 배상과 토지 반환이 이루어지고 있고, 모든 과테말라인에게 원주민 공동체, 문화 및 관습에 대해 보다 포괄적으로 교육하기 위한 노력을 계속하고 있다. 한 가지 방법으로 정의를 찾을 수 없다면 다른 방법으로 찾을 수 있다. 과테말라인들은 법적인 판결문, 기억의 수집 또는 생존자에 대한 지원을 통해서만 해결책을 전달할 수 없다는 것을 알고 있다. 그렇기에 변화를 만들고, 잔학 행위의 기억으로부터 의미 있는 무언가를 전달하기 위해 함께 할 수 있는 모든 일을 추진하고 있다. 진정한 정의는 과거의 범죄를 밝혀내고 해결하는 것만큼이나 미래를 형성하는 데 도움이 되어야 한다. 뒤만 돌아보는 정의는 더 나은 세상과 변화된 세상을 향해 적극적으로 앞을 내다보는 정의에 비해 가치가 없다.

룩셈부르크

적응력 *Adaptability*

룩셈부르크 증권거래소

일반적으로 물건을 사기 위해 가게에 가면 우리는 어떤 언어를 사용해야 할지 알고 있다. 하지만 룩셈부르크에서는 그렇지 않다. 여기서는 고객이나 가게 주인이 사용 가능한 여러 언어 중 하나를 선택하고, 대화를 어떻게 시작할지 기다리는 게임을 하는 경우가 많다. 이것은 다언어, 다국적, 혼합 문화가 있는 룩셈부르크의 핵심인 '적응력'에 대한 증거라 할 수 있다.

룩셈부르크 사람들은 어릴 때부터 적응하는 방법을 배운다. 교육 시스템은 점진적으로 모든 어린이가 룩셈부르크어(실제 언어지만 글로 쓰는 것보다 말로 하는 경우가 많음), 독일어, 프랑스어, 영어를 배울 수 있도록 보장하고 있다. 프랑스어가 가장 널리 사용되지만 상황에 따라 다른 언어를 사용하는 것이 일반적이다. 룩셈부르크 사람들은 다국어뿐만 아니라 170개 이상의 국적으로 대표되는 이민자들과 어울려 사는 다양성에 익숙해졌다. 주변 강대국들의 속국으로 왔다 갔다 하던 오랜 역사를 거쳐오면서 눈앞의 현실에 적응해야 했기 때문이다. 이곳에서는 서 있는 지역이나 걸어 들어가는 레스토랑에 따라 몇 미터 거리 내에서 독일에서 프랑스로, 벨기에로 이동하는 것처럼 느낄 수 있다.

룩셈부르크가 수 세기에 걸쳐 부르고뉴, 합스부르크, 네덜란드, 나폴레옹, 독일의 지배에 적응한 것처럼 경제 역시 외국인 투자를 장려하도록 적응되어 왔다. 우호적인 조세 환경 덕분에 유럽연합의 가장 작은 회원국인 이 나라는 26개국의 141개 은행 본점이 있는 주요 금융 중심지 중 하나가 되었다. 그리고 이 대공국◆은 천연자원이나 국내 산업이 아닌 외국인 투자에 기반하여 번영하는 금융 부문을 유지하는 데 의존하기 때문에 글로벌 시장에서 법률, 세금, 규제 프레임워크를 정기적으로 업그레이드하여 경쟁력을 유지해야 한다. 계속 적응하고 전 세계에서 투자를 유치하는 능력 덕분에 룩셈부르크는 국민 1인당 세계에서 가장 부유한 국가 중 하나가 되었으며, 동일한 기준으로 EU에서는 가

◆ 유럽에서 룩셈부르크 같이 대공이 다스리는 나라를 의미한다.

장 부유한 국가가 되었다.

이러한 방식은 결국 룩셈부르크를 친이민 국가로 만들었다. 2011년에서 2016년 사이 인구 증가의 80%는 외국인 정착을 통해 발생했다. 특히 프랑스, 이탈리아, 포르투갈과 같은 다른 EU 국가에서 많은 수의 인구가 유입됐다. 전체 인구의 거의 절반이 해외에서 왔으며, 35만 명이 다른 나라에서 룩셈부르크로 매일 출근한다. 그러나 적응력은 양방향으로 작동한다. 즉, 장기간 룩셈부르크에 살면서 일하기 위해 오는 사람들에게도 현지 문화와 언어를 더 가까이 알 수 있는 기회가 주어진다. 이는 공식 '환영 및 통합' 계약을 통해 촉진되는데, 대공국에 2년 이상 체류하는 사람들에게 자발적으로 제공되며 무료 언어교육, 룩셈부르크 문화 수업 및 일부 지방선거에서 투표할 수 있는 기회를 제공한다. 룩셈부르크에 거주하는 외국인 근로자는 경력 기간 동안 모국어를 배우기 위해 200시간의 휴가를 가질 수 있다.

고유한 국가 문화와 언어를 유지하려는 멜팅 팟*melting pot*인 룩셈부르크는 '적응력'이 가장 중요한 것을 유지하는 데 방해되지 않는다는 것을 보여 준다. '우리는 현재 상태를 유지할 것입니다'란 국가 모토는 여러 차례 외국의 침략과 통치에서 살아남은 탄력적인 국가 정체성의 변형을 나타낸다. '적응'은 모든 것을 바꾸는 걸 의미하지 않으며, 다른 사람의 필요를 충족시킨다고 해서 자신의 원칙과 정체성을 포기해야 하는 건 아니다. 오늘날 교육, 정부, 대중문화에서 룩셈부르크어를 대중화하려는 움직임이 증가하고 있는 가운데, 공식 언어로 독일어와 프랑스어를 대체해야 하는지에 대한 문제가 청원에 이어 의회에서 논의되

◆ 인종, 문화 등 여러 요소가 하나로 융합·동화되는 현상으로 '인종의 용광로'라고도 한다.

었다. 그보다 적응력은 가치와 원칙을 반영하는 방식으로 변화에 대응하는 것이다. 미래를 준비한다고 해서 과거에 우리를 정의한 것을 잊어야 하는 의미는 아니다. 그것은 진화하고, 성장하고, 배우고, 우리가 누구인지 알며, 변화에 열려 있는 힘을 갖는 것에 관한 것이다.

모로코

타협 *Compromise*

마라케시 사디안 무덤 내부의 문

　모로코 왕 하산 2세는 한때 자신의 나라를 '아프리카에 뿌리를 두고 있지만 유럽으로 가지가 뻗어 있는 나무'에 비유했다. 이는 아프리카, 아랍, 유럽의 영향이 다방면으로 결합된 역사를 떠올리게 하는 이미지였고, 그 결과 모로코는 이제 정치적, 종교적, 사회적 타협에 익숙해졌다.

19세기부터 모로코는 빈번한 타협의 원천이자 대상이었다. 1905년에는 유럽 제국들이 패권을 놓고 벌이는 다툼의 중심이었으며, 이는 1912년에 모로코가 프랑스와 스페인 보호령으로 분할되어 1956년 독립 때까지 지속되었다. 그 이후 모로코는 5개의 분리된 헌법에 동의했는데, 아랍의 봄◆ 기간 동안 발생한 시위 여파로 가장 최근인 2011년에 제정되었지만 리비아, 이집트, 튀니지에서처럼 입헌군주제를 뒤집지는 못했다.

많은 사람들이 타협을 기꺼이 받아들이는 왕정의 유지에 신뢰를 보냈다. 가장 최근에는 2011년에 벌어진 시위에서, 당시 왕이었던 무함마드 6세가 총리 선출권을 국민에게 넘기고 선출된 지도자를 정부수반으로 공식 인정하는 등의 양보를 했다. 이 변화는 또한 부패 공무원을 더욱 쉽게 조사할 수 있도록 하는 것을 포함하여 의회의 권한과 인간, 여성, 종교의 권리에 대한 약속을 강화했다. 타협의 정신으로 모로코의 모든 주요 정당은 새 헌법을 승인했고, 압도적인 지지로 국민투표에서 통과되었다. 개혁을 통해 시위대가 추구한 모든 것을 달성하지는 못했지만 타협의 시작으로 여겨지는 일련의 조치에는 여전히 지지가 있었다.

중간 지점을 찾는 선택은 급진적이지 않았다. 사실 그것은 오랜 타협의 역사에서 가장 최근 것일 뿐이었다. 1999년부터 시작된 현 국왕 모하메드 6세 재임 동안 전직 정치범에 대한 배상 판결이 이루어졌고, 그의 아버지 재임 기간 중 인권 침해를 조사하기 위해 화해위원회가 구성

◆ '아랍의 봄'은 시위 운동 및 혁명의 물결로, 2010년 12월 이래 중동과 북아프리카에서 일어난 반정부 시위들이다. 알제리, 바레인, 이집트, 이란, 요르단, 리비아, 모로코, 튀니지, 예멘 등 중동과 북아프리카 일부 지역에서 대규모 반정부 시위가 일어났다. 여러 반정부 시위 가운데 튀니지, 이집트, 예멘에서의 반정부 시위는 정권 교체로 이어졌으며 이는 혁명으로 불리게 되었다.

되었다. 실시간 TV 청문회가 열렸고 거의 10,000명의 희생자 가족이 보상을 받았다. 이 모든 것은 폭력적인 시위를 진압하고 정치적 반대자들을 투옥시키기로 유명한 그의 아버지 하산 2세의 통치에서 벗어나려는 시도였다. 왕은 또한 모로코 가족법 개정을 살펴보고 결혼부터 가족 및 이혼 후 재산 관리에 이르기까지 다양한 영역에서 여성들에게 평등한 권리를 부여했다.

정치 외에도 아마지인(베르베르인), 스페인 기독교인과 유대인, 사하라 사막 이남의 아프리카인을 포함한 다양한 그룹의 후손으로 이루어진 모로코인들이 서로의 문화 및 종교 관습을 인정하는 것부터 그들이 쇼핑할 때 물물교환하는 방법에 이르기까지 모든 면에서 타협을 볼 수 있었다. 이 나라는 비무슬림 인구가 줄어들었음에도 종교적 다양성을 적극적으로 높이 평가해 왔다. 현재 이 나라의 유대인 공동체는 이스라엘 건국 당시의 인구인 25만 명 수준에 불과함에도 회당과 유대인 묘지는 유지되고 복원되었다. 또한 이슬람과 유대인의 음악 문화를 공유하는 연례 축제가 열리고 있다. 모로코는 유대인 박물관이 있는 유일한 아랍 국가이다. 건축물에서도 아랍, 아프리카, 유럽의 영향을 모두 볼 수 있는 경쟁적인 비전 사이의 타협이 보인다. 색상과 창의성은 아름답게 혼합되고, 대담한 표현과 독특한 분위기가 다양한 문화로 인해 나타난다.

타협이 늘 보이는 일상의 또 다른 부분은 아마도 이 나라에서 가장 유명한 곳인 '마라케시 수크*souks of Marrakesh*'이다. 미로 같은 시장을 방

◆ 마라케시 수크는 모로코에서 가장 큰 규모의 시장으로, 미로를 방불케 하며 가장 이국적인 시장으로 세계적으로 유명하다.

문하는 경험은 압도적이지만(그리고 길을 잃는 것은 불가피하지만), 소음과 형형색색 속에서 타협의 정신은 여전히 남아 있다. 수크에서 물건을 사고팔 때 하는 흥정은 어느 쪽이 가능한 최고의 가격을 '쟁취'하기 위함이 아니라, 모든 사람이 함께 살 수 있는 '합의'를 달성하기 위해 이루어진다.

효과적인 타협의 기술은 원하는 모든 것을 얻을 수 없다는 것과 모든 종류의 협상이나 토론에서는 항상 주고받기가 있어야 한다는 것을 인식하게 한다. 모로코의 사례에서 변화는 항상 빨리 달성될 수 있는 것이 아니라 혁명 대신 진화를 통해 달성할 수 있음을 볼 수 있다. 점진적이고 타협이 필요한 변화의 경로는 가장 인기 있거나 시기적절하지 않을 수 있지만 많은 상황에서 가장 효과적인 것으로 판명될 것이다. 모든 사람이 혜택을 받을 수 있는 결과를 만들고, 현실적이며 공정하고 합리적인 결정을 내리는 방법을 찾기 위해 노력한다. 따라서 진전을 이루고 싶다면 모로코인처럼 행동하고 타협할 준비를 해야 할 것이다.

나이지리아

추진력 *Drive*

미스 나이지리아였던 밀드레드 피스 이히기스

　내년이 올해보다 더 나을지 묻는 것은 아마도 전 세계 어느 곳에서나 누구든 물어볼 수 있는 흥미로운 질문일 것이다. 사람들이 어떤 삶을 살고 있는지, 그들이 품고 있는 희망과 꿈에 대한 관심이라 할 수 있다. 라고스의 시장 상인들에게 이 질문을 했을 때 반응은 즉각적이었다. "네, 물론이죠. 올해는 제가 더 잘할 수 있을 겁니다." 이 나라를 하나로 묶고 활력을 불어넣는 것은 바로 이러한 내적 추진력이다. 이 나라에서 게으르거나 현실에 안주하는 사람들을 만나는 건 어려운 일이다. 나이지리아 사람들은 계속해서 돈을 벌고, 성취하고, 위로 올라가기를 원한다.

이런 종류의 추진력은 정부나 기반시설에 의존할 수 없는 나라에서 필요하다. 운이 좋다면 전기는 하루에 몇 시간 동안 작동하겠지만 휘발유는 자주 부족하고, 광대역 네트워크는 고르지 못하고 비싸다. 현금인출기 앞을 지나갈 때면 다음 번에 인출할 수 있는 기회가 있을지 확신하지 못하기 때문에 잔고를 비우고 싶은 충동을 느끼지만 인출은 엄격하게 제한되어 있다. 의지할 안전망이 없다. 나이지리아에서 개인은 그들 자신의 통치자이자, 정부이자, 자체 지원 네트워크이다. 미디어 기업가 겸 영화 제작자인 제이슨 엔조쿠는 인터넷 연결 속도가 너무 느려서 최근까지 영화를 업로드하기 위해 하드 드라이브를 들고 런던으로 날아가야 했다. 370개나 되는 부족으로 이루어진 국가에서 차이에 대한 감각은 집단 공동체의 느낌만큼 강하다. 이 나라의 문화와 현실은 국민 모두가 자립해야 함을 깨닫게 한다. 자신의 내면으로부터 추진력을 찾지 않으면 다른 이들보다 훨씬 뒤처진다.

'할 수 있다'는 메시지는 당신이 어디에 있든지 보고 느낄 수 있다. 라고스는 노점상에서 판매하는 수많은 동기부여 관련 서적에서부터 오순절 교회의 복음◆에 이르기까지 자기 계발과 관련해서 세계적인 수도라

◆ 병 고침 같은 기적, 물질적 축복을 강조하는 오순절 교회가 아프리카에서 빠르게 성장했는데, 그 대표적인 나라가 나이지리아이다.

고 불릴 만하다. 수천 명을 수용하는 '위너스 채플'이라는 이름의 교회에서 백만장자 목사는 교리 연구보다는 '빨리 부자 되기 계획'처럼 들리는 설교를 한다. 많은 사람들의 실제 직업은 정식 고용된 주업보다는 물건을 사고팔거나, 택시를 몰거나, 전화를 수리하는 등의 부업이다. 주변에는 추진력과 자립을 통해 이익을 창출한 롤 모델들이 있다. 5천 달러의 대출금을 가지고 시작해서 수십억 달러 규모의 산업 비즈니스로 전환한 알리코 단고테와 같은 비즈니스 리더부터 구형 노키아(현 마이크로소프트 모바일) 2690으로 코딩을 독학하고 미국 서부 스타트업에 취직한 십대 소년 엘비스 치데라에 이르기까지, 성공의 이야기는 어디에나 있다.

전반적으로 놀리우드*Nollywood: 나이지리아의 호황을 누리고 있는 영화 산업을 가리키는 말로, 그 규모는 GDP의 2% 이상을 차지하고 세계에서 두 번째로 크다*는 나이지리아 문화의 상당 부분을 정의하는, 빠르고 격렬하고 가볍고 조악한 접근 방식을 대표한다. 첫 번째 히트작이었던 〈Living in Bondage(1992년)〉는 VHS*Video Home System*에서 주로 노점상을 통해 100만 부 이상 팔린 홈 비디오였다. 오늘날, 할리우드 영화가 1년에 걸쳐 수백만 달러의 비용으로 제작된다면 놀리우드 영화는 약 1만 달러의 예산으로 7~10일 만에 제작된다. 유명한 나이지리아 배우인 오모톨라 에케인데에 따르면, 놀리우드가 번창하는 이유는 모든 것이 시민 기반이기 때문이며 정부의 개입 없이 지지하는 사람들의 추진력을 통해 성공한 것이다.

라고스에서 시간을 보내는 건 새로운 눈을 뜰 수 있는 기회이다. 우리는 서구 경제에서 열심히 노력하고 자가발전하는 기업가 정신에 대해 이야기하지만, 그것은 일반적인 나이지리아인에게서 보이는 분주함과 추진력에 비하면 아무것도 아니다. 추진력은 동기를 유발하지만 아무런 제약을 못 느끼게 하는 위험을 초래할 수 있다. 친구들은 내가 일부 시골 지역에서 AK-47 소총을 찬 무장 경비원 없이 여행하는 것을 허락하지 않았다.

종종 정전되거나 인터넷 연결이 끊어질 때는 추진력에 의존하지 않을 수 있지만 동기부여, 도전, 영감을 유지하기 위해서는 추진력에 의존해야 한다. 자신만의 방식으로 성공하지 않는 한 원하는 것을 얻을 수 없다. 그렇다고 해서 하이파이브를 하고 사무실 벽에 영감을 주는 포스터를 걸어야 하는 것은 아니다. 그러나 계속 타오르고 계속 불을 붙이기 위해서는 내면의 불이 필요하다. 직장이나 개인 생활에서 문제나 장애물에 부딪혔을 때 잠깐 멈추고 생각해 보자. 그것이 정말로 나를 가로막는 외부의 힘인가, 아니면 실제로 그것에 대한 나의 태도인가?

노르웨이

외교 *Diplomacy*

오슬로 노벨평화상 박물관

　노르웨이는 모든 것을 갖춘 것처럼 보이는 재분배에 초점을 맞춘 나라이다. 진보적인 정부와 함께하는 군주제의 전통을 갖고 있으며, 공식적으로 세계에서 가장 행복하고 아마도 가장 아름다운 국가 중 하나일 것이다. 여러 가지 좋은 면과 정의로운 것이 있지만 그중 가장 주목할 만한 것은 외교를 통해 평화를 추구하는 점이다.

전쟁 중인 국가들이 갈등을 종식하기 위해 중재자를 찾을 때 노르웨이에 도움을 요청한다. 노르웨이는 지난 30여 년 동안 콜롬비아, 과테말라, 스리랑카, 부탄, 아프가니스탄, 미얀마, 말리, 남수단 등과 같은 다양한 분쟁 지역에서 평화를 이루기 위해 타의 추종을 불허하는 외교 활동을 했고, 이를 통해 세계에서 가장 저명한 평화 중재자로 자리매김했다.

노르웨이 외교가 어떻게 이 같은 분쟁 국가들의 평화적 해결의 중심적인 역할을 하게 되었을까? 1993년 이스라엘과 PLO팔레스타인 해방 기구 간의 오슬로 협정은 중동 평화를 위해 아직까지 미완성이긴 하지만 어느 정도의 틀을 만들었다. 이 협정이 백악관에서 서명되긴 했지만 당시 빌 클린턴 대통령이 PLO 의장 야세르 아라파트와 이스라엘 총리 이츠하크 라빈 사이의 유명한 악수를 이끌어 내기 위한 대부분의 중재 활동은 비밀리에 파포Fafo라고 하는 노르웨이 노조 관련 씽크탱크를 통해 이루어졌다. 파포는 '요르단강 서안 지역의 삶의 조건에 관한 연구'라는 프로젝트를 가장하여 협상을 주도했다. 노르웨이는 양측이 처음에 높은 수준의 회의론과 자신의 편에서 비난받을 것에 대한 두려움을 갖고 시작한 회담에 대해 지엽적이면서도 나중에 부인할 수 있는 비공식 루트를 제공했다.

그 이후로 노르웨이는 많은 분쟁 지역의 중재자가 되었다. 다자간 이익이 얽혀 있는 복잡한 협상에서 상대적으로 작고 독립적인 국가나 결과에 대한 기득권이 없는 국가는 이해가 상충되어 영향력과 협상력이 더 큰 강대국보다 더욱 정직한 중재자가 될 수 있다. 이는 1996년 과테말라 내전을 종식시키는 협정을 체결하고, 반세기가 넘는 분쟁 끝에 2012년 콜롬비아 정부와 FARC*Fuerzas Armadas Revolucionarias de Colombia; 콜롬비아 무장혁명군* 간의 휴전을 달성하는 데 도움을 주었다. 유엔이 2018년에 '외교에서 가장 생색 안 나는 임무 중 하나'로 묘사한 새로운 시리아 특사를 찾고 있었을 때 한 노르웨이 사람에게 눈을 돌렸는데, 그는 오슬로 협상 경험을 가진 외교관 기에르 페데르슨이었다. 또한 2014년부터 현재 나토*NATO: 북대서양조약기구*는 노르웨이 전 총리인 옌스 스톨텐베르그가 사무총장으로서 이끌고 있다.

　독립국 지위가 노르웨이의 외교적 성공의 초석이라면 다른 하나는 부유함이다. 노르웨이는 1인당 소득이 세계에서 가장 부유한 10대 국가 중 하나이며, 세계 개발과 외교를 목적으로 꾸준히 자원을 제공하고 있다. 노르웨이는 국민 소득의 1% 이상을 세계 개발에 투입하는 세 나라 중 하나이다. 시리아 내전으로 수백만 명이 난민이 되자 인구 1인당 독일은 32달러, 영국은 24달러, 미국은 16달러에 달하는 원조를 제공한 데 비해 노르웨이는 240달러를 제공했다. 노르웨이의 외교적 명성은 매년 오슬로에서 수여되는 노벨평화상의 세계적인 인지도로 인해 더욱 높아졌다. 전 세계적으로 인정받는 평화상은 5개의 노벨상 중 유일하게 스웨덴이 아닌 곳에서 수여되고 있다. 알프레드 노벨은 사망할 당시 자신의 모국인 스웨덴과의 정치적 연합 관계에 있었던 노르웨이에서 시상하기로 한 이유를 밝히지 않았지만, 노벨 위원회는 이것이 1890년대 노르웨이 의회의 평화 결의안 작업과 연관되어 있는 것으로 밝혔다. 많은 사람들이 노벨평화상의 파급력과 영향력을 재현하려고 노력했지만 지금까지 아무도 근처에도 이르지 못했다. 외교와 본질적으로 뗄 수 없는 관계를 맺고 있는 노르웨이는 세계 평화상 시상 장소로서 그 어떤 국가보다 자연스럽게 여겨져 왔으며, 평화와 외교 문제에서는 다른 어떤 나라도 필적할 수 없는 진실성을 가지고 있다.

노르웨이는 복잡한 상황을 관리하고 불가능처럼 보이는 화해를 시도할 때, 그 역할을 하는 나라가 초강대국일 필요가 없다는 것을 보여 준다. 외교적 목적이 무엇이든, 독립적이고 겸손하며 다른 국가들이 꺼리는 상황에 기꺼이 참여함으로써 많은 것을 얻을 수 있다.

파키스탄

용기 *Courage*

파키스탄 라호르의 구루 나낙과 함께한 음악가 바이 마르다나의 후손, 아식 알리

  외조부모님 나라인 파키스탄은 세계에서 유일하게 거의 입국하지 못할 뻔한 곳이었다. 비자가 계속 거절되던 끝에, 지방 정부 소속의 지인 도움으로 허가를 받았다. 그 후, 70년 전 할머니가 인도와의 분할 전에

걸으셨을 것 같은 여정을 추적하며 도보로 와그하ₐₐgₐₐ 국경을 건너 예전 마을인 샤콧shahkot 근처 착 94 샹카chak 94 shanker로 가는 길을 찾을 수 있었다. 나는 심지어 그들을 알고 있는 102세 남자까지 추적했다. 그는 나에게 그들의 집과 학교가 있던 들판, 그리고 한때 그 지역의 구르드와라Gurdwara: 시크교 예배 장소가 서 있었던 가축 헛간을 보여 주었다.

이건 따뜻한 추억 여행이 아니었다. 시크교도는 시크교 생활방식의 창시자인 구루 나낙의 출생지를 포함하여 많은 사람들에게는 조상의 고향인 파키스탄에서 소수자가 되었다. 한때 파키스탄에 600개가 넘었던 구르드와라는 이제 13개밖에 남지 않았다. 한때 번성했던 인구는 현재 수만 명에 불과하지만, 시크교도는 과거에 재판 없이 탄압과 투옥을 당했고 사업을 접어야 했으며 자녀를 학교에서 자퇴시켜야 했다. 라호르의 마지막 구르드와라는 500년 전에 벌어졌던 대규모 학살을 추모하기 위한 시크교도의 최후 기도 장소였는데, 매각되어 현재는 쇼핑센터가 되어 있다.

시크교도 경험은 고립된 것이 아니다. 분단 속에서 이어져 온 치명적인 종교 투쟁의 깊은 상처를 아직도 간직하고 있는 파키스탄에서 많은 이들의 고난은 현실이다. 다른 신앙을 가진 평범한 파키스탄인들은 돈을 벌고 자녀를 교육하고 도전 과제가 많은 환경에서 단순히 생존하기 위해 고군분투한다.

그러나 파키스탄인들은 그러한 도전을 직면하고 굽히지 않는다. 국가적 특성인 '용기'는 시위와 캠페인 활동을 통해 나타나는데, 이는 정부가 채워 주지 못하는 공백을 메우기 위한 시민 주도 서비스의 설립으로 이어진다. 그리고 바로 이 용기를 통해 진보가 이뤄지고 새로운 권리가 부여되었다. 파키스탄 70년 역사상 시민권을 거부당하고 식민시대 법의 적용을 받아온 아프가니스탄계 소수 집단인 파슈툰이 그 예라고 할 수 있다.

파슈툰 타하푸즈 운동Pashtun Tahafuz Movement의 깃발 아래 수만 명이 모인 획기적인 일련의 시위가 있은 지 몇 달 후인 2018년 11월, 마침내 파슈툰족은 평등권을 부여받았다. 이러한 시위는 군대의 가혹한 진압, 수많은 파슈툰족 지도자들의 구금과 언론 통제에도 굴하지 않은 중대하고 용기 있는 행동이었다.

파슈툰족은 자신들의 권리를 옹호했을 뿐만 아니라 오랜 기간 동안 저항 세력을 진압한 전력이 있는 막강한 파키스탄 군대에 맞서 싸울 용기가 있었다. 그들은 의도적으로 국가 권력의 주요 상징인 조직과 충돌하는 쪽으로 저항 운동 방향을 설정했다. 그리고 그들은 이겼다.

인종과 종교를 초월한 소수자들도 만연한 사회 분위기에 맞서 용감하게 싸웠다. 종종 생명의 위협을 느끼고 있는 파키스탄의 트랜스젠더 커뮤니티는 정치적 진보를 위해 투쟁했고, 결국 승리했다. 그 결과 사람들이 선택할 수 있는 '성별 선택'이 공식 문서에서 인정되었고, 학교에서의 차별 퇴치 조치를 포함하여 획기적인 법안으로 인정받아 통과되었다. 파키스탄 선거에는 종종 트랜스젠더 후보가 등장하는데, 그중의 한 명인 나얍 알리는 열세 살 때 가족에게 배척되었고 성폭행을 당했으며 남자친구에게 산성 물질로 공격을 받은 바 있다.

용기는 또한 교육에서 건강에 이르기까지 자원봉사가 주도하는 서비스의 힘을 믿는 파키스탄인의 특징이다. 가장 유명한 사람 중에는 '테레사 신부'로 알려진 고 압둘 사타르 에디가 있다. 그의 경험에 의하면, 파키스탄에서 이러한 종류의 일은 위험이 따르고 상당한 용기가 필요하다. 전국적인 병원 네트워크와 자원봉사자로 구성된 1,200명의 구급 인력을 운영하던 이 사회적 기업가는 자신의 병원을 약탈하고 자원봉사자와 구급차를 공격한 이슬람주의자들의 표적이 되었다. 그러나 에디는 끝까지 단념하지 않고, 카라치 뒷골목에서 88세의 나이로 사망할 때까지 파키스탄 최대의 의료 자선단체를 계속 운영했다.

파키스탄이 우리에게 상기시켜 주듯이, 용기는 우리의 개인적인 이익보다 신념을 기꺼이 우선시한다. 또한 그것은 문제를 발견했을 때 이를 무시하거나 가만히 앉아서 다른 사람이 무언가를 해 주길 바라는 것이 아님을 의미한다. 우리는 참여해야 한다. 사이다 안파스 알리 샤 자이디는 자신의 사업을 매각하여 풋패스 학교*Footpath School*를 설립하여 카라치의 공공 지하도에서 파키스탄 학령기 어린이들 중 교육 혜택을 받지 못하는 60%의 아이들에게 교육을 제공한다. 정부의 반대에도 하루에 수백 명의 어린이들을 교육하고 있다. 아스마 자한기어와 히나 지라니 자매는 1980년에 파키스탄 최초로 여성이 운영하는 로펌을 설립했으며, 이후에는 선구적인 인권단체 중 하나를 세웠다. 그런가 하면 말랄라 유사프자이는 교육받을 권리를 주장하다 총에 맞았고, 이슬람 국가의 첫 여성 지도자인 베나지르 부토는 자신의 정치적 신념을 옹호했다는 이유로 암살당했다.

이와 같이 파키스탄은 역경 속에서도 더 공정하고 좋은 나라를 건설하는 데 도움을 주는 용기 있는 사람들의 이야기로 가득하다. 많은 파키스탄인들은 변화에 있어 적대적인 환경에서 진보를 위해 위험을 감수한다. 그들은 변화와 정의를 바라는 것만으로는 충분하지 않으며, 모든 종류의 반대에 직면하여 그것을 요구하고 쟁취하려면 용기가 필요하다는 것을 보여 준다.

팔레스타인

교육 *Education*

중앙 서안 지구의 베이트 잘라Beit Jala에 있는 나딘 하사시안

2016년, 100만 달러의 상금이 걸린 글로벌 교사상은 세계적으로 유명한 핀란드의 교육 시스템 대표나, 싱가포르 최고의 학교 교사나, 실리콘 밸리의 최신 기술을 받아들이지 않는 교사에게 돌아가지 않았다. 우승자는 팔레스타인 난민 캠프에서 성장한 여성이었다. 그녀의 교실

은 종종 위험하고 불안정한 외부 세계를 직면한 학생들에게 피난처가 되었다.

하난 알 흐루브는 8,000명의 후보자 중에서 선택되었는데, 요르단 강 서안 지구에서 폭력을 경험한 탓에 트라우마가 있는 아이들을 대하는 그녀의 접근 방식은 독특한 방식으로 인정받았다. 그녀는 라말라 근처에 있는 학교에서 6~10세 사이의 어린이들과 게임하고 놀이하는 등 다양한 수업 방식을 활용하는데, 노래를 함께 부르기도 하고 풍선을 사용해 수학 문제를 풀기도 한다. 이와 같은 방법들은 차 안에 있던 그녀의 가족이 검문소에서 이스라엘 군인이 쏜 총에 맞은 후 처음 만들어졌다. 그녀는 자녀들이 이 충격에서 벗어날 수 있도록 고군분투했다. 그녀는 "아이들은 환경의 영향을 많이 받습니다. 안전한 학습 환경을 제공하고 싶습니다. 제가 그와 같은 넓은 환경에 영향을 미칠 수는 없지만 아이에게 영향을 줄 수는 있습니다. 이것이 제 철학입니다."라고 말했다.

그 이후로 흐루브는 팔레스타인 교육을 대표하는 인물이 되었으며, 팔레스타인 생활방식에 필수적인 중요한 전통을 만들었다. 불안정한 현재와 불확실한 미래에 직면하여 뿔뿔이 흩어진 난민들이었던 팔레스타인 사람들은 그들의 역사, 문화, 전통, 정체성을 다음 세대에 물려줄 단 하나의 방법이 교육이라는 것을 알고 있었다. 이것은 역사적으로 팔레스타인 땅이었던 곳에 이스라엘 국가가 수립된 이래로 사실이었다. 그 기간 동안 약 75만 명의 팔레스타인 사람들이 탈출하거나 추방되었다. 그들은 거의 모든 것을 잃었지만 자녀를 교육하며 자녀의 인생에서 최고의 기회를 줄 능력을 결코 잃지 않도록 노력했다. 교육의 가치는 살아남아 맞서 싸우는 방법 중 하나로, 과거를 풀고 현재를 이해하며 미래를 향한 열쇠로 평가된다.

교육받은 팔레스타인 사람과 이야기하면 학위를 취득하기 위해 자신과 가족이 겪은 막대한 희생에 대해 종종 이야기할 것이다. 그들은 비좁은 환경에서 온 가족이 함께 생활하고 밤에는 대학 근처에서 일한다. 그 과정에서 혼란과 도전에 직면하고, 이 때문에 몇 년이면 취득할 수 있는 학위를 거의 10년에 걸쳐 취득한다. 학교 폭격으로 잃어버린 교실을 대체하기 위해 집에 바로 임시 교실이 마련된다. (가자 지구의 690개 학교 중 약 180개가 2014년 여름 동안 이스라엘의 폭격으로 피해를 입었고, 거의 50만 명 어린이들의 교육에 부정적인 영향을 끼쳤다. 교육 인프라도 해외 원조에 크게 의존하기 때문에 정치 환경의 변화에 따라 달라질 수 있다.)

그러나 이 같은 결핍과 어려움에도 팔레스타인 사람들은 세계 여러 분야에서 가장 교육을 많이 받은 사람들 중 하나이다. 가자 지구와 서안 지구의 글을 아는 사람들의 비율은 96.9%로, 아랍권에서 가장 높은 수준을 자랑하는 지역 중 하나이며 15세 이상 성인 문맹률은 13.9%(1997년)에서 3.7%(2013년)로 떨어졌다. 더욱이 1993년에서 2011년 사이에 고등교육에 등록한 학생의 등록률이 940% 증가했으며, 가자 지구는 세계 어느 곳보다 1인당 박사 학위 보유자가 많은 곳이기도 하다.

이는 교육을 팔레스타인 수출품 중 가장 중요한 하나로 만들었다. 내가 중동 전역에서 만난 수많은 사람들은 실제로 중동 전역과 세계 전역에서 독특한 명성을 지닌 교사로 부름받은 팔레스타인 사람들에게 배웠다고 한다. 직장에서 팔레스타인 교사에게 배우는 것은 특별한 일이며, 순수한 열정과 비범한 지식의 조합을 경험할 수 있다. 내 친구 나딘 하사시안이 런던 정치경제대학교London School of Economics and Political Science에서 21세 나이에 대부분의 세계 지도자들보다 큰 확신과 명료함으로 연설하는 것을 들었을 때만큼 인상 깊었던 적이 없었다.

그러나 높은 수준의 교육이 많이 보급됨에도 팔레스타인 사람들에게 졸업 후의 현실은 종종 암울하다. 2017년 남성 졸업생의 거의 38%, 여성의 72%가 실업 상태였다. 특히 이집트와 이스라엘 국경 지역인 가자지구에서는 교육 수준이 높고 젊은 팔레스타인 사람들의 고용 기회를 심각하게 제한하고 있다. 여러 면에서 암울한 현실은 교육의 중요성을 강조한다.

팔레스타인 사람들이 세계 다른 지역에서 당연시되는 많은 기본권을 거부당할 수는 있겠지만, 그 어떤 것도 그들 자신과 자녀들을 위해 최고의 교육을 받도록 하는 능력을 앗아갈 순 없다. 정보, 전통, 전문성을 공유하는 학습권은 신성하면서도 소중하게 여겨지는 권리이다. 다른 무엇을 앗아가도 교육은 항상 지켜져야 한다.

포르투갈

탐구 *Exploration*

페나 궁전의 노란색 타워(포르투갈 신트라 산맥 소재)

바다를 끼고 있는 유럽 최서단에 위치한 포르투갈은 수 세기 동안 탐험에 대한 열망을 가진 나라로 정의되었다. 이것은 포르투갈이 서방 세계 최고의 해양 탐험가로 빠르게 자리잡은 15세기에 시작됐다. 유럽의 '발견의 시대'에 이 국가는 새로운 기술을 개발하였고, 지금까지 미개척지를 도달하고자 앞장섰다. 이 국가의 항해사들은 희망봉을 최초로 항해했고, 해상으로 인도에 도달했으며, 나중에는 브라질과 일본을 발견한 최초의 유럽인이었다. 1519년 포르투갈의 탐험가 페르디난드 마젤란은 세계일주를 처음 시도했다. 그는 바스코 다가마와 크리스토퍼 콜롬버스를 포함하여 신대륙 발견 자체를 연상시키는 여러 포르투갈어 이름 중 하나이다.

그렇다면 유럽 한구석에 있는 작은 땅이 어떻게 세계 최고의 해양 강국이 되었고, 새로운 주요 무역 항로를 개척하는 원동력이 되었을까? 대서양과 인도양이 내륙으로 둘러싸여 있다는 이론을 부인하도록 이끈 것은 무엇이며, 결국 아프리카 해안을 지나 남아시아로의 무역로를 구축하는 데 도움이 될 수 있었던 건 무엇 때문이었을까?

포르투갈 탐험 동기는 상업적인 것부터 종교적인 것까지 다양했지만, 그 기반은 의심할 여지 없이 포르투갈의 독특한 지리적 위치였다. 역사가 다니엘 부스틴은 "포르투갈 사람들은 천성적으로 외부지향적이고, 유럽의 문명화 중심에서는 멀어져 있었다. 얼마나 넓은지 헤아릴 수 없는 서쪽 바다와 유럽인들 역시 가늠이 안 되었던 아프리카 대륙이 있었다."라고 말했다. 미개척지에서 육지로 이동하기에는 멀리 떨어져 있었지만, 긴 해안선을 가진 특성상 해양 탐사의 잠재력에 막대한 투자를 하였다. 존 1세의 셋째 아들인 항해사 헨리는 결국 포르투갈의 패권을 확보하기 위해 다양한 재능과 아이디어를 한데 모은 핵심적인 인물이었다. 사그레스 마을에서 그는 지리학, 항해술, 지도 제작 분야의 선두주자들을 모은 학교를 설립했다. 이곳에서 탄생한 가장 중요한 제품은 캐러벨*caravel*이었는데, 삼각형 돛이 달린 가벼운 디자인의 이 선박은 더 작고 바람을 더 잘 이용할 수 있도록 제작되었으며 선구적인 혁신으로 널리 알려졌다.

　1999년 마카오의 반환과 함께 포르투갈은 마지막 식민지로부터 철수했지만 탐험 정신은 사라지지 않았다. 앙골라에서 모잠비크, 브라질에 이르기까지 새로운 세대의 구직자들이 기회를 찾고 남부 유럽의 경제 침체를 피하기 위해 이전 식민지로 돌아왔다. 오직 두 나라, 아일랜드와 뉴질랜드만이 해외에 거주하는 원주민 인구 비율이 포르투갈의 14%보다 더 높다. 약 100만 명의 포르투갈인이 프랑스에 거주하는 것으로 추정되었고, 이는 수도 리스본에 정착한 포르투갈인의 두 배나 된다. 세계에서 가장 많은 직원을 고용한 조직 중 하나인 영국의 국민보건서비스_{National Health Service}에서 203개의 국적 중 6번째로 많은 수의 직원들이 포르투갈 출신이다. 오늘날 포르투갈어는 세계에서 6번째로 많이 사용되는 언어로 남아 있으며, 고아_{인도 남서부에 위치한 주州}와 같은 지역의 기독교도는 한때 광대했던 제국의 영향력이 남긴 또 다른 유산이다.

　지리, 야망, 필요성 등의 복합적인 추진력을 갖고 있었던 포르투갈은 수 세기 동안 유럽에서 가장 헌신적인 탐험국이었고, 새로운 것의 항해자이자 세계 최초를 달성한 국가였다. 역사가 보여 주듯 탐험을 통해서만 우리는 발견하고, 발전을 이룰 수 있다. 탐험은 국가와 마찬가지로 모든 개인의 삶, 직업, 비즈니스에 기본이다. 우리는 지식과 경험의 지평을 넓혀야 한다. 개인 생활과 직업 생활에서 탐험가가 되어야만 우리의 야망을 예리하게 유지하고 마음을 새롭게 유지할 수 있다. 그것이 우리가 하는 모든 일에서 한계를 뛰어넘고 성장하고 배우고 개선하는 방법이다. 탐구하려는 의지와 용기 없이 성공한 사람은 없다. 포르투갈은 우리에게 보다 모험적이고 충만한 존재 방식을 제시한다.

스코틀랜드

영향력 *Influence*

스코틀랜드 고원의 네스호가 내려다보이는 어쿼트성*Urquhart Castle*

"우리는 문명에 대한 모든 아이디어를 스코틀랜드에서 찾는다." 프랑스의 철학자 볼테르가 말했다. 18세기에 그가 이 같이 말한 이후로, 실제로 세계는 수많은 스코틀랜드의 아이디어와 발명의 영향을 받았다. 전화를 받거나 TV를 켜거나 활주로를 따라 주행한다면, 현대 세계에서 스코틀랜드의 영향을 충분히 경험하고 있는 것이다.

철학에서 혁신, 현대 경제학에 이르기까지 장을 만든 것은 스코틀랜드인들이었고, 그 자체로 인류의 발전에 영향을 미쳤다. 아담 스미스의 자유시장에 대한 가르침, 제임스 와트의 증기기관, 커크패트릭 맥밀란의 자전거 등 스코틀랜드인들은 오늘날 우리가 당연하게 여기는 많은 것들을 개척했다. 나는 이 모든 것이 섬나라의 작은 북부 지역에서 나왔다고는 결코 생각하지 못했다. 스코틀랜드가 족적을 남긴 것은 발명만이 아니라 전체 기관들(학교, 기업 포함)과 국가들이다. 스코틀랜드의 영향력은 전 세계에 걸쳐 있으며, 스코틀랜드에 뿌리를 두고 있는 많은 인구를 여러 국가에서 찾을 수 있다.

스코틀랜드의 인구 545만 명과 비교했을 때 스코틀랜드 혈통을 주장할 수 있는 디아스포라 인구는 미국 600만 명, 캐나다 470만 명, 호주 170만 명, 아르헨티나 10만 명, 칠레 8만 명 정도이다. 대영제국을 확장하고 관리하는 데 있어 스코틀랜드인의 탁월한 역할과 스코틀랜드 장로교 선교사의 영향력은 폭넓었다고 한다. 덕분에 스코틀랜드 문화와 영향력은 18세기와 19세기에 걸쳐 만들어졌으며 오늘날에도 다양한 형태로 계속된다. 당시 세계 두 번째 중앙은행인 영국은행을 설립한 사람은 스코틀랜드인 윌리엄 패터슨이었다. 또한 스코틀랜드인과 스코틀랜드 사상은 미국의 독립과 발전의 기초가 되었다. 독립 선언문에는 스코틀랜드인의 서명이 여러 개 있지만, 미국 헌법의 기초를 다진 토머스 제퍼슨은 스코틀랜드 계몽주의 철학을 배운 사람들 중 하나였다.

세계에 대한 스코틀랜드의 영향력은 독특한 역사의 산물이 아니다. 우리 주변에서 여전히 볼 수 있다. 고등교육을 민주화하는 데 중요한 역할을 해 온 영국개방대학교*는 스코틀랜드 정치인 제니 리에 의해 설립되었다. 세계에서 가장 큰 예술 축제는 매년 스코틀랜드의 수도인 에든버러에서 열리고, 할리우드를 보면 1960년대와 1970년대의 숀 코너리부터 오늘날의 이완 맥그리거와 제라드 버틀러에 이르기까지 슈퍼스타가 된 스코틀랜드 배우들이 매우 많다. 스코틀랜드 연어와 싱글 몰트 위스키가 있는 세계 최고의 레스토랑을 생각해 보자. 이는 스코틀랜드뿐만 아니라 영국 전체에서 가장 많이 수출되는 두 가지 식품 및 음료이다. 세계에서 가장 영향력 있는 인물인 미국 대통령도 아마 스코틀랜드 석공들이 부분적으로 설계하고 지은 저택인 백악관에 거주하며 일하고 있을 것이다.

2014년 스코틀랜드가 영국에 남아 있어야 할지, 아니면 완전한 독립 국가가 되어야 할지를 결정하기 위한 국민투표가 실시되었을 때 스코틀랜드인들은 미래가 어떤 모습이어야 하는지 열정적으로 토론하기 시작했다. 일부는 독립을 족쇄를 풀고 스코틀랜드의 잠재력을 최대한 발휘하는 촉매제로 봤다. 다른 사람들은 스코틀랜드가 특히 영국과의 경제적 유대와 역사적으로 발휘할 수 있었던 영향력을 통해 기존 연방하에서 얼마나 잘 해냈는지 과소평가하지 말라고 경고했다. "우리는 지난 300년 동안 영국인들을 매우 효율적으로 관리해 왔어요. 따라서 지금 독립할 이유가 없습니다." 당시 스코틀랜드 작가였던 윌리엄 달림플이 이렇게 썼다. 스코틀랜드의 미래가 여전히 불확실하고 독립에 대한 이야기가 끝나지 않은 상황에서 스코틀랜드의 영향력이 가깝거나 멀게

◆ 오픈유니버시티The Open University: 영국개방대학교는 세계 최초의 원격 대학이다.

계속해서 느껴질 거라 확신한다.

그리고 자신의 경력에서든, 새로운 시장에서 회사를 성장시키든, 신제품을 출시하려던 간에 영향력을 미칠 수 있는 방법에 대해 궁금해하는 사람들에게 스코틀랜드는 크기가 권력과 비례하지 않는다는 예를 보여 준다. 실제로 변화에 영향을 미치는 것은 전달된 아이디어의 힘이다. 당신은 작고 지엽적이며 알려지지 않은 존재로 시작할 수 있지만, 그것은 당신이 세상을 바꾸는 것을 막지 못한다.

싱가포르

질서 *Order*

캄퐁 글램 하지 레인

싱가포르에서 며칠을 보낸 후, 완벽하게 정돈된 굴 속에 있는 모래와 같은 혼돈을 갈망하는 나 자신을 발견했다. 이게 이상한 반응처럼 보인다면, 싱가포르는 껌을 씹거나 지정되지 않은 곳에서 길을 건너거나 공중화장실의 물을 내리지 않는 것이 불법인 국가라는 점을 명심하자. 질서, 규칙 및 규정은 일상생활의 모든 곳에서 볼 수 있다.

　모든 의미에서 싱가포르는 타의 추종을 불허하는 질서 개념이 지배하는 국가이다. 대중교통을 이용하면서 특정 종류의 음식(두리안 같은)을 먹는 것부터 차들이 다니는 거리 가까이에서 연을 날리는 것까지 거의 모든 것에 벌금을 물 수 있기 때문에 종종 '벌금 나라'로 묘사된다. 법령 책자에 없는 법률도 일반적으로 통용된다. 교통량이 많은 출근 시간에는 도시의 대중교통 시스템을 이용할 때 잠시라도 머뭇거리지 않는다. 엘리베이터 문이 닫히면 모든 대화가 중단되며, 저녁 식사에 초대받은 경우에는 음식을 제외한 선물을 가져가야 한다(만일 음식을 가져가면 초대한 사람이 충분히 제공할 수 없음을 의미한다). 괜히 이 작은 섬나라를 '세계에서 가장 치밀하게 계획된 도시'이자 '기업처럼 운영되는 국가'라고 묘사한 게 아니다. 이 두 묘사는 모두 싱가포르 건국의 아버지이자 오랜 통치자인 리콴유의 질서 있는 비전에 대한 증거이다. 그는 늪지였던 곳을 세계에서 가장 발전된 경제대국 중 하나로 발전시켰다. 지난 10년 동안 싱가포르는 세계에서 가장 건강한 국가이자(최근에는 이 분야에서 어려움을 겪고 있지만), 비즈니스를 하기 가장 좋은 곳이며, 먹고사는 데 어려움을 겪는 사람들이 가장 적은 국가로 선정되었다. 또한 세계 교육 순위에서 정기적으로 가장 높은 성과를 내는 국가들 중 하나이며, 2016년에는 이 분야에서 1위를 차지했다. 천연자원이 많지 않은 작은 도시 국가인 싱가포르는 신중하고 계획된 질서에 의해 탄생한 곳이며, 단일 비전으로 목표를 달성해 나가는 가장 적합한 사례이다.

　물이 부족한 싱가포르는 이를 대비한 효과적인 정책으로 현재 사용

가능한 모든 빗물을 모으고 물을 대규모로 재활용 및 재생하기 위한 인프라 구축을 위해 최대한으로 노력함으로써 물 보존과 관리 분야의 세계적인 리더 중 하나로 여겨지고 있다. 더불어 오염된 강을 정화하기 위한 주요 프로젝트를 수행하고 있다.

도시 국가의 한계와 제약을 관리할 때 근본적으로 질서정연하게 정리하는 접근 방식은 주택 정책에도 확장되었다. 싱가포르인의 약 80%는 정부가 제공하는 사회 주택에 거주하며, 학교에서 상점에 이르는 편의 시설이 건설되어 자급자족 커뮤니티를 이루고 있다. 인종 혼합을 보장하고, 단일 인종 커뮤니티의 확대를 피하기 위한 할당제가 있다.

금지, 할당제 및 규제를 모든 사람이 즐겁게 참여하고 싶어 하지는 않을 것이다. 그러나 싱가포르는 규정집을 활용하는 것이 원하는 결과를 달성하는 데 얼마나 중요한지를 보여 준다. 그리고 싱가포르의 공공 정책에 적용되는 사항은 직장 또는 삶 속에서 각자의 목표를 달성하기 위해 노력하는 우리 모두에게 적용될 수 있다. 규칙과 절차가 싫을 수도 있지만, 가장 창의적인 일에서도 질서는 중요한 역할을 한다. 운에 맡기면 일은 보통 이뤄지지 않는다. 그러나 싱가포르가 보여 주듯이 질서 있는 방식으로 신중하게 계획하면 성공 확률이 높아진다. 우리는 오늘날의 비즈니스 세계에서 창의성, 규칙 파괴, 혼란을 받아들여야 한다. 그러나 이것들이 질서의 핵심에 근거하지 않는다면 아무런 가치가 없다. 질서 없이는 끝을 보기 어렵다.

슬로바키아

파급력 *Impact*

밀집 돔(슬로바키아 세넥 소재)

    슬로바키아 정부는 관광객과 외국인 투자자들에게 슬로바키아를 홍보할 상징으로 나비를 선택했다. 날개를 퍼덕거리다가 결국에는 지구 반대편에 폭풍을 일으키는 곤충처럼, 슬로바키아는 '작고 큰 나라'로서 엄청난 영향력을 행사할 수 있는 능력을 갖길 원했다.

유럽의 심장부에 위치하며 사방에서 훨씬 더 큰 이웃 국가들에 둘러 싸인 슬로바키아는 그 무게를 감당하는 능력을 자랑스럽게 생각한다. 이 나라는 세계를 변화시키고 싶을 뿐만 아니라, 그것을 할 수 있다는 능력에 자부심을 갖는다. 슬로바키아와 슬로바키아인들은 어떻게 영향을 미치고 긍정적인 변화의 원동력이 될 수 있는지에 대한 질문에 사로 잡혀 있다.

'좋은 생각, 슬로바키아'는 국가 홍보 슬로건이 발전한 문구이다. 슬로바키아가 세계에서 가장 혁신적인 기업과 상업적 아이디어가 발전하는 곳이라는 점에는 의심할 여지가 없다. 이 나라는 중거리 비행 자동차 기술로 가장 앞선 스타트업 에어로모빌의 본거지이다. 또 다른 선구적인 비즈니스 모델은 태양열과 풍력 에너지의 조합을 통해 자체적으로 전력을 공급하는 소형 주택, 에코캡슐이다. 이 회사들은 단지 그 자체를 위한 아이디어가 아니라 세계가 직면한 가장 큰 질문 중 일부를 해결하기 위해 존재한다. '인구가 더 많아진 세상에서 교통수단은 어떤 모습일까?' '지구에 점점 사람이 살 수 없도록 만드는 에너지원에 대한 의존도를 어떻게 줄일 수 있을까?'

파급력에 대한 슬로바키아인의 열망은 자급자족과 자신의 운명을 통제하려는 열망에 뿌리를 두고 있다. 에어로모빌의 설립자 슈테판 클라인은 공산주의 국가였던 체코슬로바키아에 거주하며 철의 장막을 넘어 오스트리아로 날아가는 상상을 하던 어린 시절, 처음 하늘을 나는 자동차를 만드는 꿈을 꾸었다고 말했다. 아름다운 자연으로 둘러싸인 유럽의 중심부에 있는 슬로바키아 환경은 주변 세계와 연결하며 기여하고 싶게 만드는 무언가가 있다. 즉, 자신과 이웃 그리고 나머지 세계를 위한 변화를 만드는 것이다.

슬로바키아인들은 자신의 길을 개척할 수 있는 힘이 있어야만 그러한 영향력을 미칠 수 있다는 점을 알고 있다. 지금은 고위 외교관이 된 엘레나 말릭코바는 대학에서 여성은 국제 관계를 전공할 수 없다며 거절당했고, 외무부에서는 줄 일자리가 없다며 그녀를 거부했다. 할 수 없이 방송인과 해외 에디터로 경력을 쌓았고, 20년 후 그녀는 자신의 평생의 야망을 실현할 수 있었다. 이제 그녀는 산업, 과학, 예술 및 연기 분야에서 국제적인 영향력을 행사한 소수의 슬로바키아 지도자에게 매년 수여되는 굿윌 특사상을 만드는 데 도움을 주면서 전 세계에서 변화를 일으키고 있는 슬로바키아인들을 지원하고 주목하는 데 자신의 지위를 사용한다.

파급력에 대한 열망은 슬로바키아의 지도자 선택에도 반영된다. 2014년에는 정치 초보이자 무소속 후보인 안드레이 키스카를 대통령으로 선출했다. 키스카는 슬로바키아에서 가장 큰 자선단체 중 하나인 굿 앤젤을 만든 기업가로 가장 잘 알려져 있다. 이 단체는 아픈 어린이 가족의 의료비를 지원하는데, 2006년부터 3400만 유로 이상을 기부했으며 키스카는 사장으로 있는 동안 자신의 월급을 기부했다. 2019년에는 주자나 차푸토바가 슬로바키아 최초의 여성 대통령이 되었다.

국내에서 자선활동을 하든, 해외를 개척하든 슬로바키아인들은 주변 사람들과 세계에 미칠 수 있는 파급력에 초점을 맞춘다. 대부분의 사람들은 대대로 변화를 만들고 흔적을 남겨야 할 의무를 물려받는다.

우리가 스스로에게 해 볼 수 있는 질문들이다. '우리의 재능, 자원, 시간을 최대한 활용하고 있는가?' '사람들을 돕고 지역사회가 직면한

문제를 해결하는 데 기여하기 위해 우리가 무엇을 더 할 수 있을까?'
슬로바키아 렌즈를 끼고 세상을 바라보면 작게나마 영향력을 미칠 수
있는 방법이 있다.

남아프리카공화국

용서 *Forgiveness*

케이프타운의 명예 대주교 데스몬드 투투가 남아프리카공화국 진실화해
위원회에서의 공로로 노벨평화상을 수상하다

넬슨 만델라는 "아름다운 남아프리카공화국에 대한 꿈이 있다면 목
표를 달성할 수 있는 길도 있습니다. 이 길들 중 두 개는 선함과 용서라
고 부를 수 있습니다."라고 말했다.

최근 세계 역사에서 '용서' 하면 떠오르는 인물은 만델라이다. 그가 1994년에 이끌었던 민족통일 정부와 아파르트헤이트◆ 하에서 자행된 공포에 대한 정의를 실현하기 위해 만든 기관들은 국가들이 내부 갈등, 폭력, 종파주의의 여파에 대처하는 방법의 모델이 되었다.

1997년 《이코노미스트》에 "용서는 만델라 정부의 핵심이며 진실위원회에 제도화되어 있다."라고 썼다. 40여 년 전 범죄의 진상을 밝히기 위한 진실화해위원회를 책임지고 있던 데스몬드 투투는 이 위원회를 '국가 치유, 화해, 용서를 위한 인큐베이션 기구'로 소개했다. 재판 절차가 전국에 방송되어 위원회는 2만 명이 넘는 희생자와 7,000명이 넘는 가해자의 증언을 들었다. 그 결과, 배상과 사면을 모두 부여할 수 있는 권한을 부여받았고, 폭력이나 보복 없이 인종차별 정책의 범죄가 해결될 수 있도록 피해자 주도의 절차를 제공하는 것으로 널리 찬사를 받았다. 남아프리카공화국의 작가 시손케 음시망은 다음과 같이 적었다. "아파르트헤이트 희생자들은 울었지만 분노하지 않았다. 그들은 소리쳤지만 감히 맹세하지 못했다. 슬픔의 추악한 측면, 즉 복수와 상실의 허무주의는 새로운 남아프리카공화국의 사전에는 나올 자리가 없었다. 우리는 분노의 험준한 바위가 아니라 관용과 용서라는 자비로운 원칙 위에 세워진 나라이다." 남아프리카 사람들이 과거에 대해 말하는 데 익숙한 것은 바로 그런 틀 안에서였다.

이제 21세기의 거의 4분의 1이 지났고, 많은 사람들이 그 유산과 효과를 의심한다. 투투 대주교는 자신이 위원장을 맡은 위원회의 조사 결과와 권고사항들이 제대로 이행되지 않는 것에 대해 심도 있는 비판 의

◆ 1948년에 법률로 공식화된 인종분리, 즉 남아프리카공화국 백인정권의 유색인종에 대한 차별 정책이다.

식을 갖고 있었다. 그는 2014년에 "인권 침해 피해자에 대한 배상 지연과 제한된 수준의 지불은 위원회가 구축하고자 했던 존엄성을 침식했다. 정부가 사면 신청에 실패한 사람들을 기소하지 않았다는 사실이 사면을 신청한 사람의 명예를 훼손했다. 과거에 혜택을 받은 사람들이 미래에 기여할 수 있는 수단으로 제안된 일회성 재산세는 시작부터 성공할 수 없었다."라고 적었다.

공식적으로 세계에서 가장 불평등한 국가로 남아 있는 남아공에서는 아이들이 야외 구덩이 변소에서 익사하고(2018년 현재 전국적으로 4,500개 이상의 학교에서 여전히 사용 중이다), 백인 소유 토지의 10%만이 남아프리카 흑인에게 재분배되었다. 아파르트헤이트가 끝난 이후 인종 문제부터 학비, 농지 개혁, 학교 시스템의 질에 이르기까지 불안이 커지고 있다. 현대 남아공에서 인종으로 인한 경계가 어느 정도인지를 확인하기 위해서는 흑인 거주 지역을 방문한 뒤, 높은 벽과 경비견과 하인이 있는 백인 동네의 집과 대조해 보면 된다. 이러한 도전은 용서의 과정에 대한 새로운 관점을 제시한다. 아파르트헤이트 이후 남아공에서 성장한 사람들은 표면적인 변화뿐만 아니라 구조적인 변화를 달성하기 위해 보다 심오한 사회 경제적 변화의 순간을 경험하고자 한다. 만델라 시대의 용서에서 시간이 흘렀을 수도 있지만, 그렇다고 해서 그 과정이 끝났다거나 책이 덮인 것은 아니다.

투투 대주교의 딸이자 이 주제에 관한 책 『The Book of Forgiving』의 저자인 음포 투투는 "남아프리카공화국에서 용서의 과정이 단절되었습니다. 경제적으로 남아공의 현실은 거의 변하지 않았으며 '당신이 우리를 용서했으니 이제 아무것도 바꿀 필요 없이 함께 일몰을 향해 행진하자'는 생각에 만족하는 사람들이 있습니다. 그것은 완전한 용서의 과정이 아닙니다. 완전한 용서는 이후의 관계가 이전의 관계와 달라야 합니다. 아직은 달라지지 않았습니다."라고 말했다.

우분투*ubuntu* *는 타인에 대한 인간애로 정의할 수 있다. 남아공의 일부 지역에서는 누군가 실수하면 마을 중앙으로 데려가 이틀 동안 부족에게 둘러싸여 이 사람이 한 모든 선행에 대해 이야기하는 관습이 있다. 우리 각자의 중심에 따라 인류가 선하다고 믿기 때문에 실수는 도움을 요청하는 외침으로 간주된다. 공동체는 이 같은 의식 속에서 연합하여 그 사람이 전체 구성원들의 진정한 본성과 다시 연결되도록 격려한다. 화합과 긍정은 수치심과 처벌보다 행동을 바꾸는 더 큰 힘이 있다고 생각하기 때문이다.

아파르트헤이트 이후 남아프리카공화국의 초기 시대가 용서의 힘을 보여 주었다면, 최근에는 그 한계와 복잡성을 보여 준다. 그것은 용서가 단순한 정의와 엄격한 용어를 뛰어넘는, 골치 아프고 장기적인 과정이 될 수 있음을 의미한다. 남아프리카공화국은 잘못의 뿌리가 단순히 사과만으로는 충분치 않고 의미 있게 수정되어 미래가 과거를 반영할 수 없음을 보장할 때에만 진정한 용서를 얻을 수 있음을 일깨워 준다.

◆ '네가 있으니 내가 있다'라는 윤리 사상을 일컫는 말로 '공동체 정신' '인류애'를 뜻하는 단어이다.

대한민국

역동성 *Dynamism*

경상북도 골굴사에서, 종교적이지만 활기찬 춤을 추는 여인

'빨리빨리' '서둘러!' 이 두 단어로 아무것도, 아무도 정적이지 않은 대한민국의 문화를 요약해서 표현할 수 있다. 역동성이 하루하루를 지배한다. 이는 뒤처지는 것에 대한 두려움으로 인해 생기는 앞서려고 하는 욕구이다.

잠시 멈추고 숨을 쉬어 보자. 이 역동성이 어떻게 보이는지 이해하기 위해 잠시 시간을 내라. 한국인이 1분에 56보를 걷는 데 비해 일본인은 35보, 영국인은 29보, 미국인은 25보를 걷는다는 점을 고려해 보자. 이 나라는 세계에서 가장 빠른 인터넷 속도를 가지고 있으며 10Gbps로 연결되는 세상을 개척하고 있다. 한 데이트 업체에 따르면, 대한민국에서는 첫 데이트부터 결혼까지 걸리는 평균 시간이 10개월 남짓이라고 한다. 또한 대한민국에서는 휴식도 서둘러 취하는데, 점심 시간이나 휴식 시간 등 소중한 순간에 휴식을 제대로 취하기 위해 시간당 비용을 지불할 수 있는 '낮잠 카페'가 점점 더 많아지고 있다. 이 트렌드의 이름은 무엇일까? '빠른 치유'라고 부를 수 있다. 결과적으로 사람들은 일을 거의 멈추지 않고 거의 잠을 이루지 못한다. OECD에 따르면 한국인 노동자는 연간 평균 2,069시간을 일하는데, 이는 일본 1,713시간, 호주 1,669시간, 독일 1,363시간과 비교된다. OECD가 2014년 18개국의 수면 습관을 조사했을 때 한국이 최하위를 기록했다는 것은 놀라운 일이 아니다. 한국인의 평균 수면 시간은 469분인 데 비해 프랑스인은 530분, 미국인은 518분, 스페인인은 514분으로, 이는 가장 수면 시간이 긴 3개국이다.

역동성은 당신이 현재 가진 것에 결코 안주하지 않고, 미래가 당신을 위해 무엇을 할 수 있고 또 무엇을 가질 수 있는지 항상 오늘을 바라보는 것을 의미한다. 그것은 불안에 뿌리를 두고 있다. 즉 당신의 삶이 예상대로 진행되지 않을 수도 있고, 당신 주변의 다른 사람들이 더 성공할 수도 있다는 것이다. 그렇기 때문에 한국인들은 항상 다음 일자리를 찾고, 가정생활에서도 미리미리 계획을 세운다. 20대 부부가 셋째 아이를 어떻게 키울지 이야기하는 걸 듣는 건 드문 일이 아니다. 이 같은 태도는 최신 패션이나 신기술에 대한 대한민국의 애정에서도 설명된다. 대한민국은 삼성과 LG를 포함한 거대 기술 기업의 본거지이며, 서울은 종종 세계에서 가장 기술적인 도시 중 하나로 여겨진다. 서구의 패스트 패션이 몇 주에 걸쳐 개념의 전환이 이루어진다면, 대한민국에서는 같은 날 완성될 수 있다. 이러한 역동성은 전 세계 젊은이들의 팬덤을 끌어들이는 K-POP의 세계적 현상을 부채질하고 있다.

역동적인 환경은 실용적인 환경이기도 하다. 디자인은 최소화되고 효율성을 위해 다듬어진다. 이러한 세부사항에 대한 관심은 우리가 감사하게 되는 포인트이다. 그것은 또한 내가 남동생과 불교 수도원으로 쉬러 갔을 때처럼, 바쁜 삶의 속도에서 벗어나 휴식을 취해야 하는 것이기도 하다.

일제강점기(1945년 종료)와 1950년대 초반 한국전쟁(6.25 전쟁)의 여파로 세계에서 가장 가난한 나라 중 하나였던 곳으로서는 놀라운 변화였다. 1960년대 초반 대한민국의 무역 생산량은 연간 3,300만 달러에 불과했고, 기대수명은 55세였으며, 인구의 9%만이 고등교육을 받았다. 그런데 2015년까지 무역 규모는 960억 달러를 넘어섰고, 기대수명은 27년 연장되었으며, 대학교육을 받은 비중은 전체 인구의 70% 이상으로 증가했다.

역동성을 핵심으로 하는 문화가 없었다면 이러한 놀라운 가속이 가능했을까? 한국의 박정희 대통령은 1964년 독일의 한 연설에서 가족의 더 나은 생계를 위해 유럽에 온 한국 광부들에게 다음과 같이 말했다. "우리는 힘든 시기를 겪고 있지만 후손들에게 가난을 물려주면 안

됩니다. 우리가 겪고 있는 일을 다음 세대가 경험하지 않도록 대한민국의 빈곤을 종식시키기 위해 우리의 역할을 다해야 합니다."

변변한 천연자원 하나 없는 대한민국은 국민의 결단력과 역동성 덕분에 미래 지향적이고 높은 성과를 내며 세계를 선도하는 국가가 되었다. 역동성은 대한민국이 세계에서 가장 가난한 국가 중 하나에서 가장 부유한 국가 중 하나가 되도록 보장했다.

야망을 달성하려면 역동적인 내부 모터가 필요하다. 역동적인 것은 현상 유지를 결코 받아들이지 않고, 현재에 안주하지 않으며, 항상 자신을 개선할 방법을 찾으려는 것을 의미한다. 역동성은 안일함의 정반대이며 표류와 정체의 적이다. 그것은 가장 성공적인 사람들과 회사들 사이에 공통된 특성이다. 에너지로 가득 차 있지만 또한 발전하고 앞서 가고자 하는 열망도 있다. 삶에 활력이 넘치면 앞서 생각하거나 다음에 무엇이 올지 묻는 것을 결코 멈추지 않는다. 항상 해야 할 일이 더 많고 더 가야 하기 때문에 멈추지 않는다.

튀니지

절제 *Moderation*

튀니스(튀니지의 수도)에 있는 알 자이투나 모스크의 열린 문

아랍의 봄에 불을 붙인 불꽃은 이집트, 시리아, 리비아, 레바논이 아니라 혁명과는 거리가 멀었던 튀니지에서 시작되었는데, 대규모 시위가 아니라 모하메드 부아지지라는 한 노점 상인에서부터였다. 지방 정부 직원에게 뇌물 주는 것을 거부한 그는 구타를 당했고 농산물과 체중

계를 뺏겼다. 그는 자신의 물품을 되찾으러 갔다가 거절당하자 휘발유를 사서 시립 건물로 들어가 분신했다. 몇 주 후 그는 병원에서 사망했지만, 이 사건으로 23년간 재임했던 튀니지 대통령은 축출되었고 아랍 세계 전역에 연쇄 반응을 촉발했다.

튀니지는 아랍의 봄에 불을 붙이긴 했지만, 그 여파에 대한 자국 내의 반응은 정치적, 종교적, 사회적 구조가 절제된 국가로서 이웃 국가들과 차별화되었다. 2011년에 정권이 바뀐 국가 중 튀니지만이 독재와 종교적 극단주의를 막는 민주 정부를 만드는 데 성공했다. 1950년대 이후 처음으로 국제기구 관찰자들에 의해 자유롭고 공정하다고 판단되는 두 차례의 선거가 치러졌고, 모든 선거인 명단에서 여성의 평등한 대표성을 보장하는 새 헌법이 2014년에 채택되었다. 그리고 2011년부터 튀니지는 세속적인 통합 정당과 이슬람 정당을 일련의 연립 정부가 통치하고 있다. 시작은 까다로웠지만 온건한 접근 방식은 상대적인 정치적 안정을 보장했다.

튀니지를 다른 나라들과 차별화하는 가치인 '절제'는 종교에 대해서 상대적으로 여유 있는 태도에 뿌리를 두고 있다. 튀니지는 이슬람 국가이긴 하지만 하나의 집단으로 느껴지지 않는다. 사람들이 공개 석상에서 술 마시는 것에 대해 걱정하지 않고 테라스에 앉아 술 마시는 것을 보고 놀랐던 기억이 있다. 심지어 비무슬림들에게 입장이 허용되지 않는 튀니스의 메디나에 있는 모스크를 방문하기도 했다.

대부분의 아랍 국가는 정치에 대한 종교적, 군사적 개입이 강한 반면 혁명 이후 튀니지는 이 같은 영향을 최소화하기 위해 열심히 노력했다. 이슬람주의 엔나다당은 온건파 성향을 갖고 있으며, 일부 지지자들의 반대에도 2016년에 공식적으로 정치와 종교를 분리했다. 엔나다당은 국가가 한 종교만을 강요해서는 안 된다는 광범위한 기대가 있는 국가에서 이슬람의 교리를 강요하지 않는다는 인식을 국민들에게 심어 주기 위해 열심히 노력했다.

그럼에도 튀니지 민주주의의 발전은 어려움이 많았다. 정치 세력 내에서의 갈등과 서로 다른 정당들이 너무 비슷해져서 국민을 대표하지 못한다는 비난도 받았다. 새롭게 이루어진 정치적 합의는 사람들이 보기에 너무 온건한 수준이었는데, 이는 저성장과 높은 인플레이션으로 어려움을 겪고 있는 경제를 살리는 데 필요한 개혁을 과감하게 시행하는 것을 두려워했기 때문으로 보인다. 그러나 이것들은 민주주의의 틀 안에서 튀니지 현실 속에 존재하는 독재, 신정, 계엄령 등 완전한 대조로 인해 발생하는 문제와 불일치이다.

이러한 온건한 성향은 포스트 아랍의 봄 시대에 처음 나온 것이 아니라 튀니지의 오랜 역사를 통해 나온 것이다. 여성의 평등은 평등 이혼권을 포함하여 1956년 독립 이후에 이루어진 개혁으로 거슬러 올라가면서 이 지역의 다른 국가들보다 한참 앞섰다. 최근 몇 년 동안 (튀니지 여성의 절반 이상이 경험한) 폭력으로부터 여성을 보호하고, 상속에 대한 평등한 권리를 만들기 위한 획기적인 법률이 통과되었다.

(상대적으로 말해서) 이러한 진보적인 정책은 튀니지 정치에서 여성이 수행하는 중요한 역할에 의해 보장되었다. 2018년 5월 선거를 기준으로, 지방 정부 대표의 47%가 여성이며 튀니스의 첫 여성 시장으로 베일을 쓰지 않은 수아드 압데라힘이 선출되었다. 이 중 어느 것도 우연이 아니다. 아흘렘 벨하지와 같은 사회운동가들이 수십 년간 벌인 캠

페인의 산물이다. 공적 생활에서 여성의 역할은 튀니지의 온건한 문화와 사회가 기반을 두고 있는 토대 중 하나이다.

그러한 절제는 삶의 모든 면으로 확장된다. 과자는 너무 달지 않고, 색은 너무 화려하지 않고, 건축물도 화려함과는 거리가 먼 나라이다.

많은 면에서 이러한 절제는 아마도 이 지역의 정치적 안정과 사회 문제에 대해 튀니지가 진보적인 입장을 갖게 된 이유일 것이다. 튀니지는 개인, 조직 및 국가 전체에 대한 중재의 이점을 보여 준다. 우리의 견해와 신념을 조정함으로써 다른 사람들을 이해하고 모든 사람의 의견을 들어 볼 수 있는 여지를 더 많이 만든다. 우리의 야망을 조절한다고 하면 직관적이지 않게 들릴 수 있지만, 우리가 자기 집착을 줄이고 더 큰 그림을 보는 데 도움이 될 수 있다. 모두들 자기 목소리를 높이는 세상에서 절제는 미덕이 되기 쉽지 않다. 그러나 튀니지의 경우에서 알 수 있듯이 가장 크게 소리치는 사람이 항상 가장 멀리 가는 것은 아니다.

우크라이나

자유 *Freedom*

우크라이나의 제5대 대통령, 페트로 포로셴코
"당신은 어떤 가치가 위배되었을 때 그것이 당신의 가치임을 알게 된다."

    당신이 그 국가 안에 있을 땐 혁명을 목격하기 어렵다. 혁명은 단지 사람들이 거리를 행진하고 수많은 군중을 모으는 것뿐만 아니라 사람들의 얼굴에서 볼 수 있는 조용한 강렬함에 관한 것이다. 거리는 비어 있고 날씨도 좋지 않고 모임의 규모가 작더라도, 사람들이 어떤 이야기를 하고 어떤 계획을 세우는지도 해당된다.

2014년 겨울, 우크라이나 혁명이 진행 중일 때 나는 키예프 내 사건의 중심에서 약 500km 떨어진 체르니우치에 있었다. 언뜻 봤을 때는 혁명이 시작되고 있다는 것을 몰랐다. 그곳은 황량한 느낌이었고 날씨가 너무 나빠서 주요 도로를 통해 도시로 들어갈 수도 없었으며 모든 것이 폐쇄된 것처럼 보였다. 도로에 있던 차들은 빙판길을 부수기 위해 타이어에 체인을 걸었다.

그러나 매서운 추위와 얼어붙은 눈 사이에서 만난 사람들에게서 조용하게 타오르는 불길을 볼 수 있었다. 비좁은 카페에서 사람들은 TV에 나오는 최신 사건들을 열심히 시청했다. 그리고 삼삼오오 모여 무슨 일이 일어나고 있는지, 누가 키예프에 갈 것인지, 다음에 무엇을 할 수 있는지 토론했다. 수백 마일 떨어진 곳에서 일어난 일인데도 실시간으로 중요한 무언가를 함께 경험하는 이상한 느낌이었다. 나는 열광적인 연설이나 대규모 집회를 목격한 것이 아니라 자유를 위한 단 하나의 대의를 위해 모인 소수의 사람들을 목격했다. 한 사람이 말했다. "우리가 무엇을 해야 하는지 지시받고 싶지 않습니다. 우리는 그림자처럼 행동하는 러시아 대통령이나 폴란드 대통령이나 미국 대통령의 영향을 원하지 않습니다. 그냥 우리를 내버려 두세요. 아무도 우크라이나에 간섭하지 않는다면 우리는 괜찮을 것입니다."

우크라이나인보다 자유를 위해 싸우는 데 익숙한 사람들은 거의 없다. "우리는 수 세기 동안 자유를 위해 싸워 왔습니다. 그것은 우리 유전자에 있고 우리를 앞으로 나아가게 하는 원동력입니다. 우리 자신을 믿고 자랑스러워하며, 강하고 자유롭고 싶습니다. 우크라이나인들이 지난 100년 동안 자유를 위해 얼마나 희생했는지 보십시오." 당시 재무장관이었던 올렉산드르 다닐류크가 말했다. 그러나 이렇게 자유를 중시함에도 우크라이나인들은 여러 측면에서 자유롭지 못하다. 헤리티지 재단의 자유 지수에 따르면 우크라이나는 비즈니스 및 고용 자유에서 정부 청렴성, 재산권 및 사법 효율성에 이르기까지 다양한 요소를 고려했을 때 유럽에서 가장 자유도가 낮은 국가이다. 순위가 매겨진 180개국 중 149개국이 우크라이나보다 더 자유롭다고 여겨진다.

아마도 우크라이나인들이 자유를 추구하기 위해 그렇게 열심히 싸우는 것도 이러한 자유의 결핍 때문일 것이다. 1990년부터 우크라이나의 수석 랍비였던 야콥 블레이치는 내게 이렇게 말했다. "이건 우크라이나 사람들이 가진 고유함입니다. 그들은 오랜 세월 박해를 받았고 예속을 받았으며, 저를 포함한 많은 이들이 당연하게 여기는 독립이 없었기 때문에 자유를 갈망하고 그 자유를 감사히 여겼습니다."

2014년의 혁명은 빅토르 야누코비치 정부를 무너뜨리는 데는 성공했는지 모르지만, 무엇보다도 국민이 원하는 진정한 독립을 가져오지는 못했다. 내 친구 엘미라는 "대통령은 집권하기 위해 했던 약속을 지켜오면서 약해지고 갇혀 있게 되어 여전히 자유롭지 못해. 우리에게 자유는 우리가 원할 때 원하는 것을 하는 게 아니라, 우리의 생활방식을 실천할 자유를 갖는 거야. 우리는 자유롭고 공정하게 선출된 당국과 국가가 약탈되지 않기를 원해."라고 말했다.

진정한 자유의 부재로 인해 자유가 우크라이나 정체성의 핵심이 되었다. 역사를 통해 그토록 자주 거부되었던 무엇인가에 대한 추구이다.

자유는 삶에서 매우 근본적인 것이므로 우리는 종종 그것을 빼앗길 때에만 그 가치를 인정한다. 같은 이유로, 모든 종류의 억압으로부터의 자유를 위한 탐색과 투쟁은 현존하는 가장 강력한 힘 중 하나이다. 그것이 자유를 우크라이나의 가치에서 국가적 사명으로 바꾸게 했다.

아랍에미리트(UAE)

비전 *Vision*

셰이크 자이드 그랜드 모스크(아부다비 소재)

2007년에 나는 몇 가지 일자리 기회를 거절하고 아부다비로 이사하기로 결정했다. 막 결혼한 데다 남편이 여전히 런던에 살면서 일하고 있었음에도 내게는 쉬운 결정이었다. 아랍에미리트의 비전의 힘과 독특함, 그리고 그곳에서 내가 맡은 일로 인해 다른 것들은 별로 고려하지 않았다. 시크교인으로서 나는 오해와 차별을 받고 있는 사람들을 옹호하는 그들의 비전에 끌렸다. 내 삶 속에서 이번 에피소드가 펼쳐지면서, 내가 만난 거의 모든 사람들이 처음에 나를 아부다비로 이끌었던 비전을 공유하고 있음을 발견했다. 모든 이들이 자신의 원대한 계획에 따른 일을 하고 있었다. 이 계획들은 미래의 비전을 구축하고 창조하는 국가의 축소판이었다.

정부의 비전은 분명했다. 글로벌 미디어를 통해 종교의 명성이 훼손된 세계에서 UAE와 이슬람이 상징하는 바에 대한 이야기를 전하는 것이었다. 나는 twofour54(토후국의 좌표를 따서 명명된 미디어 존)의 두 번째 직원이었고, 계속해서 MENA(중동, 북아프리카)를 위한 최초의 미디어 벤처 캐피털 펀드인 입티카_Ibtkar_를 만들었다.

이러한 비전은 1971년에야 탄생한 젊은 국가의 초석이었다. 그 당시 대부분이 사막이었던 곳은 이제 세계에서 가장 번영하고 미래 지향적인 경제 국가 중 하나가 되었다. 이 지역의 풍부한 천연자원은 지역의 번영을 설명하는 데 도움이 되지만 시민에게 제공되는 인프라, 혁신, 다양한 서비스는 자연적 이점 이상의 의미를 갖는다. 아랍에미리트는 매장된 막대한 양의 석유 위에 세워진 것뿐만이 아니라 아마도 가장 귀중한 자원인 통치자와 국민의 비전에 기초하여 건설되었다는 점이 중요하다.

국가 설립자인 셰이크 자이드는 UAE 비전을 수립하는 데 있어 유럽에서 보냈던 시간으로 큰 영향을 받았다. 그는 자신이 본 학교와 병원의 품질을 새로운 국가에 가져오는 것을 그의 사명으로 삼았다. 그는 나중에 "나는 우리 땅이 현대사회를 따라잡는 것을 꿈꾸고 있었다."라고 말했다. UAE가 설립된 당시에 이미 명확한 비전이 있었다는 의미이다. 그는 "모든 사진들은 다 준비했습니다. 이제부터는 참신한 생각의 문제가 아니라 단순히 수년간 해 왔던 생각을 실행에 옮기는 것입니다."라고 말했다.

7개의 개별 토후국을 하나의 연합국 깃발 아래 통합하여 이전에는 존재하지 않았던 새로운 정체성과 집단적 사명을 창조하는 UAE를 만드는 데 있어 비전 수립이 필요했다. 32년 동안 UAE의 대통령을 지낸 셰이크 자이드의 비전은 이후 그의 후임자들에 의해 발전되어서 이 나라는 어떻게 성장할지, 어떤 신기술을 활용할지 등 사람들에게 가능한 최고의 삶을 제공하기 위한 계획을 계속해서 수립하고 있다.

UAE에서는 어떤 방향을 바라보든 비전이 보인다. 부르즈 할리파(세계에서 가장 높은 건물)에서, 물리적으로 세계 지도를 형상화한 두바이 군도에서, 또는 나무 모양으로 설계된 팜 주메이라(두바이의 섬) 등 고층 빌딩과 주요 개발 지역들에서 비전을 볼 수 있다. UAE의 사회 구조를 통해서도 볼 수 있다. 교육 시스템으로는 시민들이 원하는 세계 어디에서나 공부할 수 있도록 자금을 지원하고, 정부에는 행복과 관용과 인공 지능을 위한 전담 부처가 있으며, 장관의 3분의 1이 여성이다. 그리고 재생 가능한 에너지원으로만 전력을 공급받는 세계 최초의 도시가 될 마스다르시티의 건설로 인해 더 좋고 지속 가능한 미래에 대한 희망을 볼 수 있다.

무엇보다 '불가능은 없다'라는 마음가짐이 지배적이다. 이 나라는 부와 초점 그리고 일을 신속하게 이루기 위해 헌신하는 시민을 가진 나라이다. 미래의 도시들이 사막에서 만들어진 비전은 다음 단계로 진전하기 위해 계속 나아가고 있다. 비전은 세계의 위대한 발명, 가장 중요한 기업, 가장 중요한 사회 운동의 원동력이다. 그것은 또한 우리가 삶에서 무엇을 하든 우리 모두를 움직이는 것이다. 사업을 시작하고 경력을 쌓고 가정을 꾸리는 것, 이 모든 것은 비전을 필요로 한다. 만약 비전이 없다면 이 모든 일들이 우리를 어디로 데려가는지 알기 어렵다. 우리는 삶에서 비전이 필요하다. 원하는 끝이 무엇인지 알게 되면 시작하기가 훨씬 쉬워지기 때문이다.

미국

기업가 정신 *Entrepreneurship*

세일즈포스, 리바이스, 마스터카드 등 글로벌 기업 CEO들

우리는 미국이 혁명에 기초한 국가이고, 그 이후로 결코 후퇴하지 않는 것을 자랑스러워함을 알고 있다. 미국은 경제적으로, 문화적으로, 군사적으로 지배적인 힘을 가진 전 세계에서 가장 크고 강력한 나라이다. 그러면 무엇이 미국을 미국으로 만드는 걸까? 야망, 진보, 애국심,

성공 등의 친숙한 개념 중에서 이 광활하고 제멋대로 뻗어 나가는 국가를 진정으로 구별 짓는 가치는 무엇일까?

하버드 경영대학원 학장 니틴 노리아 교수의 견해에 따르면 미국의 비밀은 성공 추구 그 이상에 있는데, 그것은 미국의 변화에 대한 태도와 세계 중심축의 기능을 하는 능력이다. 그는 "어떤 사람들은 미국이 무엇보다도 경제적 성공을 가치 있게 여기고 돈을 추구하는 데 무자비하다고 말할 수도 있지만 자세히 살펴보면 실험, 변화, 혁신, 기회에 대한 억제할 수 없는 욕구 때문에 경제강국이 되었을 수 있습니다."라고 말했다. 다시 말해, 개인의 성공과 집단적 발전을 위해 새로운 것을 추구하는 기업가 정신, 즉 물건을 만들고 새로운 아이디어를 개척하고 이전에는 불가능했던 것을 성취하려는 열망이다.

미국에서는 실패한 사업이나 실현되지 않은 아이디어에 대해 후회하지 않는다. 항상 다음 단계, 새로운 기회, 더 크고 더 좋고 더 현명한 것을 생각한다. 노리아는 다음과 같이 말한다. "미국을 궁극적으로 차별화하는 것은 변화에 대해 감상적이지 않을 수 있는 능력입니다." 변화를 통해 잃는 것보다 얻는 것이 더 많다는 이러한 생각이 미국 혁명과 영국의 지배에서 벗어난 이후로 뿌리내리고 있다. 그것은 미국 정신의 기본이며 정치, 기업 및 문화 세계 전반에 걸쳐 반영된다.

이 기업가적 문화의 기본은 성공보다 실패에서 더 많은 교훈을 얻을 수 있다는 그들만의 믿음이다. 즉, 당신은 패자가 아니라 배우는 사람이다. 남쪽으로 갔던 일련의 도전은 당신을 바보로 만드는 게 아니라 한번 해 봤던 배짱이 있고 이제 다시 가 볼 만한 가치 있는 경험을 가진 사람으로 만든다. 적어도 비즈니스에서 미국인들은 이전에 누락되었거나 실수한 것이 무엇인지 인식하고 인정하며, 다음 번에는 올바르게 하려는 데 있어 대부분의 다른 나라 사람들보다 뛰어나다.

이러한 사고방식은 미국이 문화적으로 변화를 추구하고 상황이 필요할 때 기어를 전환하도록 조건화되었음을 의미한다. 기업이 빠르게 변화하는 기술 환경에 적응함에 따라 기업가들 사이에서 중심축에 대한 아이디어가 점점 보편화되었다. 우리는 격변에 대한 이야기를 항상 듣지만 이제는 기업이 스스로를 파괴하고, 기존 제품을 대체할 제품을 개발하며, 새로운 비즈니스를 위한 공간을 마련하기 위해 기존 비즈니스 모델을 타개해야 하는 세상이 점점 더 커지고 있다.

미국을 '위험 감수의 수도' '용감한 자의 고향'으로 만드는 것은 바로 이러한 태도에 있다. 세계경제포럼에 따르면 미국은 스위스에 이어 세계에서 가장 혁신적인 경제 국가이다. 젊은 기업들이 번창하는 비교적 젊은 국가에서 후회하지 않는 태도는 대담함의 피가 흐름을 의미한다. 잃을 수도 있는 것에 대해 걱정하지 말자. 대신 승리할 기회에 집중하고 이를 위해 무엇을 바꿔야 하는지 결정하자.

일부 사람들에게 미국 시스템은 너무 다원주의적이다. 즉, 건강 관리에 대한 접근 방식이나 세계 최대 번영국에 설명할 수 없는 빈곤이 함께 존재한다는 것을 의미한다. 그러나 의심할 여지가 없는 도전에도 불구하고 사업가든, 예술가든, 일을 크게 벌이고자 하는 전문가든 간에 여전히 미국은 유혹적이다. 아메리칸 드림은 최근 몇 년 동안 다소 퇴색되었을 수 있지만 여전히 상당 부분 이상적이고 매력적이다. 미국 세기의 수십 년이 지난 후에도 미국은 여전히 앞으로 나아가며 다음 행보를 준비하고 있다. 여전히 누구나 도전할 수 있는, 근본적으로 기업가적인 국가이다.

인생에서 성공하기를 원한다면 기업가적 능력이 필요하다. 경력상 기회를 잡기 위해서든, 개인 또는 직업적 위기에 대처하기 위해 진로를 바꾸든 간에 삶은 도전과 기회를 우리에게 던질 것이다. 우리의 성공은 이렇게 변화하는 환경 속에서 얼마나 효과적으로 번성할 수 있는지에 달려 있다. 세상의 속도가 빨라지고, 직업의 신뢰성이 떨어지고, 새로운 기술이 끊임없이 필요해지면서 특히 그렇다. 우리의 성공 능력은 점점 더 기업가적 능력, 즉 새롭고 예상치 못한 상황에서 적응하고 번창하는 능력과 연결될 것이다. 우리는 미국이 자주 그랬던 것처럼 변화에 익숙해져야 한다.

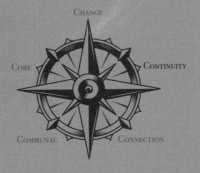

2부

연속성 가치
CONTINUITY

'변화'와 함께 자연스럽게 어울리는 중요한 아이디어는 '연속성'이다. 우리 자신은 우리 삶의 범위보다 훨씬 더 많은 것으로 정의된다. 개인, 가족, 지역사회 및 국가로서 우리의 유산은 다양한 방식으로 우리를 형성한다. 우리를 우리로 만드는 것은 전통, 언어, 문화, 신념, 공동체의 연속성이다. 이러한 연속성은 우리의 뿌리를 제공하고, 끊임없는 변화의 세계에 우리를 붙들어 두며, 선현의 지혜를 채워 넣고, 과거와 현재를 연결한다.

전쟁, 억압, 점령, 인종 청소에도 불구하고 수 세기 동안 정체성과 기억이 살아남았던 국가를 연구하는 것보다 연속성의 본질과 중요성을 이해하는 데 더 좋은 방법은 없다. 다음 이야기들에서 알 수 있듯이 모든 역경에 맞선 연속성을 위한 싸움은 인간 정신의 통일된 표현 중 하나이다.

아르메니아

생존 *Survival*

10세기에 설립된 하그파트 수도원(아르메니아 로리주 소재)

전 세계에 고국을 떠나 살고 있는 인구가 거의 3배에 달하는 아르메니아를 이해하려면 국경 너머를 봐야 한다. 아르메니아인과 만난 가장 놀라웠던 경험은 열 살 때 고국에서 튀르키예로 이주한 후 다시는 고향에 돌아오지 못한 할머니를 만났을 때였다. 그녀는 무슬림 이름을 받았고,

나중에 쿠르드인과 결혼하여 가족을 무슬림 튀르키예인으로 키웠다.

그러나 아르메니아 조카딸과 함께 그녀를 방문했을 때 언어, 기억, 아르메니아 이름 등 모든 것이 다시 되살아났다. 아르메니아 스타일의 작은 사이드 테이블과 수 놓은 천으로 장식된 집에 이르기까지, 이 여성은 삶의 대부분을 다른 나라에서 살며 다른 이름과 다른 문화 속에서 자녀를 키웠음에도 실제로 아르메니아인이 되는 것을 멈추지 않았다는 것을 알 수 있었다.

오늘날 3만 제곱킬로미터 미만의 땅에 300만 명이 조금 넘는 인구가 거주하는 이 나라는 한때 카스피해에서 지중해까지 현대 튀르키예, 시리아, 이라크의 대부분을 가로지르는 제국이었다. 또한 아르메니아 문명은 세계에서 가장 오래된 문명 중 하나이며 2,600여 년 동안 어떤 형태로든 존재해 왔다. 이것이 아르메니아 생존의 본질이다. 국가, 문화, 랜드마크 및 집단 정체성을 파괴하려는 많은 시도들을 견뎌 내며 자신이나 자국을 파괴하지 못하게 하는 능력이다. 그들의 본능적인 견뎌 냄은 타의 추종을 불허하며, 이는 빼앗긴 영토에 대한 국가적 갈망에 뿌리를 두고 있다.

아르메니아의 가장 강력한 국가적 상징 중 하나인 아라랏산◆은 현재 튀르키예의 국경 내에 있지만 아르메니아 사회 전체에서 기념한다. 자신들의 땅이 아니라고 해서 절대 잊지 않는다. 아이들의 이름, 레스토랑 및 가장 유명한 축구팀을 '아라랏'이라는 이름을 따서 명명하고, 모든 집에는 이 산 그림이 액자로 걸려 있다. 상실에 직면하여 아르메니

◆ 아르메니아에서 민족의 성지로 여기는 산으로, 대홍수 후 노아의 방주가 안착하여 인류가 하나님과 최초의 계약을 맺은 곳이라는 점에서 더욱 신성시한다.

아인들은 생존뿐만 아니라 집단적 기억과 정체성을 더욱 확고하게 보존하기로 결심했다.

무엇보다도 아르메니아인들은 자국민에게 자행된 끔찍한 범죄가 인정되기를 갈망한다. 1915년에서 1918년 사이에 오스만 제국에 의해 최대 150만 명의 아르메니아인이 학살되었다. 그러나 튀르키예는 여전히 대량 학살로 인정하기를 거부한다. 국민의 대량 학살, 역사적인 땅과 유적지의 상실, 국가의 분산은 아르메니아가 되돌아보고 기억하고 인정하고 기념해야 할 필요성을 의미한다. 한 세기가 지난 후에도 인정을 위한 전쟁은 여전히 가슴 아픈 현실이다. 28개국만이 공식적으로 이 살인을 대량 학살로 인정하고 있으며 미국이나 영국, 호주 등의 국가들은 인정하지 않는다. 일부 국가가 튀르키예와의 외교적 긴장을 피하기 위해 대량 학살을 공식적으로 인정하는 걸 거부하는 행위는 아르메니아인, 특히 세계 최대 디아스포라 국가의 하나인 아르메니아에 거주하는 사람들에게 지속적인 고통의 원천이다. 인정을 위한 전쟁은 계속해서 치명적인 결과를 초래한다. 2007년에는 튀르키예의 기독교도 아르메니아인들을 위한 신문을 발행하고 대량 학살에 대해 빈번하게 글을 쓰던 아르메니아-튀르키예 언론인 허런트 딩크가 이스탄불 거리에서 암살되는 일도 있었다.

그러나 이러한 손실의 역사가 아르메니아를 희생만 하는 국가로 만들지는 않는다. 내 친구 알파인은 "우리는 문화, 음식, 언어, 노래 등 서로에게 의지하며 정체성을 확실하게 유지해."라고 말했다.

인도-유럽 언어로 분류되는 수많은 독특한 특성을 가진 아르메니아어는 그중 중요한 부분이다. 튀르키예 할머니 아르핀과 아르메니아계 유명 방송인인 킴 카다시안을 포함해서, 내가 만났던 사람들과 이 국가에 대한 느낌은 아르메니아를 파괴할 수는 있어도 아르메니아인은 파괴할 수 없다는 것이었다.

모든 역경 속에서도 이 같은 고유한 생존 감각은 아르메니아 디아스포라가 번영하는 이유 중 하나이다. 우리가 우리의 생존을 위해 그리고 더 중요한 것은 주변 사람들의 생존을 위해 내면에 있는 불을 사용하면 생존을 번영으로 바꾸는 데 많은 시간이 걸리지 않는다. 다른 선택권 없이 번영만을 해야 할 때 생기는 동기는 다른 어떤 것과도 다르다. 그것은 우리에게 남은 여정, 그리고 그 이후의 여정에서 살아남을 수 있는 힘과 체력을 준다. 생존에 대한 놀라운 점은, 생존이 우리의 유일한 초점이 될 때 가장 어두운 시간을 극복할 수 있는 삶의 의미를 줄 수 있다는 것이다.

오스트리아

전통 *Tradition*

빈 무지크페라인에서 열린 필하모닉 무도회

(당시 안 지 얼마 안 되었기 때문에) 내가 임신한 건 눈에 띌 정도가 아니었고, 제인 오스틴의 『오만과 편견』의 다아시 씨*Mr. Darcy*와 매우 닮은 신사와 비엔나 무도회장 바닥 주위를 맴돌면서 이런저런 이유로 현기증을 느꼈다. 위의 사진은 비엔나 겨울 무도회였다. 이 행사는 전통

복장을 한 오케스트라와 여러 세대에 걸쳐 계승된 춤 동작에 이르기까지 우아하고 전통적이며 황홀하기까지 했다.

이 행사 중 하나에 참석하는 것은 그냥 공식 무도회 하나에 등록하는 것이 아니다. 당신은 200년 전으로 거슬러 올라가 드레스를 입고 비엔나의 증조부모가 했던 것처럼 춤을 추게 된다. 시대극에 참여한 것처럼 느껴질 수도 있다. 하지만 오스트리아에서는 이와 같은 전통이 그 어느 때보다 인기가 있다. 연중 행사 중 1분기에는 약 450개의 행사로 이루어지는 겨울 무도회 시즌이 비엔나를 지배하는데, 대부분 커피하우스에서 제과점에 이르기까지 오스트리아 전통 산업의 길드가 주최한다. 어디를 가든 사람들은 의상을 사고, 무용수들은 연습하며, 베토벤과 모차르트를 연주하는 오케스트라 소리가 수도인 비엔나의 오래된 자갈길을 따라 우리를 따라온다. 이는 오스트리아 상류 사회의 특권이라고 볼 수 있는 순간으로, 시간을 거슬러 올라가는 것과 같다.

나폴레옹 전쟁의 종식을 협상한 비엔나 의회에서 1814년에 시작된 오스트리아 무도회는 역사적으로 많은 것을 담고 있는 전통이다. 연례 비엔나 오페라 무도회의 개막 작품은 데뷔하는 신인들에 의해 공식 소개되는데, 이는 다른 귀족 사회에서 오랫동안 이어져 온 전통을 반영한다. 전통과 역사를 중시하는 영국에서는 여왕이 1958년에 마지막으로 사교계 데뷔 자격을 얻었다. 모든 비엔나 무도회의 중심에는 가장 오래된 볼룸댄스이자 오스트리아인들이 어렸을 때부터 배운 전통 춤 왈츠가 있다.

오스트리아에서는 춤추는 것뿐만 아니라 먹고 마시는 것도 전통이다. 겨울 무도회보다 앞선 문화의 한 조각은 커피하우스라 할 수 있다.

많은 유럽 국가들이 커피 문화로 유명하지만, 오스트리아의 커피에 대한 애착은 특별하다. 후퇴하는 튀르키예 군대가 남긴 커피 원두를 사용했던 것으로 추정되는데, 1683년에 처음 문을 연 이래로 비엔나의 커피하우스는 예술가와 작가, 정치인, 지식인들이 와서 함께 일하고 험담하고 음모를 꾸미고 관찰하는 장소였다. 커피하우스는 프로이트에서 트로츠키에 이르기까지 유명인들이 찾았으며, 위대한 문학과 음악에서 선구적인 축구 전술에 이르기까지 모든 것의 발상지로 인정받았다. 한때 모차르트와 베토벤이 고객들의 귀를 즐겁게 했던 카페 프라우엔후버에서는 1824년부터 비엔나 시민들에게 제공해 온 모닝 커피를 즐길 수 있다. 1904년 오스트리아-헝가리 황제 프란츠 요제프가 문을 열었으며, 노벨상 수상자들이 많이 찾았던 카페 코브의 메뉴를 맛보는 것은 고무적이다. 당신이 케이크, 대화, 창의적인 영감 중 어떤 것을 찾고 있든 비엔나에는 300년이 넘는 세월 동안 그랬던 것처럼 커피하우스가 있다.

전통은 오스트리아에만 존재하는 것이 아니라 현대적인 맥락에서도 소중하다. 2016년 설문 조사에 따르면, 오스트리아인의 90%는 전통을 보호하고 유지하는 것이 중요하다고 답했다. 역사적으로 오래된 관습에 대한 이러한 애정은 최근 역사와의 모호한 관계, 특히 제2차 세계대전의 복잡한 유산과 나치 전쟁 범죄 및 대량 학살에 있어서 오스트리아의 역할에서 비롯된다. (수십 년 동안 오스트리아가 기여자가 아니라 나치즘의 희생자라는 이야기가 지배적이었다. 독일과 달리 1990년대까지 홀로코스트에서의 역할을 인정하지 않았으며 2000년까지 첫 공식 기념관을 열지 않았다.) 2018년 현재, 오스트리아 유대인들로부터 도난당한 것으로 추정되는 15억 달러의 재산에 대해 배상을 받으려는 시도는 여전히 진행 중이다. 더 까다로운 최근 역사와 씨름하는 것보다 오스트리아-헝가리 시대의 전통을 되찾는 것이 더 쉬웠다.

전통에 대한 오스트리아의 사랑의 근원은 복잡할 수 있지만 그럼에도 그 중요성은 분명하다. 종교, 공동체, 가족 등 전통은 정체성의 초석이며 우리가 인간으로서 누구인지를 이해하는 데 도움이 된다. 그들은 과거, 현재, 미래 사이의 연속성을 제공함으로써 우리를 이전 사람들과 연결하고 유산으로 전승할 무언가를 제공한다. 전통은 우리가 어디에서 왔는지 상기시켜 주고, 여러 시대에 걸쳐 신성한 것으로 남아 있는 것이 무엇인지를 가리키며, 따라서 정말로 중요한 것이 무엇인지 알려 준다. 변화하는 세상에서 전통은 귀중한 연속성, 근거 및 기본 가치를 제공한다.

벨라루스

안정성 *Stability*

독립 광장 내의 레닌 동상(벨라루스의 수도 민스크)

    벨라루스는 현대 유럽 국가의 모습이지만, 한 언론인의 말에 따르면 '호박 속에 보존된 미니 소련처럼' 여전히 움직이고 있다. 벨라루스는 1994년 이래로 유럽의 마지막 독재자라고 불리는 알렉산드르 루카셴코 대통령이 이끌었다. 이곳은 때로는 연기와 거울이 있는 장소처럼 느껴질 수 있다. 사람이 다니지 않는 넓고 탁 트인 대로가 있고, 아무도 머물지 않는 거대한 소비에트 시대의 호텔들도 보인다. 실제로 민주적이지 않은 민주주의라고 할까. 경제는 성장하고 있지만 실제로는 정체되어 있다.

일부 사람들은 이것을 진보의 부족으로 생각할 수도 있지만, 많은 벨라루스인들에게는 소비에트 이후 시대의 꾸준한 경제 성장과 서서히 상승하는 생활 수준을 제공한 환영받는 안정성을 의미한다. 2014년 이웃 국가인 우크라이나를 망친 혁명은 루카셴코에게 큰 위협이었을 수 있지만, 벨라루스인의 60%는 수출 무역의 40% 이상을 책임지고 있는 러시아에 정치적, 경제적 무게중심을 두는 것을 선호한다는 연구 결과가 나왔다. 루카셴코 정부에서 벨라루스는 미국과 EU의 경제 제재를 제한하기 위해 노력하면서 러시아의 지원 혜택을 받아 동서양을 서로 대립시키려고 노력했다.

안정성은 현대 벨라루스의 핵심이며, 강력한 국가와 정부에 찬성한다는 자체 모델을 국제 무대에서 주장한다. 블라디미르 마케이 벨라루스 외무장관은 유엔 총회에서 "우리는 강력한 국가만이 국민들의 안전과 복지를 보장할 수 있다고 절대적으로 확신한다. 우리가 진정으로 세계 안정에 관심이 있다면 국가를 약화시키는 것이 아니라 국가가 더 강해질 수 있도록 도와야 한다."라고 말했다.

대개 벨라루스는 사람들이 중립적으로 살면서 상대적으로 안전하고 평화로운 존재에 대한 대가로 정치적, 경제적 자유의 한계를 받아들이고 선을 긋는 나라이다. 그리 오래되지 않은 벨라루스 인민공화국의 설립을 기념하는 1918년 자유의 날인 3월 25일을 포함하여, 시위는 엄격하게 규제하고 경우에 따라 완전히 금지하고 있다.

이러한 안정성과 광범위한 대중 중립성은 국가의 손에 압도적인 권력을 부여하는 고도의 중앙 집중식 시스템을 통해 유지된다. 벨라루스인의 대다수는 연간 고용 계약하에 정부 또는 국유 기업을 위해 일한다. 주정부는 실업자들에 대한 세금을 잠시 도입했는데 혹자는 이들을 '사회적 기생충'이라고 언급했고, 이 세금은 벨라루스에서는 드문 항의 시위 후에 신속하게 철회되었다. 많은 사람들이 국가로부터의 급여를 보충하기 위해 부업을 갖지만 기업가 정신 수준은 낮으며 불필요한 위험을 감수하지 않고 안전하게 살아가는 국가 정신에 맞춰 생활한다. 의회 선거는 정부 지시에 거의 영향을 미치지 않는 대표를 선출하기 위해 열리는 반면, 대통령 선거는 자유롭고 공정하게 이루어지지 않는다.

엘리트 지원 세력과 정권에 의지하는 인력을 갖춘 루카셴코 정부는 현재까지 정치적, 경제적 안전함을 위해 지불할 가치가 있는 안정의 수호자로서 국가 내부적으로 이미지를 투영하는 데 성공했다. 변화에 집착하는 세상에서 벨라루스는 트렌드를 따라가기를 거부하는 것으로 차별화된다. 국가는 주로 역사적, 지리적 맥락에서 진화의 산물이라 할 수 있다. 이 경우 벨라루스의 정치 모델이 서구의 눈에는 불쾌할 수 있지만, 진보 추구에 대한 안정성 유지에 중점을 두는 것은 의미 있는 대조를 이룬다. 변화는 종종 추구되지만 항상 유익한 것은 아니다. 우리는 평생 동안 무엇이 더 잘, 그리고 동일하게 유지되는지 생각해야 한다. 때로는 약간의 안정성이 필요할 수 있다.

볼리비아

고착 *Rootedness*

지하 세계의 제왕 티오(볼리비아 포토시 세로 리코 광산)

볼리비아의 지하로 가려면, 말 그대로 악마를 지나쳐야 한다. 이 나라의 주석, 구리, 은 광산 중 하나에 들어가면 허수아비 볼리비아를 만날 수 있다. 악마처럼 옷을 입은 이 모래 주머니 앞에 노동자들은 행운을 구하는 의미로 음식이나 음료나 돈을 남긴다. 광산으로 내려가면 그 이유를 알 수 있다. 머지않아 빛이 사라지고 산소가 부족해져서 숨 쉬기가 어려워진다. 이곳은 매일 살아남기 위해 신의 개입을 기꺼이 환영하는 가혹하고 폐쇄적인 환경이다.

볼리비아의 경제는 풍부한 광물 자원에 의존하고 있기 때문에 과거 토착 문화에 뿌리를 둔 국가 문화를 설명하는 데 볼리비아 광산을 방문하는 것은 유익하며 도움되는 일이다.

볼리비아란 나라는 어디에나 역사가 있고 뿌리가 중요한 나라이다. 현재와 미래에 대한 희망은 산과 사막과 열대 우림의 나라를 점령했던 유명한 문명의 과거, 상징 및 잔재에 의해 여러 가지 방법으로 영향을 준다. 이 나라의 땅은 붉은 토양, 녹색 석호, 여러 가지 빛깔의 간헐천 등 무지개와 같고, 전체 인구의 62%를 차지하는 세계에서 가장 큰 원주민 그룹이 지배한다. 또한 석유와 가스 탐사가 그들의 소중한 땅을 파괴할 위험이 있다면 교통 수단을 중단시키는 나라이다.

2006년, 전통 복장을 자랑스럽게 입었던 에보 모랄레스가 볼리비아 최초의 원주민 대통령으로 선출된 이후 원주민들의 자부심은 더 커졌다. 이후 모랄레스는 널리 퍼진 편견으로부터 볼리비아 원주민들을 보호하기 위해 차별 금지법을 통과시켰다. 훨씬 더 강력한 성명을 통해 그는 2009년에 37개의 다른 원주민 집단의 권리와 언어를 인정하는 새로운 헌법을 채택하여 '볼리비아 다민족국'으로 지정하려는 노력을 이끌었다. 아이마라와 케추아 원주민 여성들은 독특한 촐라chola 패션으로 자신의 유산을 눈에 띄게 보여 준다. 이 패션은 밝은 색상의 넓고 층이 있는 드레스와 숄, 어디서나 볼 수 있는 중절모(20세기 초반 유럽 철도 노동자들을 위해 주문했던 모자가 너무 작아서 지역 여성에게 지급됨)로 마무리된다.

원주민 문화는 볼리비아의 복장뿐만 아니라 건축물에서 점점 더 많이 드러난다. 최근 몇 년 동안 건물들도 토착인들의 의류처럼 다채로워졌고, 잉카 사원의 표현에서부터 아이마라족의 상징뿐만 아니라 물, 바람, 산 등 자연을 나타내는 유행이 생겨났다. 이같은 콜레cholets*는 라파스에 인접한 미국에서 가장 큰 도시인 엘 알토에서 많이 발견된다. 콜레의 선두 제작자인 프레디 마마니는 "라스베이거스처럼 보일지 모르지만 모두 콜럼버스 이전의 뿌리에서 생겨났다."라고 말한다. 그의 후원자들은 볼리비아 사람들이 부유해짐에 따라 자신들의 뿌리에서 벗어나지 않고 적극적으로 포용하며 고대의 상징과 아이디어에 새로운 생명을 불어넣는다는 특이한 사실을 떠올렸다.

아이마라 전통에 뿌리를 둔 관습은 볼리비아 달력 전체에도 등장한다. 1월 내내 진행되는 알라시타스 축제 기간 동안 사람들은 새해 희망을 나타내는 축소 모형(집을 사고 싶을 땐 관련 장비들, 아기를 가지려고 노력할 땐 유아용 침대, 풍족함을 위해서는 청구서 등)을 구입한다. 2월에는 수만 명의 음악가와 민속 무용수가 등장하는 오루로 카니발에서 원주민들의 유산을 기념한다. 매년 5월에는 틴쿠가 열리는데, 이는 토착 문화의 중심인 여신 파차마마Pachamama: 어머니 지구를 달래고 토양을 비옥하게 하는 데 충분한 피를 흘리고자 하는 상징적 의도로 마을 간 의식 차원에서 거리 싸움을 하는 축제이다. 토착 문화의 또 다른 중심은 동지와 하지를 축하하는 것이다. 여기에는 6월 21일에 남반구 기

◆ 큰 집을 의미하는 '샬레chalet'와 아이마라족의 인종적으로 부과된 용어로 스페인계와 아메리카 원주민 피가 섞인 라틴 아메리카인을 의미하는 '촐로Chola'를 합성한 단어이다.

준으로 동지이자 볼리비아의 새해를 맞는 것을 포함한다. 타타 인티_Tata Inti: 아버지 태양_의 중요성을 인정하면서 첫 번째 태양 광선을 환영하기 위해 손을 들고 볼리비아를 대표하는 동물 라마가 파차마마를 기리기 위해 희생된다. 이것은 주요 건설 프로젝트에 앞서 제사장이 땅을 축복하기 전에 라마(종종 태어나지 않은 상태)가 희생되는 연중 관습을 반영한다.

우리는 개인으로서 또는 가족, 지역사회, 조직의 일원으로서 우리의 뿌리에 감사해야 한다. 조상에 대해 알지 못하고, 과거와 연결되는 오늘날 연장자들의 지혜를 듣지 않고는 자신을 진정으로 이해할 수 없다. 우리가 어디에서 왔는지를 알고 문화와 가족의 역사를 나타내는 장소와 경험이 중요하다. 교육 기관에서도 마찬가지이다. 무엇을 위해 사업을 시작했는지 잊어버려서 가야 할 길을 잃어버린 사업을 얼마나 많이 봤는가? 인생이든 비즈니스든 다음 단계를 찾는 일은 어디에서 시작했는지, 어디에서 끝내고 싶은지 아는 것만큼이나 중요하다.

코스타리카

평화 *Peace*

코스타리카의 폭포와 수영장

코스타리카인들은 일반적으로 안녕*hello*과 작별 인사*goodbye*로 인사하지 않는다. 대신 표준 인사말을 푸라 비다*pura vida*라고 한다. 문자 그대로 '순수한 삶'으로 번역되지만, 실제로는 중앙아메리카에서 가장 행복한 나라의 삶을 깊이 있게 상징하며 모든 의미에서 가장 평화로운 문구이다.

잘 사는 것부터 긍정적인 것, 행복에서 만족감에 이르기까지 모든 것의 의미를 담고 있는 푸라 비다는 인사말 못지않은 의도를 담고 있다. 한 번도 코스타리카를 방문한 적이 없는 사람에게는 약간 지나치게 들릴 수 있다. 과연 사람들은 자신이 얼마나 행복하고, 우리 모두가 얼마나 행복해야 하는지 말하면서 다른 사람들에게 둘러싸여 살기를 정말로 원할까?

코스타리카에 발을 들여놓으면 푸라 비다가 바로 삶 그 자체라는 것을 이해할 것이다. 해변에서 숲, 화산, 나비 농장에 이르기까지 코스타리카는 천국처럼 느껴지는 나라이다. 카리브해 연안과 중앙아메리카 열대우림이 만나는 곳이며, 하루는 나무 꼭대기 사이에서 짚라인◆을 타고 다음 날에는 화산 봉우리를 오르고 박쥐 동굴로 내려가고 삼림욕을 할 수 있다. 이 같은 울창한 환경에서 자연의 모든 향기, 광경, 소리에 자연스럽게 노출된다. 사람들, 환경, 문화가 매우 평화롭기 때문에 정신이 혼미해질 정도의 행복함 외에는 아무것도 느끼지 못하며, 주변 환경에 현혹되어 푸라 비다를 상징하는 만족감의 상태에 빠지게 된다. 이런 곳은 정말 다른 어디에서도 찾아볼 수 없다.

'정상적인 규칙이 적용되지 않는다'는 이러한 감각은 국가 정책 중 일부에도 반영된다. 예를 들어, 국가 상비군 병력은 1948년에 폐지되어 국방 예산이 의료, 교육, 사회 보장에 투자되기 시작했다. 분쟁이 자주 벌어지는 지역에 있는 국가에서 이것은 절망적인 순진한 행위로 보일 수 있고, 실제로 그렇기도 하다. 그러나 글로벌 평화 지수에 따르면, 이와 같은 정책은 코스타리카의 번성하는 교육 및 보건 서비스를 창출하는 동시에 중앙아메리카에서 가장 평화로운 국가가 되는 데 도움이 되었다.

◆ 와이어를 타고 높은 곳에서 아래쪽으로 빠르게 하강하는 실외 스포츠

코스타리카가 평화의 대의를 발전시키기 위해 노력한 유일한 방법은 군대를 버리는 것만이 아니었다. 1980년 로드리고 카라소 대통령은 유엔평화대학의 기지가 될 토지를 기부했다. 2001년 코스타리카는 영국과 함께 매년 9월 21일에 기념되는 국제 평화의 날 제정을 위한 결의안을 공동 제안했다. 그리고 1997년, 이 나라는 모든 학교에서 분쟁해결 교육을 의무화하는 법을 통과시켰다.

지구의 많은 자연생태계가 인간과 기후로부터 맹공격을 받고 있는 상황에서, 코스타리카는 한때 아주 흔했지만 점점 더 위협을 받고 있는 열대우림에 대한 평화 선언을 결정했다. 1940년대에 75%의 숲으로 뒤덮였던 이 나라는 1983년에는 그 비율이 26%로 줄었는데, 이러한 추세를 되돌리기 위한 재조림 작업으로 이제 이 수치는 50% 이상 회복되었으며 2021년까지 정부는 70%를 목표로 하고 있다. 이는 코스타리카가 지구상에서 가장 생물 다양성이 높은 국가 중 하나로 남도록 하는 데 도움을 주었다. 코스타리카에는 독특한 종들을 포함하여 50만 종 이상의 다양한 종들이 서식하고 있다. 코스타리카의 기록은 청정 에너지에서도 마찬가지로 인상적이다. 2016년 재생 가능 에너지(주로 풍력, 수력 발전, 지열 발전)를 통해 전력 수요의 98% 이상을 공급했다.

코스타리카는 평화롭고 지속 가능한 해결책이 사람들에게 의미 있는 변화와 인상적인 삶의 질을 제공할 수 있는 국가임을 입증했다. 여러 지수에 따르면 이곳은 지구상에서 가장 행복한 나라로 평가받는다. 그럼에도 빈곤과 소득 불평등 측면에서는 여전히 개선이 필요하다. 그러나 전체적으로 코스타리카는 평화가 이상주의적인 비전일 필요는 없으며, 실용적이고 오래 지속되는 현실일 수도 있음을 보여 준다.

에콰도르

자연 *Nature*

갈라파고스 제도 고유종인 육지 이구아나

    한 그룹 내의 구성원들에게 순수하고 밀도 높고 맛있는 초콜릿 바가 전달되고 있다. 각자 한 조각씩 가져가고 그중 약 절반, 아마도 60%가 소비되었다. 사람들에게 나눠 준 후 나머지는 즉시 땅에 묻는다. "나머지는 당신을 위한 것입니다, 파차마마." 그룹 리더가 선언한다.

자연에 대한 깊고 감동적인 존중은 에콰도르의 삶과 정치 및 경제에 내재되어 있다. 심지어 헌법에도 기록되어 있는데, 여기에는 국민들이 "좋은 생활 방식을 위해 자연과 다양성 및 조화를 이루며 새로운 형태의 공공의 공존을 구축하기로 결정한다."라는 진술이 포함된다. 그것이 세계에서 가장 급진적인 진술처럼 들리지 않을 수도 있지만, 그 존재만으로도 세계 대부분의 지역에 만연한 사회 경제적 모델에서는 크게 벗어났음을 보여 준다. 그것은 급진적인 사고를 의미한다. 다른 무엇보다도 자연(파차마마)을 존중하는 나라의 생각이다.

　이것은 문자 그대로 '좋은 생활방식'인 '부엔 비비르'이다. 개인 단독이 아니라 사회 속에서 그리고 가장 중요한 자연환경 속에서 개인의 위치에 초점을 맞춘다. 에콰도르의 관점에서 좋은 삶은 사람들이 자신의 노력으로 번영하는 것이 아니라, 서로의 노력으로 그리고 주변 세계와 정중하게(공손하게) 상호작용함으로써 번영하는 것이다. 경제 발전은 지역사회 전체와 환경의 요구를 고려하여 이루어지지 않는 한 좋은 것으로 실현되기 어렵다. 철학으로서 그것은 세계 많은 지역에서 시행되는 자유시장 자본주의에 대한 직접적인 비난이다.

　에콰도르의 자연에 대한 경외심은 단지 좋은 의도로 그치는 것이 아니라 법적 및 헌법상의 힘을 가진 의도라 할 수 있다. 2008년 에콰도르 헌법은 세계 최초로 자연에 대한 특정 권리인 '자연의 생명 주기, 구조, 기능 및 진화 과정을 존재, 지속, 유지 및 재생시킬 수 있는 권리'를 부여했다. 또한 자연을 보호하고 종 또는 생태계를 손상시킬 수 있는 활동을 제한하는 방식으로 활동할 수 있는 권한을 국가에 부여했다.

　자연에 집착하게 하는 경이로움, 갈라파고스보다 자연에 대한 이러한 신념이 더 분명하게 나타나는 곳은 없다. 갈라파고스에서는 귀상어가 속도를 내고, 이구아나가 배회하며, 푸른발얼가니새가 뒤뚱뒤뚱 걷고, 알바트로스가 먹이를 주고, 플라밍고가 춤을 추고, 선인장이 지배한다. 다양한 종류인 동식물들의 여러 가지 빛깔을 통해 자연의 경이로움을 경험하기에 이보다 더 좋은 곳은 없다. 이 섬에서 만나는 대부분의 동물과 새는 지구 어디에서도 찾을 수 없다. 세계 어느 곳에서나 이런 장소들은 과도하게 개발된 관광 테마파크가 되었을 것이다. 그러나 연간 방문객이 많음에도 갈라파고스는 여전히 이곳의 가장 중요한 주민인 새, 식물, 동물이 지배하는 환경으로 남아 있다. 에콰도르는 소수의 사람들을 더 부유하게 만들기 위해 자연환경을 기꺼이 바꾸지 않기 때문에 개발은 거의 이루어지지 않는다. 이미 세계에서 가장 독특하고 다양한 생물 개체군을 수용하며, 공기에 산소를 공급하고 물에 영양을 공급함으로써 더 중요한 목적을 달성하고 있다. 에콰도르 사람들조차도 갈라파고스에 살거나 집을 짓기 위해서는 이곳 출신이어야 한다.

자연과 부엔 비비르에 대한 에콰도르의 헌신은 국가 경제적 요구와 경쟁하면서 몇 가지 갈등에 직면했다. 북동부의 야슈니 자연보호 구역은 이러한 갈등을 생생하게 보여 준다. 이곳에는 세계 양서류 및 파충류종의 약 3분의 1이 서식하고 있으며, 동시에 거의 8억 5천만 배럴의 석유가 매장되어 있다. 2007년부터 2013년까지 에콰도르 정부는 석유에 손대지 않고도 감당할 수 없는 소득 손실을 피할 수 있는 기금을 모으기 위한 선구적인 계획을 세웠다. 그러나 그 계획은 충분히 실현되지 않았고, 이제 일부 석유 추출이 시작되었다. 이 일은 불가피하게 이루어졌고 여전히 대안을 모색하고 있다.

에콰도르와 '부엔 비비르'는 거주민뿐만 아니라 서식지 자체를 우선시하는 새로운 사회 경제적 모델을 향한 길을 제시한다. 자연의 권리가 이익의 요구를 지배할 때 개발에 대한 새로운 접근 방식이 가능해지며, 이는 기후 문제에 대한 관심이 커지는 데 도움이 될 것이다.

그러나 에콰도르의 자연 존중은 단순히 새로운 형태의 환경 보호주의에 관한 것이 아니라, 그 개념의 이름에서 알 수 있듯이 더 나은 삶의 방식에 관한 것이다. 그것은 모든 사람의 훌륭한 삶의 질을 보존하고, 숨 쉴 수 있는 공간의 환경을 조성하고, 일상의 즐거움을 즐기고, 우리의 육체적·정신적 안녕을 키우기 위해 고안되었다. 유학이나 일 때문에 해외로 이주했던 에콰도르 친구들은 모두 삶의 질이 더 좋은 본국으로 돌아온다. 그들은 '번영'을 위한 노예가 되는 것보다 야외와 자연에 있는 것이 더 중요하다고 생각하는 환경에서, 일하기 위해 사는 것이 아니라 살기 위해 일을 한다.

야외와 자연에서 시간을 보내는 것이 우리의 건강과 정신 상태에 어떻게 도움이 되는지 수많은 연구들이 보여 준다. (사무실 컴퓨터) 스크린 앞에서 벗어나 세상으로 나갈 때 우리의 삶은 더 좋고 행복해진다. 에콰도르는 자연을 존중하는 것이 환경에만 좋은 것이 아니라 사람으로서 우리에게도 좋다는 것을 상기시켜 준다. 파차마마가 숭배받고 존경받으며 다시 보충될 때, 우리는 여러 번 동일한 혜택을 받게 된다.

조지아

인정 *Recognition*

건배 제의자*toastmaster*를 위한 자리(조지아 트빌리시)

"······ 그러면 이제, 소개할 때가 됐습니다. ······ 조지아!"

저녁 이맘때가 되면 이미 여러 차례의 건배사를 들었겠지만, 조지아
에서는 건배사 한 번만으로는 충분하지 않기 때문에 항상 한 번 더 기
회가 있다. 가족, 친구들과 함께 수프라*supra: 잔치*를 위해 앉으면 테이블

주위의 사람들을 그 위에 놓인 음식을 먹는 것만큼 중요하게 인식하는 전통이 있다.

당신은 타마다~~tamada: 건배를 제의하는 사람~~의 왕국에 들어온 것이다. 식사 자리가 특별한 의미를 지니고 있다면 그 자리에 누군가를 초대한다. 그 사람은 종종 가족이나 해당 그룹의 연장자가 될 수 있다. 트빌리시 외곽의 넓은 식당에서 가족과 친구들이 모이는 수프라에서 삼촌은 타마다의 역할을 맡았다.

음식이 제공되기 전에 여러 차례 이어질 건배사들 중에 첫 번째 건배사를 위해 잔이 채워지고, 타마다는 가까운 가족이든 손님이든 모든 사람들을 개별적으로 소개함으로써 인사 나누는 시간을 보낸다. 그런 다음 모임을 주관하는 사람이 타마다를 소개하며 첫 번째 건배사를 한다.

그러고 나서 본격적인 건배가 시작되는데, 식사 자체보다는 이벤트에 가깝다. 첫 번째는 모임 자체에 대해서, 그리고 왜 모였는지를 기념한다. 두 번째는 주최하는 가족들의 관대함을 인정하는 감사의 마음을 전하고, 세 번째는 부모, 남편, 아내, 파트너들을 위해 건배한다. 네 번째는 과거, 현재, 미래를 연결하는 다리의 느낌으로 조상, 후손 그리고 더 이상 우리와 함께하지 않는 사람들에게 건배한다. 다섯 번째는 조지아 자체를 위한 건배이다. 여섯 번째는 공유된 기억, 심지어 당시에는 씁쓸했지만 이제는 사랑스럽게 기억할 수 있는 것들까지를 위해서 건배한다. 그리고 일곱 번째이자 가장 중요한 것은 각 개인을 위해 건배하며 자신이 누구인지, 자신의 고유한 업적들을 축하한다.

테이블에 있는 모든 사람들에게 차례로 자신의 건배사를 할 기회가 주어진다. 상상할 수 있듯이 이쯤 되면 모든 사람들이 경쟁하듯 건배사를 하는데, 다른 사람들보다 관심을 더 끌기 위해 더욱 창의적이고 풍성한 헌사를 한다. 이것은 이전 어느 곳에서도 본 적이 없는 건배사들일 것이다. 식사가 끝나기 전에 먼저 일어나야 한다면 조상, 어린이들, 조지아를 위한 건배를 한 번 더 하기 위해 머물라고 간청하는 타마다와 협상할 준비를 해야 한다!

아시아와 유럽 사이에 자리잡고 주변 초강대국들에 의해 역사를 통틀어 싸워 온, 작지만 전략적으로 중요한 국가인 조지아인들은 그들의 다채로운 역사와 그들을 독특하게 만드는 것을 인정하길 좋아한다. 수프라에서 토스트가 마침내 소진되면 민속 노래가 시작된다. 모든 것과 모든 사람을 위한 건배가 있는 것처럼 치유, 일, 결혼, 여행, 춤 등 생각할 수 있는 모든 것에 대한 조지아 민요가 있다. 신, 국가, 평화, 사랑, 장수, 우정을 기리는 노래들은 3,000년에 이르는 역사적인 전통을 따른다. 조지아의 언어는 음악만큼이나 오래되고 독특하며, 유네스코에서 문화 유물로 인정한 독특한 33자로 된 알파벳을 가지고 있다. 조지아어는 'ქართული ენა'로 쓰고 '카르툴리 에나'라고 읽는다.

강대국들로 둘러싸인 조지아 사람들은 자신의 흔적을 남기는 능력에 푹 빠져 있다. 인구가 400만 명에 불과한 나라는 그 영향력 덕분에 실제보다 서너 배 더 크게 느껴진다. 러시아에 가면 최고의 의사, 예술가, 음악가, 작가로서 TV에 나오는 조지아인을 많이 볼 수 있다. 가장 눈에 띄는 것은 서로의 강점, 업적, 능력에 집중하기를 긍정적으로 결심하는 방식이다. 이는 사람들에게 있는 최고의 모습을 인정하고, 자신의 최고의 모습을 보는 데도 도움이 될 수 있는 관점을 얻는 것이며, 자율성이 있고 성공적인 팀을 구축하는 데 필요한 정신이다. 좋은 부모,

교사 또는 비즈니스 리더 등 어떤 사람이 되려고 노력하든 상관없이 모두에게 필요한 삶에 대한 건전한 관점이다. 이는 자존감과 타인에 대한 존중이며, 궁극적으로 할 수 없는 일에는 덜 집중하고 할 수 있는 일과 잘할 수 있는 일에 집중하는 것이다.

독일

자기 성찰 Introspection

이 곰은 브란덴부르크 문에서 평화, 이해, 관용을 홍보하는 베를린의 비공식 대사이다

독일 마을이나 도시의 거리를 걸을 때 잠시 시간을 내어 아래를 내려다보라. 원래는 조약돌로 되어 있던 길바닥에 이름, 생년월일, 사망 날

짜와 장소가 적힌 황동 현판인 슈톨퍼슈타인*stolperstein: 걸림돌*◆을 만날 가능성이 높다. 다음 목적지로 서둘러 가는 동안 알아차리지 못할 수도 있지만, 베를린 예술가 군터 뎀니히가 나치에 의해 살해당한 사람들을 추모하는 프로젝트로 유럽 전역에 깔아 놓은 6만 개의 현판들 중 하나인 세계에서 가장 큰 홀로코스트 기념관의 일부를 밟은 것이다.

슈톨퍼슈타인은 모든 지역에서 인기가 있는 것은 아니어서 뮌헨에서는 지방 당국의 금지로 설치되지 않았다. 그러나 이것은 국가 구조의 일부가 되어 현대 독일의 근본적인 측면을 나타낸다. 즉, 나치의 과거를 잊지 않고 전쟁의 충격적인 여파로 인해 새로운 국가 정체성을 구축하는 데 있어 자기 성찰은 매우 중요하다는 것이다. 독일어 단어인 '베강엔하이츠베밸티궁*vergangenheitsbewältigung*'은 대략 '과거 극복'으로 번역되며 어려운 문제를 피하기보다는 어려운 문제에 참여하는 데 큰 비중을 둔다. 독일이 원하는 것은 이미 일어난 일을 변명하거나 외면하는 것이 아니라 그것을 폭로하고 질문하고 배울 수 있는 점을 묻는 것이다.

끊임없이 역사를 밟으면 거기에서 벗어날 수 없다. 그럼에도 독일은 두려움을 받아들이고 과거의 교훈을 이끌어 내기 위해 되돌아보는 미덕을 만들고 있다. 내가 처음 이 나라를 방문하여 독일 친구들에게 무엇을 봐야 하는지 물었을 때, 친구들이 나를 가장 먼저 데려간 곳은 홀로코스트 기념관과 박물관이었다. 그곳들을 방문하면서 그들이 불러일으키는 기억과 공포뿐만 아니라, 친구들이 얼마나 많은 사람들을 이 장소에 데려 왔을지 그리고 그들이 국가적인 기억 속에서 이 상처에 몇 번이나 직

◆ 걸림돌(슈톨퍼슈타인)은 '걸려 넘어지게 바닥에 설치한 돌'이라는 의미로, 나치 박해 또는 박해 희생자들의 이름과 생년월일 등을 새겨 넣은 황동판이다.

면했을지 생각하며 놀랐다.

자기 성찰은 나치의 과거뿐만 아니라 1989년까지 40년 이상 동독이었던 경찰국가[◆]의 유산에도 적용된다. 슈타지 비밀 경찰의 감시 파일들은 정부와 역사가들이 기록을 복원하기 위해 광범위한 노력을 기울인 대상이었다. 이러한 노력은 많은 경우 수백만 장의 찢어지거나 파쇄된 종이들을 모으는 것을 의미하기도 한다. 그것은 사람들이 과거 사건의 실체뿐만 아니라 그것으로부터 발생하는 질문들을 받아들일 수 있는 유일한 방법이다. 왜 사람들은 나치 학살과 슈타지 감시와 협력했을까? 그들은 정말 선택의 여지가 있었을까? 상황이 달랐을 수도 있고, 다시는 이런 일이 일어나지 않도록 하려면 무엇을 할 수 있을까? 다른 전쟁 유발국들이 과거의 기록을 지우려고 하는 데 비해 독일은 과거의 어렵고, 어떤 면에서는 불가능한 딜레마와 씨름하는 쪽을 선택했다.

우익 민족당인 AfD(독일을 위한 대안)의 출현은 독일의 과거를 기억하는 문제를 최우선 정치 의제로 되돌려 놓았다. 부분적으로는 독일이 과거사에 사과하지 말 것을 요구하는 일련의 의견도 나왔다. 그러나 많은 독일인들이 도리에 벗어났다고 여기는 정당 내에서도 그러한 견해는 논란을 불러일으켰다. 한 중견 정치인인 비외른 회케는 베를린의 홀로코스트 기념관을 '수도 한가운데 있는 수치심의 기념비'로 비난하는 연설을 해서 AfD 지도부에게 비난을 받았다. 시위대는 비외른 회케의 집 밖에 기념관의 작은 복제본을 설치하여 보복했다.

독일의 경우 과거에 대한 성찰과 그것을 어떻게 기억해야 하는지 계

◆ 정치·경제·사회·문화의 모든 면에서 국가 권력이 전제적으로 행사되고, 국민의 자유와 권리가 법적 보장을 받지 못한 17~18세기의 유럽 절대군주 국가를 말한다.

속 논의하고 있다. 어려운 역사에 직면하는 용기는 중요한 교훈을 준다. 무슨 일이 있었는지 잊으려고 노력한다고 해서 얻을 수 있는 것은 없기 때문이다. 카펫 밑으로 쓸어 담긴 것들은 영원히 거기에 남아 있지 않다. 전혀 일어나지 않은 것처럼 행동하기보다는 항상 과거를 반성하고 대면하고 말할 수 있는 것이 좋다. 이것이 바로 우리가 기억하고 역사의 교훈을 사용하여 더 나은 미래를 만드는 방식이다.

아일랜드

스토리텔링 *Storytelling*

아일랜드 리머릭에 있는 서점에서 산 책들

많은 국가에는 사람들이 도움을 받거나 영감을 얻기 위해 방문하는 기념물과 유적들이 있다. 그러나 웅변, 아첨, 윤색, 신화 만들기 중 어딘가에 존재하는 아일랜드의 언변인 '말재주'를 얻기 위해 매년 수십만 명의 사람들이 뒤로 누운 뒤 고개를 한껏 젖힌 채 키스하는 돌을 가지고 있는 곳은 아일랜드뿐이다.

현재 코크 남서부 지방에 위치한 블라니 스톤의 기원을 둘러싼 미스테리가 존재하는데, 그 기원은 성경에 나오는 선지자 예레미야나 14세기 스코틀랜드 왕 로버트 더 브루스와 같은 다양한 인물들로부터 다양하게 유래한다. 그러나 다음에 나오는 아일랜드가 대표하는 것들은 신비롭지는 않다. 선술집에 있는 남자부터 제임스 조이스◆, 사뮈엘 베케트◆◆ 그리고 현재 샐리 루니◆◆◆와 같은 세계적으로 유명한 작가들에 이르기까지 아일랜드와 그 인구가 많은 디아스포라가 전 세계적으로 유명한 국가적 스토리텔링 문화의 초석이다.

아일랜드 내레이터와 함께하면 이야기는 단순한 이야기가 되지 않는다. 그 이야기들은 살아있고 변한다. 이야기가 전달될 때마다 허풍이 더해지고 맥락, 청중, 말하는 사람에 따라 세부사항이 바뀐다. 진실은 한 가지이지만 훨씬 더 중요한 것은 매번 이야기가 전해질 때마다 더욱 기억에 남는 이야기를 만들기 위해 그것을 늘리고 뒤틀고 고양시키는 능력이다. 서사적 의미에서 감언이설은 결코 명백한 거짓이 아니라, 사건의 진실이 여러 번 현실에 적용되고 풍성해져서 원래 이야기와 어느 정도 거리를 두며 여행하게 된다는 것이다. 이것은 오도하려는 욕구가 아니라 새로운 내레이션을 즐겁게 하고 더 꾸미려는 욕구에서 비롯된다.

스토리텔링은 아일랜드인들이 과거의 고통과 자부심을 통해 자신들의 방식으로 이야기하는 것이다. 19세기 중반의 대기근과 아일랜드 독

◆ 아일랜드의 소설가이자 시인으로 영문학을 대표하는 대문호
◆◆ 20세기 부조리극을 대표하는 극작가이자 실험 문학의 대표 소설가
◆◆◆ 27세에 세계적 문학상인 맨부커상 후보에 오르고 전 세계 100만 부 이상 판매된 베스트셀러 『노먼 피플』의 작가로, '프레카리아트의 제인 오스틴'이라 불리는 아일랜드 출신의 신예 작가

립과 관련한 20세기의 문제를 포함해서 국가적 트라우마로 물든 수천 년 전으로 거슬러 올라가는 자랑스러운 역사이다. 이야기는 과거를 기념하여 살아있게 하고 한 세대에서 다음 세대로 생생한 기억을 전달한다. 그리고 그것들은 가족, 지역사회 및 사회 전체에 지울 수 없는 흔적을 남긴 사건들의 원시 상처를 진정시키는 데 도움을 준다.

스토리텔링을 통해 아일랜드 경험의 중심에 있는 비극은 표현을 찾고, 황량함에서 유머가 만들어진다. 이야기들은 아일랜드의 최근 과거에 대한 중요한 창이지만 고대 전통과 문화와도 관련이 있다. 션허이*Seanchaí; 전통적인 이야기꾼으로, 문자 그대로 '오래된 지식의 소지자'라는 뜻*는 천년 넘게 역사, 법률 및 관습을 세대에 걸친 구전 전통을 여전히 지키고 있다. 켈트 민속과 역사에 대한 책자들은 기록되지 않았고, 이야기를 후대에게 전한 구술 시인들에 의해 전달되었다. 이야기들은 또한 아일랜드가 수 세기 동안 섬에 도착한 다양한 국적들과 문화를 하나로 묶은 방법 중 하나이기도 하다.

아일랜드 친구나 친척이 이야기를 들려주기 위해 주변에 사람들을 모으는 것을 들어 본 적이 있는 사람은 이 전통의 힘과 그 중요성을 알 것이다. 스토리텔링은 일시적인 오락과 재미있는 일화 그 이상이다. 사람들을 연결하고 공유된 역사(지난주 또는 지난 세기)를 나눔으로써 가족, 친구, 지역사회를 하나로 묶어 준다. 이야기들은 우리를 하나로 묶고, 감각을 자극하고, 믿을 만한 것을 창조한다. 모든 개인, 모든 조직, 모든 국가마다 고유한 이야기가 있다. 실제로 그것을 엄선해 보면 종종 그 이야기들은 우리가 가진 전부이며, 세계 속에서 우리 위치의 핵심 기반이 된다. 우리는 모두 아일랜드인들의 절반 만큼이라도 자신의 이야기를 큐레이팅하고 말하는 방법을 배워야 한다.

이탈리아

돌봄 Care

수년에 걸친(서기 70~80년) 세부사항에 대한 관심은 콜로세움을 만들었다

콜로세움과 피사의 사탑 다음으로 이탈리아에서 가장 유명한 국가의 상징은 아마도 '과잉 보호하는 어머니'일 것이다. 이탈리아 엄마들이 정상적이거나 어쩌면 건강한 것보다 자녀(특히 아들)에 대해 더 신경을 쓴다는 것은 상투적인 표현이 아니다. 설문 조사에 따르면, 이탈리

아 남성 중 3분의 1이 매일 어머니를 만나는 것으로 나타났다. 그리고 이탈리아 성인들은 30세가 넘어서도 부모와 함께 살 가능성이 그 어느 국가보다 더 높다.

'돌봄'은 옷을 입는 방법부터 무엇을 언제 먹는지, 운전하는 차에 이르기까지 삶의 거의 모든 부분을 차지해 온 이탈리아의 가치이다. 비록 이탈리아는 때때로 외부에서는 혼란스러운 곳처럼 보일 수 있지만 신중한 곳이다. 사람들에게 어떻게 보이는지, 사람들을 어떻게 만나는지, 일상생활을 지배하는 작지만 중요한 많은 관습을 고수하는 것이 그들에게는 중요하다.

이는 아침에 일어나는 순간부터 시작되는데, 이탈리아인들에게 그냥 손에 잡히는 티셔츠를 입는 것은 선택사항이 아니다. 이들은 색상, 패브릭, 액세서리의 조합을 신중하게 생각한다. '저 신발과 함께 저 벨트를 맨다고?' '저 색깔은?' 이탈리아 사람들의 패션 감각이 세계적으로 유명한 것은 잘 알려져 있다. 자신의 외모를 열심히 꾸미는 것은 일을 할 때나 외출할 때 옷을 입는 것에만 국한되지 않는다. 집 근처 가게에 가거나 쓰레기를 버리러 갈 때도 심플한 드레스를 입고 립스틱을 바를 수 있다. 그것은 그들이 할 수 있는 최소한의 일이다.

이탈리아 문화의 또 다른 기본인 음식과 음료도 마찬가지이다. 음식 문화에 이유 있는 자부심을 가지고 있는 나라로서, 종이컵으로 커피를 마시거나 폴리스티렌 접시에 테이크아웃 음식을 먹지 않는다. 시간과 보살핌은 음식을 먹고 물을 마시는 것보다 더 중요하다. 이탈리아 사람들은 출근길에 커피를 사지 않는다. 그들은 카페 바에 서서 도자기 잔에 커피를 담아 마시며, 자기만의 의식을 즐기고 시간을 들여 경험의 질을 최대한 높이려 한다. 물론 언제, 어디서 먹느냐 뿐만 아니라 이탈리아 사람들이 관심을 갖는 것은 '무엇을 먹는지'이다. 이탈리아 사람들은 그들의 접시에 무엇이 들어가는지 관심을 가지며, 제철이 아닌 재료나 지역의 전통적이지 않은 요리를 결코 내놓지 않는다. 실제로 그들은 최고의 토마토소스를 만드는 정확한 방법이나 완벽한 카르보나라를 만드는 방법에 대한 논쟁이 광범위하고 가열될 수 있기 때문에 매우 신경을 쓴다. 나는 친구와 함께 머물면서 친구 부모님 사이에 중대한 결혼 분쟁으로까지 보이는 사건을 목격한 적이 있다. 그 과정에서 친구 부모님이 이혼하는 게 아닐까 하는 생각이 들 정도였다. 하지만 다음 날 아침 그녀는 어깨를 으쓱했는데, 그들은 토마토에 대해 논쟁을 벌였던 것이었다.

이탈리아에는 해변에 가서 휴식을 취하는 올바른 방법도 있다. 그곳을 여행하는 동안 목을 보호하기 위해 작은 스카프를 착용하고, 도착하면 신발은 샌들로 갈아신는다. 일광욕 의자 아래에는 가방을 걸 수 있는 고리가 있어 귀찮아도 바닥에 그냥 던져두지 않는다. 어색한 장소에서 모래를 최소화하도록 디자인되어 있다. 이 모든 것에는 이유가 있다.

이탈리아인들은 우리 중 많은 사람들이 고려하지 않은 것들이나 적절한 생각을 할 시간을 찾지 못하는 것에 관심을 가진다. 그들은 '올바른 방법'으로 일을 수행하고, 작은 세부사항들을 강조하며, 제대로 일을 수행하기 위해 시간과 관심을 기울이는 것이 필요하다고 주장한다. 그들은 일상을 생각 없이 서두르는 우리들에게 우리가 무엇을 하고 왜 하는지에 대해 조금 더 돌아볼 수 있도록 하는 이점을 보여 준다. 또한 작은 일들을 돌보며 경험이 우리에게 알려 주는 방식으로 일을 한다면 인생에서 더 큰 함정을 피하는 데 큰 도움이 된다는 것을 알려 준다. 그렇기 때문에 로마인들처럼 행동하고 약간의 돌봄을 더하는 것은 항상 도움이 된다.

네팔

지구력 *Endurance*

네팔 토롱 라 패스에 있는 안나푸르나 서킷 정상

세계에서 가장 높은 10개의 산 중 8개가 있는 네팔의 지형은 '지구력'을 놓칠 수 없는 삶의 사실로 만든다. 그래서 연구에 따르면 네팔의 산악 지대에 거주하는 셰르파 사람들은 생물학적으로 혹독한 환경에 적응한 것으로 나타났다. 최근 연구에서 셰르파와 저지대 주민들 사이의 유전적 차이가 밝혀졌으며, 세르파들은 더 효율적인 미토콘드리아(호흡을 통해 에너지를 생성하는 세포 구조)와 산소 공급이 낮을 때 신체의 비상 에너지원인 크레아틴인산을 생성할 수 있는 능력이 더 크다고 한다. 실제로 활동하는 것을 보면 이것이 왜 그렇게 중요한지 분명해진다.

네팔을 처음 방문했을 때, 친했던 친구 메디와 나는 안나푸르나 서킷을 정복하는 것을 사명으로 삼았다. 안나푸르나 서킷은 이 지역에서 가장 유명한 루트 중 하나인 약 100마일 트레킹 코스로 에베레스트 베이스캠프보다 훨씬 높은 정점에 위치한다. 우리는 젊고, 꽤 건강했고, 순진했다. 모든 허세는 내가 잤던 가장 추운 밤에 사라졌다. 너무 추워서 우리는 서로 겹쳐진 7개의 매트리스 아래에서 잠을 자야 했다. 공주와 완두콩◆의 반대 상황이었는데, 담요를 아무리 많이 덮어도 추위를 막을 수 없었기 때문이었다.

태양을 등진 상태에서 반바지를 입고 모험을 시작했지만 눈보라가 격렬해졌고 앞으로 나아가는 길은 거의 통과할 수 없게 되었다. 일주일 후 마침내 초오유산 정상에서 눈에 띄는 거리에 도달한 날, 우리는 오전 4시에 출발했다. 처음에는 날씨가 완전히 비협조적이지는 않았다. 그러나 새벽 6시경이 되자 폭풍이 시작되고 눈이 본격적으로 내렸다. 상황이 너무 나빠져서 모자와 고글을 쓰고 얼굴을 가리는 스카프를 둘러 앞을 거의 볼 수 없었다.

정상에서 돌아오는 다른 사람들이 우리를 지나칠 때 우리에게 계속 가지 말라고 했다. 정오에 큰 폭풍이 예정되어 있었기 때문에 정상에 도달하려던 계획을 포기할 수밖에 없었다. 정상에 그토록 가까워진 상

◆ 안데르센이 쓴 소설 중 하나로, 천장까지 높이 쌓인 침대에서 자는 공주의 이야기를 담고 있다.

황에서 물러서야 한다는 것은 정말로 듣고 싶지 않았던 말이었지만, 결국 폭풍을 앞에 두고 우리가 받아들여야 할 조언이었다.

이 경험을 통해 나는 셰르파들이 보여 준 엄청난 지구력을 존중하게 되었다. 또한 이러한 환경에서 항상 살아가며 일하는 것뿐만 아니라 모든 것에는 합리적인 한계가 있어야 한다는 것을 수용하는 법을 배울 수 있었다. 때때로 지구력은 앞으로의 길을 통과할 수 없다는 것을 받아들여야 한다는 것을 의미한다. 그렇기 때문에 뒤로 물러나 다른 날에 다시 싸우기 위해 기다려야 한다.

네팔의 독특한 지구력을 보여 주는 유일한 예는 셰르파만이 아니다. 네팔의 군인 부족인 구르카스도 있다. 영국은 1814~1816년에 앵글로-네팔 전쟁을 치렀는데, 그 기간 동안 동인도 회사의 군대는 네팔 전사들에 의해 일상적으로 패배했다. 실제로 구르카스는 영국군이 평화 조약 체결의 일환으로 그들을 모집하려고 노력했다는 인상을 남겼다. 이는 2세기 넘게 계속되어 온 합의이다.

오늘날의 구르카스는 군인으로서의 특별한 지구력으로 존경받는 것이 아니다(전 영국 구르카 장교인 조니 펜은 영국인의 경우 12시간 또는 13시간 동안 100마일을 완주하는 데 비해 네팔 군인들은 8.5시간이면 완주할 것이라고 썼다). 엘리트 부대에 합류하기 위해서는 이와 같은 지구력 테스트가 중요하다. 구르카스에 합류하기를 열망하는 젊은 네팔인들은 어려운 채용 과정을 거쳐야 한다. 2만 명이 넘는 지원자들 중에서 매년 200명만이 선발되기 때문이다. 선발 과정에서는 25kg의 바위를 담은 바구니를 머리에 쓰고 5km 오르막길을 달려 완주해야 하는 '도코 레이스_doco race_'를 포함해 여러 도전에 직면한다.

이런 종류의 지구력을 보여 주는 것은 네팔의 전투 및 등산 엘리트들만이 아니다. 네팔 사이클리스트인 비레쉬 다할은 14년 동안 72개국에서 평화를 증진하기 위해 자전거를 뒤쪽으로 타고 있다. 민 바하두르 셰르찬은 2008년에 에베레스트 산을 등정한 사람들 중 가장 나이가 많은 사람이며, 9년 후 85세의 나이로 사망했다.

모든 네팔인들은 세계에서 가장 가난한 나라 중 한 곳에서 생존하기 위해 지구력을 보여 주어야 한다. 인구의 15%가 하루에 2달러 미만으로 살아가는 네팔은 2015년 지진과 같은 주요 자연재해를 자주 겪는다. 이로 인해 약 9,000명이 사망했고, 수십만 명이 노숙자가 되었으며, 전체 인구의 3분의 1에 해당하는 약 800만 명에게 영향을 미쳤다. 피해액은 너무 커서 연간 200억 파운드 GDP의 최대 50%에 달하는 것으로 추정된다.

그러나 네팔은 경제에서 환경에 이르기까지 이러한 어려운 도전에 직면하며 견뎌 내고 있다. 이는 요즘 같은 즉각적인 만족의 시대에, 장기적으로 그 안에 머물러 있는 것의 가치를 보여 준다. 네팔의 이런 모습은 우리의 모든 삶에서 인내의 중요성을 보여 준다. 우리의 한계를 발견하고 그것을 넘어서며, 달성하기 위해 고군분투해야 할 가장 달콤한 성공을 맛보는 법을 배우는 것이다.

니카라과

니카라과의 영감을 주는 산들

일부 국가에서는 예술가, 건축가, 운동선수를 국가 문화의 상징이자 전수자로 삼는다. 일부는 지리, 정치적 사상 또는 종교 문화로 정의된다. 니카라과는 시를 통해 살고 숨쉬며 정체성을 표현하는 땅이다.

이곳은 1인당 시인 수가 세계 어느 곳보다 많다. 니카라과에서 가장 유명하고 존경받는 루벤 다리오도 시인이었다. 대통령 다니엘 오르테가는 어린 시절에 시인이었고, 로사리오 무리요 부통령도 마찬가지이다. (두 사람은 결혼했다.) 매년 전 세계의 시인들은 니카라과의 문화 수도인 그라나다에서 50개국 이상의 시인들이 모이는 국제 시 축제에 참여한다.

일부 국가에서는 시인들이 국가의 이야기를 전하는 데 그치지만, 니카라과에서는 국가를 형성하는 데 적극적으로 도움을 준다. 국가의 정치 역사를 정의한 끊임없는 격변의 기본이 되는 니카라과의 시는 혁명의 무기이자, 사회 변화의 촉매제이자, 국가 정체성의 표식이었다. 시는 불의에 저항하는 수단이면서, 사람들의 고난에 대한 기록이고, 열망과 꿈을 위한 그릇이 되었다.

최근 니카라과 역사는 1979년 소모사 독재를 전복시킨 산디니스타 혁명에 의해 정의되었으며, 1980년대에 걸쳐 진행된 미국이 지원하는 콘트라는 무장 세력과의 피비린내 나는 전쟁에 휘말렸다. 1990년에 패배한 산디니스타 해방전선은 2006년에 정부로 돌아왔고, 나중에 니카라과인들의 대규모 시위에 직면하여 혁명 기간 동안 그들이 싸운 것과 동일한 권위주의와 부패를 보였다고 비난받았다.

시인들은 이러한 정치적 전투의 중심에 있었다. 원래 산디니스타 지도자 중 한 명인 세르히오 라미레즈 메르카도는 정치 지도자이기를 꺼린 시인이었다. 그는 1987년에 부통령이 되었을 때 《뉴욕 타임스》에 이렇게 말했다. "저는 필요에 의해 정치인이 됐어요. 그냥 작가가 되고 싶어요." 메르카도는 산디니스타 계층 구조에서 높은 지위를 차지한 유일한 시인은 아니었다. 소모사 독재에 반대하는 저술로 유명해진 가톨릭 사제 에르네스토 카르데날은 수년 동안 산디니스타스의 문화부 장관으로 일했지만, 나중에 혁명을 배신했다고 당을 비난했다. 다른 시인들은 혁명의 순교자들이었으며, 특히 20세에 살해당한 레오넬 루가마도 그중 한 사람이다. 그는 자신을 둘러싼 채 항복을 요구한 방위군 병사들에게 마지막으로 쏘아붙인 말로 유명해졌다. 케세린다뚜마느레*Qué se rinda tu madre; 당신이 어머니를 항복시켜라.*

많은 이들이 혁명에 확신이 없을 때, 시인들은 산디니스타 혁명의 기반이었고 가장 저명한 비평가 중 하나였다. 또 다른 유명한 시인 파블로 안토니오 쿠아드라는 산디니스타들이 니카라과의 자랑스러운 시와 예술 문화를 정치적 목적으로 파괴하고 표현의 자유를 훼손하고 있음에 반대 시위를 이끌었다. 그는 1984년에 예술에 대한 산디니스타 정책이 '스탈린화'에 해당한다고 썼다.

지난 세기 혁명에서 멀리 떨어지지 않았던 이 나라에서 대부분의 시인들은 니카라과의 항의와 대중의 반대 의견의 선두에 서 있었다. 이와 같은 현상이 니카라과의 저명한 작가이자 확실한 국가 영웅인 루벤 다리오의 영향이었음에 대해 논쟁하는 사람은 거의 없다. 다리오는 자국의 지적, 문학적 문화를 형성하는 것뿐만 아니라 20세기에 스페인어를 변화시킨 것으로 알려져 있다. 그의 이름은 전국의 도로, 학교, 광장, 박물관을 장식하고, 니카라과의 두 번째 도시인 그의 고향 레온에는 오늘날 인구 20만 명 중 100명 이상의 전문 시인이 있다.

시는 니카라과를 지도에 올렸을 뿐만 아니라 국가가 반복적으로 정치적, 사회적 난기류를 헤쳐 나갈 수 있도록 도왔다. 국가의 역사는 쓰인 단어의 힘과 그것이 우리 삶 속에서 수행하는 역할에 대한 증거이다. 시는 주변에서 일어나는 일을 처리하고 우리가 항상 통제할 수 없는 사건을 이해하는 데 도움이 된다. 시는 사람들에게 목소리, 배출구, 표현을 제공함으로써 사람들의 주의를 환기시키고 힘을 실어주며, 무엇보다도 활기를 불어넣는다. 시인들은 고통을 전달하고 경험을 포착하며 희망, 즉 우리를 인간으로 만드는 모든 것을 번역한다.

파라과이

휴식 *Relaxation*

파라과이에서는 아무 말도 필요하지 않다

    당신이 방문하는 모든 국가들은 당신에게 고유한 흔적을 남긴다. 다른 문화에서 시간을 보냄으로써 선입견에 도전하고, 새로운 경험을 하고, 새로운 관점을 갖게 되는 등 기존의 사고방식을 바꾸는 계기가 될 수 있다. 파라과이에서의 경험은 내가 몇 년 전에 들었지만 제대로 이해하지 못했던 것을 충분히 인식하는 데 도움을 주었다.

런던 비즈니스 스쿨에서 진로 상담사가 제안했던 내용은 남미의 분위기와는 거리가 멀었다. "무엇을 해야 하는지 알아요? 앉아서 아무것도 하지 않아야 해요." 당시 나는 초조한 상태에서 조언을 받았는데 그 중요한 조언이 내게 스며드는 데는 몇 년이 걸렸다. 영적인 휴식의 고향인 파라과이를 방문한 것이 촉매제였다.

브라질과 아르헨티나라는 두 거대한 이웃 사이에 자리잡은 파라과이는 '사방이 땅으로 둘러싸인 섬'으로 묘사되는데, 그 이유를 알기까지는 오래 걸리지 않았다. 멕시코나 브라질의 마을과 도시에서 발견되는 소란스럽고 바쁜 삶의 방식과는 반대이다. 파라과이의 수도 아순시온*Asunción*은 편안한 분위기로 유명하다. 사람들은 도시를 가능한 한 빨리 A에서 B로 돌진하는 경마장처럼 취급하지 않고, 멈춰서 미소 지으며 이전에 만난 적이 없는 이들을 포함하여 사람들과 이야기하는 데 시간을 할애한다. 한 여행 작가는 "현지인들이 즐기는 취미가 길가를 따라 선 채로 거리를 지나가는 친구들에게 손을 흔드는 것 같아요."라고 회상했다.

사람들의 사회생활에서도 마찬가지이다. 몇 주 전에 약속된 저녁 식사는 잊어버리거나 하루 전이라도 취소할 수 있다. 파라과이에서는 사람들이 좀 더 편안하게 접근한다. 그들이 당신에게 전화를 걸어 언제 어디서 술 한잔하자고 초대하면 시간을 충분히 주지 않는 것에 대해 분개하는 대신 그냥 "좋아요."라고 말할 것이다. 그런 다음 오후에는 테레레(차가운 마테 차)를 즐기며 앉아 있는 것 외에는 아무것도 하지 않는다. 앉아서 대화하고, 공공장소에서 느긋하게 사람들을 구경하고, 단순히 다른 사람들과 함께 있는 것을 즐기는 등 아무것도 하지 않는 것을 더 편안하게 여기는 곳을 방문한 적이 없었다. 이것은 새로운 차원의 편안함을 준다. 그리고 정말로 훌륭하다. 그 순간에 집중하며 살 수 있는 능력은 토착 언어인 과라니_Guaraní_에 '내일'이라는 단어가 없다는 사실에서도 나타난다. 단지 '코에라_koera; 새벽이 깨지면_'라는 단어만 있다. 파라과이 사람들에게 중요한 것은 미래에 일어날 일이 아니라 바로 내 앞에 있는 일이다.

이 여유로운 문화는 학교에서 시작한다. 파라과이 아이들은 학교 교육이 시작될 때부터 17세까지 같은 교육 기관에 다니게 되는데, 다른 학교로 옮길 필요가 없고 새로운 환경에 적응하거나 다른 친구들을 떠날 필요가 없다. 대신 어린 나이부터 함께 자랐고 남은 생애 동안 가장 즐겁게 관계를 맺을 사람들과 길고 지속적인 관계를 구축할 수 있는 안정적인 토대가 제공된다.

일요일에 어김없이 열리는 주간 모임을 중심으로 진행되는 가정생활도 마찬가지이다. 형제자매, 사촌, 숙모, 삼촌, 시어머니와 함께 때로는 백 명이 넘는 온 가족이 집안 어른(일반적으로 조부모)의 집에 모여 바비큐를 하며 오후 시간을 함께 보낸다. 세계 많은 나라들에서는 결혼식이 아니면 이렇게 많은 가족 구성원을 모을 수 없겠지만 파라과이에서는 매주 모인다. 스트레스가 많은 큰 행사가 아니라 편안한 일상의 또 다른 부분이다.

삶에 대한 이러한 느긋한 태도는 국가 운영의 일부에도 적용된다. 파라과이는 다른 국가들처럼 시민권에 제한을 두지 않는다. 누가 파라과이인이 되고 싶은지, 어디에서 왔는지에 대해 관대하다. 시민이 되어 두 번째 여권을 얻기 가장 쉬운 국가 중 하나이다. 이 여권은 3년 안에 그리고 독점적으로 또는 영구적으로 거주하지 않고도 받을 수 있다.

　파라과이가 국가로서 감당할 만하기 때문에 이러한 유형의 휴식을 경험할 수 있다는 점은 주목할 가치가 있다. 파라과이는 천연자원이 풍부하고, 물이나 에너지 공급에 대한 압력이 없으며, 이타이푸 댐은 국가가 필요로 하는 재생 가능 전력량의 거의 10배를 제공한다. 수력 발전은 이 나라 전기의 99%를 차지하며, 2020년 기준으로 파라과이는 세계에서 다섯 번째로 큰 전력 수출국이다. 그렇다고 모든 파라과이인들이 최근 경제 성장의 혜택을 받았다는 말은 아니다. 30%에 가까운 국민들은 여전히 빈곤 속에 살고 있으며, 특히 많은 농촌 인구 사이에 빈곤이 널리 퍼져 있다. 전체적으로 휴식은 결코 저자세가 아니었던 최근 역사의 많은 부분과 상충된다. 파라과이가 브라질, 우루과이, 아르헨티나에 맞서 싸운 삼국 동맹 전쟁은 남미 역사상 가장 치명적인 전쟁이었다. 1870년에 전쟁이 끝났을 때, 경제 활동 연령 남성의 90%를 포함하여 파라과이 전체 인구의 60%가 사망했다. 이 나라는 또한 알프레도 스트로에스네르의 35년 군사 독재하에서 광범위한 억압을 경험했으며, 그 기간 동안 약 400명이 살해되고 19,000명이 넘는 사람들이 고문당했다.

　파라과이 사람들은 투표가 의무인 22개국 중 하나에 살고 있지만, 정치적 부패에 항의하는 문화가 급증하고 있음에도 대부분은 정치 체제를 변화시킬 힘이 거의 없다. 스트로에스네르의 콜로라도당은 1989년 가을 이후 한 명을 제외하고는 모든 대통령을 배출했다. 대신 파라과이 사람들은 가까이에 있는 것을 중요시한다. 대부분 사람들의 삶의 중심은 가족 및 친구 단위이다.

그래도 시간 자체가 그리 중요하게 여겨지지 않는 곳에서 머무르는 것에는 놀라운 점이 있다. 이곳에서는 사람들이 시계를 쳐다보면서 다음 해야 할 일을 생각하는 것이 필요 없다. 기술이 일을 지배하는 상황이 되면서 전원을 끄고 휴식을 취하려는 투쟁이 증가했다. 이 같은 현상은 휴식이 매우 익숙한 파라과이 같은 나라를 다른 나라들과 반대 편에 위치한 균형 세력으로 만든다. 스마트폰은 끝없이, 그러나 종종 무의미한 정보와 의사소통으로 우리의 머리를 채운다. 그로부터 한 발짝 물러나 의미 있게 긴장을 풀 수 있는 능력을 통해 우리는 영혼에 영양을 공급하는 것들, 무엇보다도 사람들에게 감사할 수 있다. 휴식은 아무것도 하지 않는 것처럼 느껴질 수 있지만, 런던 비즈니스 스쿨의 진로 상담가가 말하려던 것처럼 실제로 살아있다는 것이 무엇을 의미하는지에 대한 기초가 된다.

폴란드

억압할 수 없음 *Irrepressibility*

폴란드 크라쿠프 소재 성 마리아 성당

폴란드는 123년의 근대 역사 동안 공식적으로 존재하지 않았던 자랑스러운 국가이다. 1795년 분할부터 1918년 제1차 세계대전이 끝날 때까지 폴란드라는 이름은 유럽의 어떤 지도에서도 찾을 수 없었고 그 땅은 프로이센, 러시아, 오스트리아 제국에 의해 세 부분으로 나뉘어 통치되었다.

그러나 폴란드의 정체성, 문화 및 언어(세 지역 대부분에서 공식적으로 금지되었다)는 살아남았으며, 공산주의가 몰락한 이래로 독립국가로서 새롭게 번성했다. 폴란드를 정의하는 '억압할 수 없는 정신'은 본질적인 국가적 특성일 뿐만 아니라 국가 보존의 기본이었던 정신이기도 하다. 그리고 그것은 국가 문화 속에 계속 살아있다. "침착할 수 없어요, 저는 폴란드인입니다." 이 나라에서 자주 본 포스터 문구이다.

폴란드의 독립국 쟁취를 위한 투쟁과 문화 및 정체성을 유지하기 위해 보여 준 정신은 폴란드 국가의 첫 번째 가사에 명시되어 있다. "폴란드는 우리가 살아있는 한 아직 죽지 않았습니다." 메시지가 이 이상 더 명확할 수 있을까. 세계 어느 곳에서든 우리가 살아남아 있는 동안에는 어떤 관할권에서든 폴란드도 살아남는다. 폴란드를 단적으로 설명해 주는 단 하나의 문장이다.

제2차 세계대전 중 저항이 빈번했다. 폴란드 국내군_Armia Krajowa_은 나치가 점령한 유럽에서 가장 큰 저항 운동 조직으로, 사보타주 작전에서 큰 성공을 거두었으며 자체 전투기들이 수만 명의 적군에 뛰어들어서 손실을 입혔다. 1943년 바르샤바 게토 유대인들의 마지막 저항에서부터 폴란드의 레지스탕스인 국내군이 이끌었다가 실패한 봉기에 이르기까지, 폴란드의 수도는 전쟁에서 가장 강력한 저항 행위의 현장이었다.

폴란드의 억압할 수 없는 정신은 소련의 몰락에 중심적인 역할을 했다. 소비에트 국가 최초의 독립자치노동조합인 '연대'의 창립은 9년 후 베를린 장벽이 무너진 주요 디딤돌 중 하나로 간주된다. 1980년 8월의 창립 상황은 폴란드 저항의 상징이었다. 이 운동의 지도자였던 레흐 바웬사는 비밀 경찰의 체포를 피하고, 그단스크(폴란드의 항구 도시)의 레닌 조선소 내에 있었던 17,000명의 노동자를 파업으로 이끌었다. 전국의 공장들은 두 달 후에 진정한 노동조합 권리 부여를 포함한 양보로 이어진 파업에 동참했다. 바웬사가 초기에 명성을 얻은 이후부터 그의 커리어는 국가 정신의 상징이 되었다. 그는 1982년에 체포되어 투옥된 이듬해 노벨평화상을 수상했으며, 1990년에는 독립 폴란드의 초대 대통령으로 선출되었다.

바웬사와 연대가 공산주의의 몰락을 이끈 폴란드의 유일한 촉매제는 아니었다. 또 다른 저명한 인물은 이전에 크라쿠프 대주교였던 교황 요한 바오로 2세이다. 1979년 그는 고국인 폴란드를 방문하여 가톨릭 교회가 분할 기간 동안 국가 정체성과 문화의 불꽃을 살리는 데 도움을 준 것처럼 폴란드의 소비에트 통치에 반대하는 집결 지점을 제공했다.

폴란드의 역사는 중요한 것을 살아있게 유지하는 것이 수동적 행동이 아니라는 것을 보여 준다. 보존은 종종 무언가를 파괴하거나 자신의 목적에 적합하게 하려는 사람들에 대한 저항을 의미한다. 폴란드의 억압할 수 없는 가치는 결코 '아니오'를 대답으로 받아들이지 않고, 실패를 선택사항으로 삼지 않으며, 최악의 상황을 두려워할 때에도 계속 싸우는 것이다. 소중한 것을 보호하며 전통을 유지하고 유산을 보장하려면 싸우고 있는 아이디어에 대한 억압할 수 없는 믿음이 필요하다.

스위스

정밀함 *Precision*

스위스 다보스에 있는 미래의 로봇

스위스는 고품질 시계의 대명사이지만, 스위스 사람들이 국가 문화에서 정밀함의 중요성을 충분히 인식하기 위해 실제로 시계를 어떻게 사용하는지를 봐야 한다. 기차역의 플랫폼에 서서 기차가 예상보다 20~30초 늦으면 승객들 대부분이 좌절감을 느끼며 시계를 눈높이까지 올리고 있는 모습을 볼 수 있다. 시간 엄수의 중요성을 비유로 표현한다면, 다른 나라 사람들은 눈을 굴릴 때 스위스 사람들은 머리를 쥐어뜯을 것이다. 이는 비즈니스 미팅, 사교 모임, 공공 행사 등 모든 것에 적용된다. 1분 지각은 대단히 늦은 것이다. 스위스 문화는 정해진 일들이 항상 제시간에 일어날 것을 요구한다.

효과적인 시간 관리는 정밀함에 대한 국가 집착의 한 부분에 불과했다. 공동체 정원의 일부를 소유하고 있는 경우 모든 것이 제대로 유지되고 있는지, 울타리가 올바른 높이에 있는지 등을 확인하기 위해 정기적으로 검사가 이루어진다. 만약 기준에 미치지 못하면 '울타리 경찰'로부터 다르게 수행하도록 작업 지침을 받는다.

시간을 잘 지키는 정도의 서비스로는 만족하지 않는 열차 회사들은 기관사들이 (스위스의 또 다른 필수품인 초콜릿을 인센티브로 제공하여) 항상 플랫폼의 정확히 같은 장소에 열차 문을 정차시키도록 보장함으로써 통근자들이 서 있어야 할 위치를 알 수 있게 하여 혼잡을 완화했다고 주장한다. 그리고 정밀함에 대한 열정은 직원들에게만 그치지 않는다. 기차 트랙에 인접한 잔디가 과도하게 자라는 것을 방지하기 위해 잔디 깎는 기계가 닿지 않는 부분은 특정 품종의 스위스 양을 데려다가 해결한다. 정확성을 추구하는 스위스에서는 어떤 제방(경사면)도 접근하기에 너무 어려운 것으로 보이지 않게 한다. 비행기가 스위스 공항으로 착륙할 때, 명확하게 구분된 구역과 믿을 수 없을 정도로 깔끔하게 정렬된 대칭을 볼 수 있다.

정밀함은 또한 스위스에서 가장 성공한 아들과 딸들을 정의하는 결정적인 특징이었다. (궁극적으로 성취되지는 않았지만) 자연 세계의 전체 기능을 설명할 수 있는 하나의 이론을 밝히려던 알버트 아인슈타인의 열망을 생각해 보자. 또한 스포츠에서 우아함과 정확성의 전형으로 널리 알려진 테니스 슈퍼스타 로저 페더러를 떠올려 보자. 페더러는 더 빠르게, 더 많이 달릴 수 있고 공을 더 세게 칠 수 있는 많은 상대들과 대결했다. 하지만 아무도 이 스위스 선수처럼 원하는 곳으로 공을 정확히 칠 수 있는 초인적인 능력은 없었다. 페더러를 역사상 가장 위대한 남자 테니스 선수로 돋보이게 한 것은, 페더러 경기의 끊임없는 정확성이었다.

스위스가 세계적으로 유명한 또 하나, 다보스는 스위스의 정밀 기술에 대한 또 다른 증거이다. 조용한 스키 마을을 매년 기업과 정치 엘리트들이 모이는 목적지로 바꿀 수 있는 곳이 또 있을까? 눈으로 덮여도 이와 같은 행사들을 치르는 데 필요한 인프라와 보안은 탁월하다. 스위스의 정밀함만이 이를 해마다 가능하게 한다.

어떤 사람들에게 이 같은 정밀함은 디테일에 집착하는 수준으로 느껴질 수 있다. 그러나 스위스는 지정학적 충격뿐만 아니라 경제적 충격으로부터 자신을 보호하는 데 능숙하다. 또한 자원이 부족한 국가라도 모든 일에 정확하게 집중함으로써 경제의 번영을 누릴 수 있음을 보여준다. 세부사항을 제대로 챙기는 것은 신뢰를 구축하고, 사람들이 자부심을 가질 수 있는 문화를 조성하며, 궁극적으로 성과를 내는 데 도움이 되기 때문에 중요하다. 잘 관리된 국가, 제대로 작동하는 정치 및 교육 시스템, 중립 외교를 통해 국가 간의 주요한 갈등에 빠지지 않고 그로 인한 피해를 입지 않을 수 있었다.

작은 것들에 정확성을 확보하면 더 중요한 일을 더 잘 수행할 수 있다. 이는 좋은 습관을 만드는 것이며, 정확함이 존재하는 곳에서는 일반적으로 성공이 뒤따를 것이다.

우간다

유산 *Heritage*

우간다 동부의 메모리 프로젝트 경험

"혼자 가면 안 될 거야. 네 마음에 너무 많이 담아 오게 될 테니까."

두 개의 반얀나무 그늘 아래에 앉아 이야기를 나누고 있을 때 몇 시간 동안 노래가 연주되었다. 에이즈에 걸린 우간다 여성들의 이야기를 기록하는 메모리 프로젝트의 일환으로 인터뷰했던 여성들은 나를 그 이야기 장소로 데려가는 데 동의했다.

우리는 어느 집 문 앞에 도착할 때까지 함께 걸었다. 십 대 소년이 라밥(류트) 스타일의 현악기를 갖고 현관에 앉았다. 그 소년은 여자들이 자신의 이야기를 들려주는 동안 계속 놀았다. 고아가 된 그는 온 가족이 죽는 것을 지켜봤다고 한다. 사실 그는 아버지가 어머니로 인해 에이즈에 걸렸다는 사실을 큰 소리로 부인하면서 본인과 가족의 손목을 잘라서 피를 공유하고 감염되지 않았다는 것을 증명하는 모습을 지켜봤다. 그의 어머니는 병에 걸려 죽었고, 그의 여동생과 두 형제와 아버지도 마찬가지였다. 이제 그는 다섯 번의 장례식에서 같은 곡을 연주하며 자신의 차례를 기다리고 있다.

그 소년은 우간다에 있는 200만 명의 고아 중 한 명이었으며, 그중 43%는 전 세계를 휩쓴 전염병으로 부모가 죽는 것을 지켜봤다. 그는 가족을 포함해 모든 것을 잃은 것뿐만 아니라 에이즈와 그 원인을 제공했다는 오명까지 입어야 했다. 부모에 대한 실제 기억이 거의 또는 전혀 없는 아이들은 기본적인 상속을 거부당했다. 즉 그들이 어디에서 왔는지와 그들이 받을 자격이 있는 땅, 가축, 유물 그리고 도움을 청할 수 있는 사람들에 대한 그 어떤 지식도 얻지 못했다.

어린 나이에 부모를 잃는다는 건 여러 가지 많은 이유로 대단히 큰 충격이지만, 우간다에서는 국가 문화의 근본인 가족의 역사와 유산의 상실이란 부가적인 충격까지 더해진다. 우간다에서는 아이가 태어나기도 전에 이미 고향, 가족, 언어 및 부족에 따라 정의되고 알려진다. 부모에 대한 살아있는 기억이 거의 없거나 또는 전혀 없는 어린이들은 이 기본적인 유산을 받지 못하는 것이다.

메모리 프로젝트는 이 문제를 해결하기 위해 고안되었다. 한 세대에서 다음 세대로 정확한 서면 기록을 제공하여 아이들이 부모가 실제로 누구인지 이해하고, 결정적으로 자신의 문화와 유산을 완전히 이해할 수 있도록 도와준다. 이 프로젝트를 통해 부모와 자녀 모두와 협력하여 가계도, 자산, 역사를 기록한 메모리북을 만들었다. 이 책은 부모가 없는 자녀가 부모에게 물어볼 수 있는 질문에 답하기 위해 고안되었다. 부모의 사망과 그 여파로 인한 트라우마에 대비할 수 있도록 남은 가족을 지원하는 것이다. 그리고 유산이 가장 중요한 나라에서 성공할 수 있도록 어린이들에게 정체성을 부여하는 것이다.

우간다 사람들은 당신이 어디에서 왔는지, 어떤 부족에 속해 있는지, 가족이 누구인지 항상 알고 싶어 한다. 이를 통해 그들은 당신이 누구인지 알 수 있다. 우간다에서 이런 정보가 부족하다는 것은 여권 없이 해외여행을 시도하는 것과 같다.

어디에서 왔는지는 중요하지 않고 어디로 가는지가 중요하다는 말을 들어 봤을 것이다. 우간다 사람들은 그 반대를 열정적으로 믿는다. 이름에서 시작하여, 사람으로서 당신에 관한 모든 것은 당신이 출생한 장소와 고향 사람들에 대해 말해 준다. 서부 우간다 부족에서는 부모님이 주신 이름뿐만 아니라 엠파코_Empaako 이름으로도 불리는데, 이는 지역사회의 모든 구성원에게 주어진 11개 또는 12개의 애완동물 이름 중 하나로 평생 동안의 유산과 충성을 상징한다. 명명식의 일환으로 땅과 부족과의 새로운 삶의 관계를 상징하는 나무가 심어진다.

우간다는 유산에 중점을 둔 점에서 독특할 수 있지만, 우리가 누구로부터 그리고 어디에서 왔는지 아는 것은 보편적으로 중요하다. 우리는 부모, 조부모, 조상들이 한 일과 그들이 사람으로서 어땠는지에 대해 모른 채 자신을 이해할 수 없다. 우리 자신에 대한 진실을 발견하는 것은 평생의 과정이며, 물려받은 모든 것을 완전히 인식하지 않으면 항상 불완전하게 남을 것이다. 인터넷 기록 보관소의 도움을 받아 최근 몇 년간 가족사에 대한 관심이 급증했다. 계보 조사는 정원 가꾸기 다음으로 미국에서 두 번째로 인기 있는 취미이다. 지금은 역사를 발견하고 조상에 대한 단서를 찾을 수 있는 도구가 그 어느 때보다 많아졌다. 유산은 그 어느 때보다 중요하거나 더 접근하기 쉽다고 느껴진다. 우리의 뿌리에 가까워질수록 우리는 더 성장할 수 있다.

우즈베키스탄

에티켓 *Etiquette*

타슈켄트에서는 아무 빵도 구워지지 않습니다

2,300년이 넘는 역사를 가진 세계에서 가장 오래된 문명 중 하나인 우즈베키스탄이 에티켓을 매우 중시한다는 것은 놀라운 일이 아니다. 일상적인 상호작용에서 환대를 나누고 자녀를 양육하는 것에 이르기까지 우즈베키스탄 생활의 대부분은 신중하게 조정되고 오랫동안 연습되

며 깊이 소중히 여기는 행동을 따른다.

한 가지 예는 우즈베키스탄을 대표하는 빵인 '난'을 둘러싼 전통이다. 탄두르로 구운 황금빛 납작한 빵으로, 손으로만 찢을 수 있으며 칼로 자르지 않는다. 갓 태어난 아기의 머리 아래나 걷는 법을 배우는 아이의 다리 사이에 둔다. 유학을 가든지, 군 복무를 위해 해외로 나가든지 집을 떠나는 우즈베키스탄 자녀들은 부모로부터 난 한 덩어리를 한 입 베어 물라는 요청을 받으며, 나머지는 자녀가 안전하게 돌아올 때까지 보관한다. 우즈베키스탄 친구의 가족은 오빠가 군대에 갔을 때 비슷한 의식을 했는데, 난의 반은 친구의 오빠가 가져갔고 나머지 절반은 부모가 가지고 있었다. 헤어진 가족은 다시 만나기를 기다렸다.

이런 종류의 에티켓은 단순히 그 자체만을 위해 유지되는 것이 아니다. 또한 빵 한 덩어리 그 자체만이 아니라 누가 구웠는지(각 생산자는 자신의 스탬프를 가지고 있다), 어디에서 왔는지, 무엇을 대표하는지, 눈에 보이는 것 그 이상을 보고 감사하려는 의도도 있다. 에티켓은 전통, 가족, 문화 및 어르신들을 존중하는 방법이다. 우즈베키스탄의 속담 중에 "난을 존중하는 것은 국가에 대한 존중입니다."라는 것이 있다. 그리고 그것은 별거 아닌 빵처럼 보일 수 있는 것을 둘러싼 모든 에티켓을 지키는 걸 의미한다.

이러한 에티켓의 포용은 음식을 공유하고 환대를 제공하는 방식까지 확장된다. 식사는 빠르고 부주의하게 준비하거나 소비해서는 안 된다. 이 이벤트는 단계가 정의되어 있고, 오랫동안 확립된 협의에 의해 진행된다.

손님이 도착하자마자 카르다몸cardamom: 향신료과 계피로 내린 차가 제공된다. 그런 다음 견과류, 건포도, 말린 살구, 과자 칸으로 구분되어 있는 접시를 상단 선반에서 내려놓는다. 따끈한 차를 마신 뒤 이 달콤한 간식거리가 식욕을 돋게 한다. 더 많은 사람들이 도착하면 방 전체가 그들을 맞이한다.

모든 사람이 참석하고 애피타이저가 식욕을 돋우며 제대로 된 식사를 시작한다. 모든 사람이 앉을 수 있도록 다스타르칸(천)을 바닥에 조심스럽게 펼치고, 좌석 배치에는 세심한 주의를 기울인다. 발은 말할 것도 없고 무릎이 천에 닿아서는 안 되며, 발은 멀리 두고 누구에게도 보이지 않는다. 공동 식사 공간은 가능한 한 깔끔하고 깨끗하게 유지된다. 본능적으로 사람들은 서로를, 주인을, 공간을 깊이 배려한다.

빵은 주인이 뜯어서 각 손님에게 차례로 나눠 주고, 각 코스 요리가 개별적으로 뜨끈뜨끈하게 제공된다. 요리가 전달될 때 사람들은 자기 옆에 있는 사람에게 먼저 음식을 권하고, 자신에게서 가장 가까운 접시에 있는 음식부터 가져와 다음 사람을 위해 남은 음식은 그대로 둔다. 모든 사람에게 음식이 서빙된 다음 식사 전에 짧은 기도를 한다.

초대 손님인 나는 사람들이 이와 같은 공유 환경*shared environment: 집이 아닌 외부 식당의 의미*에서 얼마나 신중하게 행동하는지를 보면서 매우 놀랐다. 나쁜 테이블 매너는 찾아볼 수 없었다. 우즈베키스탄인들은 어릴 때부터 관찰이나 부드러운 견책을 통해 공손하고 예의를 지키도록 훈련받는다.

물론 저녁 식사 테이블 밖에서도 에티켓은 존재한다. 인사 방법(남자든 여자든 노인이든 그 사람을 얼마나 잘 알고 있는지에 따라 달라진다)부터 환대하는 방법이나, 심지어 두 사람이 함께 말을 타는 방식(나이 많은 사람이 앞에 앉는다)에 이르기까지 모든 것에 에티켓이 있다.

여기서 에티켓은 가까운 관계에서도 지켜야 하는 격식과 존중이 어떻게 적절하게 전달되어야 하는지 보여 준다. 그것들은 의무이기보다는 적극적으로 포용되고 누리는 일련의 의식이다. 여기서 에티켓은 사회적, 직업적 상호작용을 통해 이어져 온 상속이 아니라 (한 국가의) 결정적인 특징이다.

에티켓은 우리를 환대하는 사람들이나 우리와 다른 문화에서 비즈니스를 하는 사람들을 불쾌하게 만들지 않기를, 적어도 어느 정도의 시간 동안 생각하는 것이다. 그러나 해야 할 일들을 점검하고 상처를 주지 않으려는 것 외에도 실제로 우리가 왜 그런 일을 하고 있는지, 이러한 전통이 무엇을 나타내는지, 에티켓이 진정으로 얼마나 중요한지를 생각해 봐야 하지 않을까? 이렇게 사소해 보이는 것들을 면밀히 조사할수록, 의사소통을 원활하게 하고 존중을 전달하며 통합을 가능하게 하는 데 필수적인 역할을 더 잘 이해할 수 있기 때문에 그렇게 할 가치가 있다. 좋은 에티켓은 좋은 매너 그 이상이다. 에티켓은 근본적으로 사람들과 단단한 관계를 유지하는 것이다. 그들이 세상을 어떻게 보는지 이해하고 그것에 대한 공감과 존중을 모두 보여 주는 것이다. 따라서 다음에 악수를 해야 하거나 특정 방식으로 저녁을 먹어야 할 때가 생기면 주어진 지침을 맹목적으로 따르지 말고 그것이 무엇을 의미하는지, 궁극적으로 무엇을 표현하고자 하는지 생각해 보길 바란다.

베트남

복원력 *Resilience*

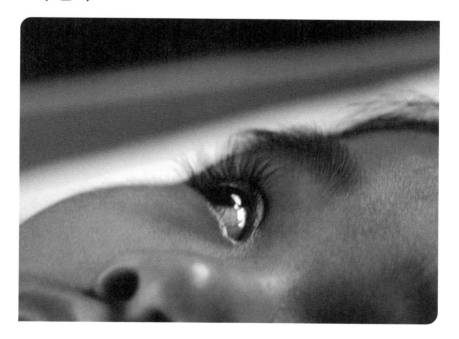

베트남 호치민시 외곽의 고아원에 있는 어린이

베트남의 실제 이야기를 들으려면 산, 동굴, 논, 사원 또는 전쟁 기념관을 방문하지 말고, 대신 정부와 교회가 운영하는 여러 고아원들 중 한 곳에 가 봐야 한다. 그러면 내가 알게 된 것처럼, 40년 전에 공식적으로 끝난 전쟁의 유산이 여전히 유효하며 아직까지도 만들어지고 있다는 것을 알게 될 것이다. 아이들은 유아용 침대에 앉아 있거나 누워 있으며, 많은 이들이 선천적 결함(팔다리 결손, 부은 머리, 형성되지 않은 척추)으로 고통받고 있다. 태어나기도 전에 일어났던 사건으로 인해 돌이킬 수 없는 정해진 삶의 과정을 겪고 있는 것이다. 고아원 개수는 학교만큼이나 많지만, 관광객들이 다른 곳을 보길 원하는 정부에 의해 숨겨져 있다. 이와 같은 곳을 방문하면 이해하게 될 것이다. 20세기 후반의 가장 잔인한 전쟁이 세계 최대의 경제력 및 군사력을 가진 국가에 의해 자행되었으나 결국 성공하지 못했고, 베트남이야말로 복원력의 진정한 의미를 아는 국가라는 것을 말이다.

'국가를 구하기 위한 미국인과의 전쟁'의 유산이 얼마나 씁쓸하고 광범위했는지를 어느 것 하나에 초점을 맞춰서 보기는 어렵다. 북부와 남부 전역에서 민간인과 군인을 포함하여 300만 명이 넘는 베트남인이 사망한 것으로 추정된다. (미국과의 전쟁 전에는 프랑스와의 전쟁이 있었고, 둘 다 물리 친 후에는 중국에 대해서도 똑같이 행동했다는 점을 명심해야 한다.)

고통은 1975년 전쟁으로 끝나지 않았다. 전쟁 중에 에이전트 오렌지라는 고엽제가 약 450만 에이커의 베트남 땅에 뿌려졌다. 그 목적은 숲을 고사시키고 베트콩의 보급품을 황폐화시키는 것이었지만, 그 영향은 인간과 환경 모두에게 치명적이었다. 한 추정에 따르면, 1971년에 미국이 고엽제 사용을 중단한 지 거의 50년이 지난 지금도 400만 명이 넘는 사람들이 여전히 후유증을 앓고 있다. 작물과 물 공급의 오염은 소아 백혈병을 포함한 일부 암의 높은 발병률 및 선천적 장애와 관련이 있고, 2세대와 3세대에까지 희생자들이 발생하고 있으며 그중

다수는 고아원에 살고 있다. 전쟁에서 남은 지뢰로 인해 이후 수십 년 동안 약 4만 명이 사망했다. 복원력이 떨어지는 나라는 전쟁 중에 발생한 엄청난 인명 손실과 피해 그리고 오늘날까지 사람들에게 영향을 미치는 유산으로 인해 버티지 못했을 것이다.

그러나 베트남 전쟁으로부터의 회복은 여러 면에서 특별했다. 이는 국가와 국민 모두의 복원력에 대한 증거이다. 전쟁의 즉각적인 여파로 인구의 약 70%가 빈곤 속에 살았는데, 이는 현재 10% 미만으로 떨어졌다. 시장 경제가 오랜 시간 동안 정착되고 있는데(1990년대에 가족당 육류 배급량은 한 달 동안 200g에 불과했다), 2007년 세계무역기구 WTO의 정회원이 된 이후 경제를 자유화하고 상당한 이익을 얻기 시작했다. 2017년 베트남은 GDP 성장률이 6.7%로 아시아에서 가장 빠르게 성장하는 경제 중 하나로 자리매김했으며, 외국인 직접 투자는 175억 달러를 돌파했다. 컨설팅사 프라이스 워터하우스 쿠퍼스는 2050년까지 베트남이 세계 20대 경제대국 중 하나가 될 것으로 예상한 바 있다. 베트남 기업의 CEO 및 이사회 이사 중 약 25%가 여성이고, 베트남은 고위 경영진의 여성 비중이 아시아에서 두 번째로 높다. 또한 교육에 대해서도 막대한 투자를 한 결과, 글로벌 피사OECD's Programme for International Student Assessment 순위에 있어서도 경쟁력을 강화하고 있다. 게릴라전의 인프라를 제공한 수백 킬로미터의 지하 터널 자체가 베트남 복원력의 표상이라고 할 수 있는데, 10여 년 동안의 전쟁을 거치면서 베트남의 복원력은 세대를 거쳐 전해졌다.

베트남의 복원력은 국내뿐만 아니라 해외(디아스포라)에서도 증명된다. 베트남 전쟁 이후 20년 동안 약 80만 명의 사람들이 정부의 억압과 경제 불황을 피하기 위해 나라를 탈출했다. 보트피플◆은 곧 부서질 것 같은 선박, 위험한 기상 조건, 해적들에 이르기까지 여러 위험에 직면했다. 해저에서 많은 사람이 사망했는데, 유엔의 추정치는 20만~40만 명이다. 위험한 여행을 떠난 모든 사람들은 프랑스에서 호주, 일본, 캐나다, 폴란드에 이르는 400만 명의 강력한 디아스포라를 만드는 데 도움을 주었다. 해외에 정착하자 그들은 어려운 상황 속에서 여러 가지 일을 하면서 머리를 숙인 채 생존할 수 있는 수준으로만 살아갔고, 궁극적으로는 모국으로 돌아온다는 목표가 있었다. "가장 좋은 것은 고향으로 돌아와 자신의 연못에서 목욕하는 것입니다."라는 말이 있다.

특히 베트남에서 일상적으로 발생하는 자연재해에 직면했을 때 이러한 회복력이 여전히 많이 필요하다. 세계은행은 베트남을 동아시아와 태평양에서 '가장 위험한 지역 중 하나'라고 불렀으며, 베트남 인구의 70%가 태풍, 홍수, 가뭄, 산사태, 지진의 위험에 노출되어 있다고 추정한다. 대부분의 국가에서 허리케인이나 태풍의 이름을 정하는 데 비해 베트남은 번호를 매기는 데 그친다. (대부분의 지진은 상대적으로 미미하지만) 다른 방법으로 기록하기에는 너무 많이 발생하기 때문이다.

그러나 베트남인들은 대규모 군사적 위협이나 경제적 파멸의 전망보다 위험한 기후에 대해서는 두려워하지 않는다. 내 친구 투이는 이렇게 말했다. "더 어려웠던 시기에는 교수였던 어머니가 추가 수업을 진행하고 닭까지 키웠어. 온 가족이 땅콩을 굽고 채소를 재배해서 팔았고, 아버지는 몇 년 동안 앙골라에 가서 가족을 위해 돈을 더 벌기 위해 포르투갈어를 배웠어."

◆ 망명을 위해 배를 타고 바다를 떠도는 사람을 의미한다.

어떤 조건이 닥치든지 베트남인들은 극복할 방법을 찾는다. 심지어 어려운 상황을 최대한 활용한다. 조건이 어려워질수록 회복력과 적응력이 더욱 강해진다. 그리고 우리 대부분이 지연된 열차, 늦은 배달 또는 다른 일상적인 불편을 국제적인 사건으로 쉽게 바꿀 수 있다는 점을 고려할 때, 역경이 닥쳤을 때 대응하는 방법에 대해서는 베트남의 사례를 참고하면 도움이 될 것이다.

3부

연결 가치
CONNECTION

연결은 인간의 가장 기본적인 욕구이며, 우리 모두가 일생 동안 갈망하는 것이다. 그러나 연결하려는 시도를 하면서 우리는 종종 넘어질 수 있다. 논쟁과 좌절은 사랑과 지지만큼이나 관계의 일부이기 때문이다.

다행히도 우리의 관계에 대한 새로운 관점과 더 강한 관계를 구축하는 방법에 통찰을 줄 수 있는 전 세계의 가치들이 있다. 사람들의 연결에 대한 일부 측면은 보편적일 수 있지만, 실제로 보기 전까지는 당신에게 결코 일어나지 않을 수 있는 많은 변형과 차이점이 있다. 다음에 소개될 국가들을 통해 더 나은 친구, 파트너, 동료, 이웃이 되는 방법을 확인해 보자.

알바니아

명예 _Honor_

알바니아를 가로질러 흐르는 드린강 근처

솔직히 말해서, 나는 평생 동안 알바니아가 유럽의 로마라고 생각했었다. 그런데 실제로 알바니아에 지내보고 나서야 알바니아인이 누구이고, 그들이 모든 것에서 명예를 중시한다는 사실을 알게 되었다.

이 유럽 국가는 수 세기에 걸친 오스만 통치의 유산인 이슬람 인구가 압도적으로 많고, 과거 공산주의로 인해 소비에트 공화국이 해체되고 알바니아 공화국이 수립된 1991년까지는 세계 나머지 지역들로부터 격리되었다. 많은 사람들이 스카프로 얼굴을 가리고 다녔으며, 표준 알바니아어와 다양한 방언의 구분으로 공통 언어가 없었기 때문에 사람들의 행동으로 대신 이야기를 전했다.

알바니아의 3분의 2 이상이 산악 지역이기 때문에 도보로 탐험하기에 이상적이다. 북부 알바니아에서는 '저주받은 산들'이라고 불리는 알프스의 동화 같은 풍경을 발견할 수 있다. 남부 알바니아의 둘레길은 이오니아해의 수정 같은 해안을 따라 높은 산등성이와 탁 트인 봉우리를 지나며 소나무 숲, 올리브와 감귤나무 숲을 통과한다.

그러나 미래보다 과거를 선호한다면 더 내륙으로 가야 한다. 그러면 완전히 새로운—다른—세계로 들어가게 된다. 그곳에는 고대의 산악 지방 행동 규범을 여전히 두루 사용하고 있다. 농부들은 지금도 조상들과 거의 같은 방식으로 경작하며 여성들이 대부분의 식량을 계속 재배하고, 운송 수단으로 여전히 당나귀를 선호하는 곳에서 기계화 이전 시간으로 돌아간 것처럼 느낄 것이다.

가장 고립된 지역으로 차를 몰고 가면서, 남편과 나는 차 속에서 느끼던 안전함에서 벗어난 다음에야 이 나라를 제대로 경험할 수 있었다. 사람들은 갑자기 당신을 자신의 책임으로 받아들이고, 입양한 가족이 생긴 것처럼 커피를 제공하고 게임할 수 있는 카드를 내놓는다. 당신은 그들의 시간을 빼앗거나 짐이 되고 싶지 않지만 그들은 당신을 돌보는 걸 그들의 명예로 여긴다.

'베사 에쉽다리트 시 푸르테카 에리트*Besa e shqptarit si purteka e arit; 알바니아인의 믿음은 황금 놀어와도 같다.*' 여기서 '베사'란 단어는 알바니아 사람들에게 금보다 더 가치가 있다.

그리스, 로마, 비잔틴, 베네치아, 노르만 등에게서 많은 문화적 영향을 받은 이 나라는 진정한 문화적 용광로, 고고학적 금광, 트레킹 하는 사람들의 천국이다. 그러나 매우 독립적인 알바니아 사람들은 사방이 산으로 둘러싸여 있는 국경을 가진 지리적 특징으로 정의된다. 사전적 의미 외에 다른 무슨 뜻이 있을까? '베사'는 15세기에 기록된 관습 코드와 전통의 집합체인 레커 두카지니의 카눈◆에서 처음 등장한 단어이다. 그리고 카눈에서 '베사'는 최고 권위를 가진 존재로 묘사된다. '자신의 말, 약속, 명예와 그에 수반되는 모든 책임'은 종종 '알바니아주의'라고 불리는 알바니아인의 마음과 아주 가깝다.

'베사의 사람'은 명예로운 사람, 당신의 삶과 가족을 신뢰할 수 있는 사람을 의미한다. 이 나라에서 가장 암울했던 시기는 수백만 명의 유대인, 동성애자, 공산주의자, 소수 인종이 유럽 전역에서 모여들었던 때였다. 많은 알바니아인들은 이와 같은 완전히 낯선 사람들을 구하기 위해 싸웠다. 홀로코스트로 인해 폴란드 유대인의 90%가, 그리스 유대인의 77%가 희생된 반면 알바니아는 제2차 세계대전 이후 처음보다 11배나 많은 유대인 인구를 보유한 것으로 추정한다. 홀로코스트와 관련된 문서 및 정보의 세계 최대 저장소를 보유하고 있는 이스라엘 박물관인 야드바셈에 따르면, 알바니아를 점령하고 있던 기간 동안 유대인이 나치 당국에 넘겨진 것으로 알려진 사례는 단 한 건도 없었다고 한다. 그래서 알바니아는 1995년 2월 2일에 워싱턴 DC에 있는 미국 홀로코

◆ 레케 두카지니Lekë Dukagjini는 두카지니 가문의 15세기 알바니아 귀족이며, 카눈Kanun은 북부 알바니아 부족들 사이에서 제정된 법전이다.

스트 기념관에서 '열방의 의인'으로 인정받았다.

명예는 약간 오래된 개념처럼 느껴질 수 있지만 실제로는 우리가 가진 가장 중요한 것 중 하나이다. 우리의 말, 책임, 가족을 존중하지 않는다면 우리는 자아의식에 필수적인 것을 잃어버리게 된다. 명예는 중세의 기사도 개념이 아니라 사람들 사이의 신뢰와 존중을 뒷받침하는 기본 원칙이다. 그것은 우리의 말에 충실하는 것이며, 사람들 사이의 신뢰와 존중은 거듭거듭 강조된다. 당신의 베사는 당신에 대한 모든 것을 말해 준다. 그것은 우리가 스스로 포기하도록 허용해서는 안 되는 마지막 일일 것이다.

오스트레일리아

동료애 *Mateship*

호주 퀸즐랜드의 휘트선데이 제도에서 배를 탄 동료들

"안녕, 친구*G'day mate*."는 보편적인 호주식 인사이다. 이것은 인사 이상의 의미를 지닌 표현으로, 호주에서는 가게에 있는 전혀 모르는 사람에게도 가장 친한 친구인 것처럼 말할 가능성이 높다.

무분별하게 사용되는 '동료*mate*'란 단어는 호주 문화에서 가장 중요한 단어들 중 하나이다. 누구나 동료가 될 수 있지만 '우정'이라는 보편적인 개념보다 그들에게 더 의미 있는 동료애의 진정한 의미와 가치, 사상과 문화적 기준을 이해하는 사람은 호주인뿐이다.

동료애는 호주인이 의미하는 모든 것을 상징한다. 그들은 열린 마음으로 낯선 사람을 환영하고, 친구에게 엄청나게 충실하고, 도움이 필요한 사람에게 관대하고, 소속 집단을 위해 헌신한다. 이는 공공의 이익에 비해 너무 빨리 자라는 키 큰 양귀비를 함께 끌어내리는 것에 비유할 수 있다.

나는 여태까지의 여행 중 최악의 사고로 어려움을 겪은 뒤 우정의 힘을 경험했다. 멜버른 대학교에서 한 학기 동안 공부하면서 호주 최남단의 윌슨스 프롬으로 수업을 겸한 여행을 떠났다. 그곳에서 해변 위로 떠오르는 태양을 보기 위해 일찍 혼자 모험을 해 보려는 운명적인 결정을 내렸다. 일출을 보기 위해 몇 개의 바위 위로 올라갔을 때 갑자기 파도가 바위 위로 부서지며 나를 날아오르게 했고, 나는 얼굴부터 바닥에 떨어졌다. 코와 안경이 깨져 앞을 볼 수 없었고 입에서 피맛이 느껴졌다. 넘어질 때 무심코 뻗었던 팔은 부러지고 말았다. 그 순간 나는 기절했다.

누가 나를 그곳에서 발견했는지, 얼마나 오래되었는지는 모른다. 하지만 누군가가 나를 발견했고 곧 내 동료인 앤디, 캐롤라인, 페데리코, 가엘, 메간, 멜리시아, 니마, 토머, 푸자를 다시 만날 수 있었다. 문제는 우리가 가장 가까운 대도시에서 수백 킬로미터 떨어져 있었다는 사실이었다. 우리의 여행은 계속되어야 했고, 나도 마찬가지였다. 힘들고 끔찍한 경험이 될 뻔했지만 동료들은 이전에 본 적이 없는 방식으로 내

주위를 맴돌았다. 내 짐을 대신 들어 주고, 계속해서 기운을 북돋아 주었다. 3일 동안 하이킹을 하면서 사람들은 끊임없이 나를 살폈고 웃게 만들었다. (탈출한 이집트 미라처럼 돌아다니며 몇 주를 보내면서도 그들은 나와 함께 웃었다.) 참사가 될 수 있었던 일이 조금 고통스럽기는 했지만 실제로는 놀라운 경험으로 바뀌었다.

호주 역사의 여러 지점에서 동료애는 영국에서 이송된 죄수들 사이의 결속에서부터 호주 역사에 깊은 각인을 남긴 전쟁과 분쟁에서 군인이 보여 준 전우애에 이르기까지 모든 것을 상징했다. 동료애는 호주인들의 정체성의 중심인 안작Anzac● 정신의 핵심이다. 이 가치는 1915년 갈리폴리 해변을 가로질러 부상당한 동료를 안고 옮기던 호주 군인의 유명한 사진에 의해 지금까지 기억되고 있다.

동료애라는 가치는 아직까지도 가끔 논란이 된다. 많은 국가의 기본 가치와 마찬가지로, 사람들은 그것이 여전히 존재하고 현대 세계와 관련이 있는지 종종 묻는다. 일부 사람들은 너무 남성적이어서 포괄적인 개념이 아니라고도 하고, 또 어떤 사람들은 정치인들이 이 아이디어를 전용하려는 것 때문에 거리를 두기도 한다. 자유당 총리 존 하워드는 1990년대에 이 가치를 호주 헌법에 포함시키려 했다.

이처럼 상업 및 정치적인 이유로 이용되는 경우가 많았지만, 동료애는 여전히 호주인의 근본 정신을 나타낸다. 역사가 닉 다이렌퍼스는 책에서 "좋든 나쁘든 동료애는 우리 문화 DNA의 일부이며, 영적 또는 이념적 교리를 적대시하는 국가에서 동료애는 사실상 종교의 일부로 작

● Ansac 또는 ANSAC은 Australian and New Zealand Army Corps, 즉 호주-뉴질랜드 연합군의 약자이다.

용했다."라고 썼다. 동료애는 좋은 친구 이상이다. 신뢰, 충성, 헌신, 자기 희생과 같은 평등주의 사회를 함께 유지하는 필수 가치이다. 호주인들은 평생 동안 알고 지냈든, 이제 막 만났든 동료를 돕기 위해 필요한 일을 항상 할 것이다. 우리도 이들과 같은 태도를 취한다면 개인적인 관계나 직업적인 관계가 얼마나 더 좋아질까?

베냉

공손함 *Politeness*

베냉 위다에서의 부두교 의식

베냉에서는 질문 하나가 긴 대화로 이어질 수 있다. 거리에서 우체국을 가려면 어디로 가야 하는지 누군가에게 물어보면, 그 답례로 길을 찾는 것뿐만 아니라 충분한 대화를 나눌 수 있다. "잘 지내지? 무슨 일 있어? 오늘 뭐 해?" 이처럼 베냉에서는 처음 보는 사람도 오랜만에 만난 친구처럼 수다를 떤다.

베냉에서 공손함은 형식적인 인사로 시작하고 끝나지 않는다. 거의 모든 상호작용에서 따뜻함, 본질적인 친절함, 다른 사람들과 교류하려는 열망이 있다. 이들은 가족과 직업에서부터 애완동물과 취미에 이르기까지 공통점을 찾기 위해 모든 것에 대해 질문한다. 베냉 사람들은 알고 싶어하고 대화하기를 원한다.

이에 대해 서양인 방문자들의 첫 번째 반응은 이 모든 것이 시간 낭비처럼 느껴진다는 것이다. 문화 충격은 말할 것도 없다. 낯선 사람이 런던이나 뉴욕의 거리에서 말을 걸기 위해 당신을 멈춰 세우면, 일반적인 경우 빨리 상황을 종료하려고 할 것이다. 당신은 바쁘고, 정말 시간이 없으니까. 어쨌든, 거의 확실히 다시는 볼 수 없을 누군가를 꼭 알아야 할까? 그리고 만나는 모든 사람들과 공통점을 찾아야만 할까?

그러나 베냉에서 보내는 시간이 길어질수록, 이런 태도로 인해 내가 요점을 완전히 놓치고 있다는 것을 깨달았다. 사람들에게 하루 중 몇 시간을 내어주고, 인간적인 공감을 기본적으로 보여 주고, 사람들을 목적을 위한 수단이 아니라 존중으로 대하는 데는 비용이 들지 않는다. 그뿐만 아니라 공손함은 긍정적인 마음과 좋은 감정을 퍼뜨린다. 이곳은 사람들이 당신을 돕기 위해 최선을 다하고, 당신도 그들을 위해 똑같이 하는 사회이다.

많은 사람들은 바쁜 삶, 시간 부족, 가능한 한 빨리 A에서 B로 이동해야 하는 필요성을 주변 사람들에게 핑곗거리로 사용한다. 베냉에서는 사람들이 내게 (정중하면서도 장난기 가득한 미소로) 비록 손목시계는 내가 차고 있었지만 시간은 자신들에게 있었다고 말했다. 그리고 그들 말이 맞았다. 그들은 시간을 흘러가는 것처럼 분 단위로 세지 않고, 실제로 세상의 모든 시간을 가지고 있었다. 그들은 효율성은 놓치더라도 처음 만나는 사람들에게 친절한 시간을 제공함으로써 친절함, 솔직함, 뜻밖의 행운을 얻는다.

나는 사람들이 하루 중 서로에게 시간을 내어주고 대화를 나누기 위해 멈추고 서로를 알아가기 때문에, 우연한 상호작용을 통해 문이 열리고 기회가 나타나는 것을 몇 번이고 경험했다. 길을 물어보면 목적지까지 직접 안내를 받는 경우가 많다. 이어진 대화에서 우리는 서로에 대해 배우고, 해야 할 일과 탐구할 새로운 일을 알게 되었고, 적어도 다른 방법으로는 불가능했던 우정을 쌓을 수 있었다. 베냉 문화의 기본인 개방성은 인간의 가장 기본적인 욕구 중 하나인 다른 사람과 관계를 맺고 유대감을 느끼는 것이다. 이 작은 공손함과 인간적인 따뜻함으로 모든 사람의 하루가 밝아진다.

또한 다른 방법으로는 결코 발견할 수 없었던 모든 종류의 숨겨진 보석을 찾게끔 한다. 열린 마음으로 낯선 사람들과 대화를 시작하는 것이 편하다는 것만으로도 나는 우이다의 부두교 사원(일반인에게 공개되지 않은)에서 그랜드 포포 마을의 대장균과 설사 치료제를 개발하는 연구센터에 이르기까지 모든 곳을 안내받았다. 베냉에 대한 경험은 만났던 사람들과 접했던 일관된 공손함 그리고 그 결과로 나타난 지식과 선의 등으로 풍부해졌다.

우리가 새로운 아이디어, 새로운 사고방식, 새로운 관계에 대해 폐쇄적인 삶을 살면서 경력을 추구하는 것은 너무 쉽다. 바쁜 일상 속에서 (우리는) 새로운 상호작용과 영감의 중요성을 간과할 수 있다. 베냉은 우리가 그저 멈춰 서서 사람들에게 말하고 공손함과 일반적인 예의를 보여 줌으로써 얼마나 많은 이점을 얻을 수 있는지 가르쳐 준다. 당신이 사용하는 단어와 다른 사람들과 상호작용하는 방식처럼 단순한 것을 통해 탐험은커녕 다른 방법으로는 알아차리지 못했을 사람, 장소, 잠재력의 전체 세계를 열게 된다.

브라질

사랑 *Love*

브라질 리우데자네이루에서 열린 카니발

황금빛 해변, 잘생긴 유명인, 표현력이 풍부한 음악과 춤이 있는 브라질은 종종 세계의 로맨스 수도 중 하나로 여겨진다. 브라질에서 쓰는 포르투갈어에는 "사랑해."의 12가지 다른 표현이 있다. 마이 샤모르 뽀르 파보르*Mais amor por favour: 제발 더 많이 사랑해 주세요*라는 문구가 티셔츠에 인쇄

되고 간판과 포스터에 표시되며 전국의 벽에 그려져 있다. 그러나 브라질의 사랑은 로맨스에 관한 것만은 아니다(브라질 남성이 세계에서 가장 뛰어난 바람둥이로 알려진 것처럼). 사람들이 주변 사람들에게 어떻게 사랑을 표현하는지와 개인적인 것뿐만 아니라 공동체적으로도 어떻게 사랑을 나누는지도 알아볼 만하다.

브라질의 사랑이 어떤 모습이고 어떤 느낌인지 알고 싶다면 갈 곳은 하나뿐이다. 세계 최대 거리 축제인 리우 카니발은 하루 종일 사랑을 중심으로 하는 축제이다. 15시간 이상 동안 거의 200만 명의 사람들이 함께 먹고 춤추며 여행한다. 수많은 군중이 하나가 되어 축하하고 사랑을 나누며 그 순간을 함께한다. 언니 라즈딥과 함께 참여했었는데 나는 사람들이 서로를 돌보고, 주변 사람들이 충분히 마실 수 있게 하고, 그늘을 만들고 때때로 휴식을 취함으로써 사랑을 표현하는 것을 보았다. 카니발을 찾는 사람들은 에너지 수준을 높이기 위해 서로 마사지를 해 주기도 한다. 친구든, 전혀 모르는 사람이든 상관없이 주변에 함께하는 사람들과 나누는 경험이다. 브라질 사람들은 본능적으로 그 사람이 누구인지 관계없이 사랑을 표현한다. 이 행사는 우리가 삶의 기쁨을 찾는 것을 일깨워 준다. 브라질은 춤과 파티를 즐기는 나라로 알려져 있다. 또한 이 나라는 힘든 시기에 친구와 가족을 돌봄으로써 사랑을 표현한다는 점에서도 충분히 인정받아야 한다.

내 친구 아드리아나는 1964년부터 1985년 사이에 브라질을 통치한 군사 독재하에서 정권의 표적이 된 사람들을 돕기 위해 국민들이 함께 뭉쳤을 것이라고 설명했다. 그녀의 친구 남편이 선동적인 출판을 했다는 혐의로 투옥되었을 때 그녀와 주변 사람들은 그의 아내를 부양하며 육아를 돕고, 감옥에 있는 그에게 음식을 가져다주기 위해 함께 모였다. 그녀는 "우리는 우리 자신을 매우 따뜻하고 개방적이고 사랑하는 사람들이라고 생각하며 계속 이렇게 살아가기를 원해."라고 말했다.

브라질에서도 특히 기자로서 방문했던 빈민가에서는 삶과 죽음이 가까이에 있음을 강하게 느꼈다. 화면에 일부 나오는 장면 때문에 닭의 목을 비틀어 보라는 요청을 받았는데, 그건 내가 할 수 없는 일이었다. 고기가 어디에서 왔는지, 동물 도축의 현실을 잘 알 수 있었다. 그러나 실제로 살아있는 존재를 죽이도록 요청받기 전에는, 내가 죽일 수 없었던 닭에 대한 연민을 느끼지 못할 것이다.

또한 브라질 사람들은 2015~2017년에 역사상 최악의 경제 불황을 경험하였다. 엄청난 뇌물 및 부패 스캔들로 인해 전직 대통령 한 명이 투옥되고 다른 한 명은 체포되는 등의 정치적, 경제적 도전 중 일부를 극복하기 위해 그들은 사랑이 필요하다고 생각했다. 많은 사람들은 2018년 자이르 보우소나루의 대통령 당선으로 요약되는 사회적 보수주의와 복음주의 기독교의 부상하는 물결이 평등에 어떤 의미가 있을지 걱정한다. 그러나 브라질 사람들은 자신들의 사랑이 이러한 위협을 극복하는 데 도움이 될 수 있다고 믿는다. "우리에게는 사랑과 공감이 전부야. 특히 동성애자, 여성, 종교 또는 사회 구성원에 대한 편협함에 직면하게 돼."라고 내 친구 플라비아가 말했다.

가족이 우리에게 보여 주는 사랑에서, 우리가 삶을 함께하기로 선택한 사람들과 더불어 찾는 사랑에 이르기까지 사랑은 모든 삶에서 매우 중요하다. 사랑은 아마도 우리가 느낄 수 있는 가장 강력한 감정—결코 끊어지지 않을 유대감—이며, 궁극적으로 우리 삶의 의미이다. 그러나 우리가 느끼는 사랑을 표현하는 것은 어려울 수 있지만 브라질 사람들은 대부분 어려워하지 않는다. 유혹을 하든, 응원을 하든 사랑을 마음껏 뽐내고 나눈다. 그들은 자신을 사랑하고 원하는 것을 입고 원하는 대로 춤추는 것에 대해 편안함을 느끼고 조금도 남의 시선을 의식하지 않는다. 이것은 다른 사람들을 더 쉽게 사랑할 수 있게 해 준다. 이렇게 살아간다면 우리는 모두 더 행복하고 더 자유롭고 더 편안해질 것이다. 더 많이 사랑하라!

코트디부아르

비공식성 *Informality*

팔리 이푸파(콩고의 음악 아티스트)와 사뮈엘 에토(카메룬 축구선수)는 코트디부아르 아시니에서 휴식을 취하기 위해 온다

코트디부아르에서 외식을 한다면 정식 레스토랑이 아니라 도시 어디에서나 볼 수 있는 길가 식당 중 하나인 컬 파르 테르_{cul par terre; 땅에 주저앉는다는 의미}에서 식사를 하게 될 것이다. 바닥이나 그 근처에 앉을 수 있으

며, 원한다면 나이프나 포크로만 먹을 수도 있다. 차양과 개방형 그릴만 갖춘 격식을 차리지 않는 환경에서 모든 계층의 사람들이 쉽게 어울린다. 말 그대로 실제 경험이다.

삶이 편안하고, 관계가 빠르게 형성되고, 가식이 거의 없는 코트디부아르의 비공식적인 기풍을 보여 준다. 앉아서 풀레 요리와 땅콩 수프를 먹을 때 당신은 코트디부아르의 또 다른 측면의 비격식을 경험하게 될 것이다. 바로 사람들이 당신에게 다가가 대화를 시작하려는 의지를 보이기 때문이다.

"주머니에 뭐 좀 있어요?*Tu as empoché?*" 이것은 음식을 나누어 달라거나 담배를 달라거나 약간의 돈을 요청하는 것일 수 있다. 공짜로 뭘 얻겠다는 것보다는 관대함을 보여 주고 우정을 쌓을 수 있도록 초대하는 것이다.

우물쭈물하는 것 없이 관계가 그냥 갑작스레 만들어진다는 징후이다. 두 번 만나고 친하게 지냈던 사람이 당신의 형제가 될 수도 있다. 이제 당신은 그의 것을 공유하도록 요청할 권리가 있고, 그 반대도 마찬가지이다. 다른 사람의 파티에 스스로를 초대하는 것은 작위적이거나 뻔뻔한 것이 아니라 근본적인 형제애의 확장으로 보인다. 이것은 코트디부아르 방식, 즉 본능적이고 즉각적이며 비공식적으로 관계를 구축하는 것이다.

이러한 비공식성은 사람들이 함께 행동하는 방식에서 말하는 방식까지 확장된다. 코트디부아르의 공식 언어는 프랑스어일 수 있지만, 많은 코트디부아르인들은 속사포처럼 쏘아 대는 자신들의 방언을 사용한다. 그 방언은 스페인어, 디울라어, 영어가 절충되어 뒤섞여 있으며 계속 버전이 바뀐다. 1970년대에 등장한 거리 언어인 누시*Nouchi: 문자 그대로는 '코틸'이라는 뜻*는 지난 10년 동안 대중문화에서 점점 더 널리 퍼졌다. 일부 연구에 따르면, 이 언어는 이미 10대부터 30대까지의 코트디부아르인들에게 가장 많이 쓰인다고 한다. 누시는 유동적이고 창의적이며 절충적이고 결코 가만히 있지 않는 것이 아주 코트디부아르답다. 새로운 단어들이 계속 추가되는데, 그것은 비공식적인 풀뿌리*grassroot*◆의 산물이며 중앙 기관에서 관리하지 않는다. 누시는 학습되어야 하는 고정 언어가 아니라 가지고 놀 수 있는 것이다. 새로운 단어를 만들어 내거나 합치고, 원하는 대로 규칙을 수정하거나 위반할 수 있다. 이는 프랑스의 영향(식민지로서 1960년까지 70년간)과 대중문화 전반에 만연한 코트디부아르 전통의 혼합뿐만 아니라 비공식에 대한 코트디부아르의 욕구를 반영한다.

언어와 관계의 비공식성은 코트디부아르에서 몇몇 유명 인사들이 행동하는 방식으로까지 확장된다. 새해 전야에 아시니의 해변 파티에서 알라산 와타라 대통령이 다른 사람들과 함께 춤추는 것을 보았다. 그리고 유명한 카메룬 축구선수 사뮈엘 에토는 그의 아들이자 유명한 코트디부아르 래퍼인 팔리 이푸파와 함께, 아마 그가 방금 만났을 다른 사람들과 해변에서 축구 게임을 즐기고 있었다. 여기에는 귀빈들과 대중을 구분하는 벨벳 로프가 없다. 알라산 와타라 대통령은 여러 가지 방법으로 만나볼 수 있다. 2014년에 그가 지팡이를 들고 프랑스에서 치료를 마치고 돌아왔을 때, 이 모습은 온통 열풍을 일으켰다. 코미디 스

◆ 풀뿌리는 말 그대로 '풀의 뿌리'로, 권력을 지닌 것에 반대되는 일반적이고 대중적인 것을 의미할 때 쓰인다.

케치가 넘쳐났고, 젊은이들은 막대기를 들고 "아도ADO: 대통령의 이니셜와 같이 하기!"를 외치며 돌아다니기 시작했다. 이 밈은 대통령도 자신의 모습을 보고 혼자 웃을 수밖에 없을 정도로 널리 퍼졌다.

이런 비공식적인 모습에도 이 나라는 아프리카의 경제강국이 되었다. 세계 최대의 코코아 수출국인 이 나라는 최근 몇 년 동안 기반시설에 막대한 투자를 하며 독립 이후 수십 년 동안 호황을 누렸지만, 2000년대 초 정치적 혼란과 내전으로 정체된 경제를 다각화하기 위해 노력해야 했다. 그 결과, 대륙에서 가장 빠르게 성장하는 경제 국가 중 하나로서의 위상을 얻었다.

특히 우리의 직업 생활에서는 과정과 형식이 진보를 위한 전제 조건이라는 생각에 쉽게 빠져든다. 보다 진지하고 협소한 문화에서 왔을 때 코트디부아르에서 시간을 보내는 것은 놀랍도록 해방되는 무언가가 있다. 삶에 대한 코트디부아르의 접근 방식은 사물을 원근감 있게 바라보고, 우정과 형제애를 키우며 무엇보다도 즐거운 시간을 보내는 데 매우 강력할 수 있다. 비공식성에서 나오는 깊은 창의성과 동료애가 있다. 규칙을 따르려는 경향이 적을수록 혁신하며 일을 다르게 할 수 있는 여지가 더 많아지고 다른 사고방식이 나타난다. 언어, 관계, 문화의 장벽을 허물면 선의와 성공을 모두 열 수 있다. 때때로 우리는 참여 규칙을 창밖으로 던져버리고 우리만의 규칙을 만들어야 한다.

크로아티아

우정 *Friendship*

크로아티아에서는 필요한 경우 친구에게 항상 도움을 얻을 수 있다

대부분의 사람들은 새벽 4시에 전화가 걸려와 잠에서 깼을 때 침착하게 반응하지 못한다. 그게 잘 모르는 사람이라면 더 말할 것도 없다. 그러나 크로아티아인 친구 이반이 그의 친구 중 한 명으로부터 자신의 여동생이 집까지 긴급하게 가야 하는데 차로 데려다 줄 수 있겠냐는 전

화를 받았을 때 그는 그냥 받아들였다. 그는 더 묻지도 않고 침대에서 일어나 차를 몰고 갔다. 크로아티아에서는 그것이 친구를 위해 하는 일이다. 그들이 실제로 당신의 친구가 아니더라도 상관없다.

나는 끝없이 회전하는 보트에서 크로아티아인 '친구'에 의해 구조되었을 때 느꼈던 감정을 기억한다. 하나뿐이던 노는 믈레트 국립공원 *Mljet National Park* 호수 섬에 있는 프란체스코 수도원을 방문한 후 부러졌다. 가빈은 이것이 계획의 일부라고 말했지만, 그의 프로포즈에 내가 마침내 '예'라고 대답했을 때 그가 안도하는 모습을 보았다. 폭우 속에서 호수 위를 맴도는 상황에서 그의 로맨틱한 말은 귀에 잘 들리지 않았다.

재정적으로 궁핍하든지, 삶 속에서 타격을 입었든지 상관없이 크로아티아인들은 당신이 필요로 하는 금전적 또는 도덕적 지원을 통해 친구의 존재를 증명한다. 대부분의 국가에서는 최근에 가족을 잃은 사람에게 편지를 쓰거나 전화를 걸거나 조문을 한다. 크로아티아인들은 며칠 또는 몇 주 동안 머물면서 유족을 위해 할 수 있는 모든 것들을 하고, 그들이 다시 일어서는 데 필요한 것을 제공한다.

이것은 최근 격동을 겪은 크로아티아의 역사적 산물 중 하나이다. 안테 파벨리치의 파시스트 독재부터 수년간의 공산주의 통치, 수십 년간의 티토 독재, 독립 이후 발칸 전쟁에 이르기까지 크로아티아인들은 나쁜 시절과 좋은 시절을 통해 서로를 보살피고 함께 뭉치는 법을 배웠다. 국가가 하지 않기 때문이다.

친구들은 인생의 모든 단계에서 당신을 지원하는 네트워크이다. 대부분의 사람들은 태어날 때 대부모가 정해져 있는 반면, 크로아티아인은 견진성사*를 받을 때나 결혼할 때나 자신의 자녀를 위해서나 대부모를 선택할 수 있다. 물론 가족도 중요하지만, 학교에서 사귄 친구들을 시작으로 좋을 때나 안 좋을 때나 지켜 주는 자기만의 부족을 만든다. 이들은 무엇이든 이야기할 수 있고, 그들이 필요할 때 도움을 주기 위해 자신의 모든 것을 내려놓을 수 있는 사람들이다.

우정은 또한 종교적인 소속과 같은 공동의 유대를 형성하도록 이끌어간다. 국가의 공식 종교가 있는 건 아니지만 크로아티아는 세계에서 가톨릭 신자가 가장 많은 국가 중 하나로, 인구의 86% 이상이 교회에 소속되어 있다. 퓨 연구센터*Pew Research Center*의 설문조사에서 대다수의 크로아티아인(58%)이 가톨릭은 중요한 국가 정체성이라고 말했다. 출신지도 중요한 역할을 한다. 변덕스럽고 매우 이탈리아스러운 달마티아인부터 도시민 자그레브인, 내성적인 이스트리아인, 수다스럽고 미식가인 슬라보니아인에 이르기까지 크로아티아의 여러 지역에 대한 재미있는 고정관념이 있다. 이는 모두 지역 정체성과 관계를 강화하는 역할을 한다.

이와 동시에 우정은 국제적 차원에서 존재한다. 크로아티아는 사회주의 국가로서 적극적으로 포용 정책을 모색해 왔으며, 교환학생 등의 프로그램을 통해 인도를 비롯한 여러 국가들과 우호적인 관계를 구축하기 위해 노력했다. 그러나 크로아티아의 우정 문화는 무익한 방식으로 확장될 수도 있다. 부패와 연고주의가 직장 내에 만연해 있고, 사람들은 자신과 지연이나 학연이 있는 이들에게 일자리와 혜택을 제공한다.

◆카톨릭 교회에서 세례성사를 받은 신자에게 신앙을 성숙시키고 나아가 자기 신앙을 증언하게 하는 성사를 의미한다.

특정 용어 '우흘레브*uhljeb*'는 이러한 시스템의 산물이며, 개인적 또는 정치적 후원을 통해 일자리를 얻게 된 무능한 근로자를 일컫는 말이다.

일부 크로아티아인들은 친구에게 너무 많은 호의를 베풀지만, 크로아티아의 우정 문화는 대체로 선을 위한 동력이다. 당신이 실제로 친구를 얼마나 자주 만나는지 생각해 보고, 시간을 내서 만나보라. 아니면 친구를 생각하고 있다고 메시지라도 전해 보자. 크로아티아에서는 다른 곳에서처럼 타성에 의해 우정을 그냥 길가에 내버려두는 것은 생각할 수 없다. 우정은 우리의 인생에서 가장 좋은 것을 축하하고, 최악의 상황에서도 살아남을 수 있게 하는 지속적인 유대라는 의미에서 매우 가치 있는 것으로 평가된다. 친구들은 우리가 함께 시간을 보내면서 깨닫거나 인식하는 것보다 더 중요하다. 크로아티아의 예를 통해 다시 한번 생각해 볼 필요가 있다.

키프로스

감사 *Appreciation*

키프로스의 파포스 근처 지중해에서

　직장이나 집에서 누군가에게 감사를 표하기 위해 하루에 몇 번이나 하던 일을 멈추는가? 작은 감사의 몸짓은 사람들의 하루를 밝게 하고 기분을 고양시킬 수 있지만, 우린 너무 바쁜 나머지 멈춰 서서 고맙다는 말을 하기 어렵다고 느끼기에 자주 그러한 감정이 곁길로 샌다.

감사를 표하는 습관이 깊숙이 뿌리내린 키프로스에서는 이런 일이 결코 일어나지 않을 것이다. 주유소에 갔을 때 이를 처음 알았다. 차량 행렬이 노인에 의해 이어지고 있었다. 사람들은 노인에게 금전적인 팁을 주기보다 그와 함께 웃고 잡담을 나누기 위해 차에서 내렸기 때문에 기름 넣는 줄은 매우 느리게 줄어들고 있었다. 이것이 감사를 표시하는 그들의 방법이었다. 그들은 멈추고, 적절한 대화를 나누는 시간을 가졌다. 단순히 돈을 나누는 것이 아니라 마음을 나누는 것이다.

이러한 상황은 키프로스 식당에서도 마찬가지인데, 단순히 음식을 식탁에 가져다주는 서비스로 그치는 것이 아니라 주인들은 더 의미 있는 방식으로 고객들에게 감사를 표한다. 그렇기 때문에 젊은 세대가 무거운 짐을 옮기는 동안, 연장자는 집 앞에 서서 테이블들을 돌아다니며 기존 고객과 새로운 고객 모두와 친근한 대화를 나눈다. 다시 말하지만, 감사는 거래보다는 '공유'라는 매우 인간적이고 개인적인 방식으로 표현된다. 사람들이 의사소통하는 방식에서도 마찬가지이다. 그들은 전화를 받을 때 자신의 이름 대신 "빈센트의 아버지입니다." 또는 "마리아의 동료입니다."라고 말한다. 사랑하는 사람에게 감사를 전하는 또 다른 간단한 방법이다.

노인들은 키프로스 감사 문화의 초석이다. 할아버지, 할머니들은 경험과 지식으로 존경받는 사회에서 특별한 위치를 차지한다. 그저 나가서 자기 할 일만 하기에 급급한 막내와 나이 많은 가족 구성원들 사이에 세대 구분이 없다. 내가 키프로스 가족과 함께했던 식사 자리들 중 할아버지, 할머니가 참석하지 않거나 관심의 중심이 되지 않았던 적은 한 번도 없었다. 나이 든 세대는 그들이 가진 지혜에 대해 보살핌을 받고 존경받는다. 그리고 저녁에 모두 함께 외식하고 밤 11시가 되어 춤추러 갈 시간이 되면, 집에 어른들을 모셔다드리고 불편함은 없는지 확인한다.

키프로스 사람들이 보여 주는 감사는 개인적인 차원뿐만 아니라 더넓은 의미의 유산과 정체성에 관한 것이다. 사람들은 자신을 소개할 때 이름만이 아니라 더 많은 것, 즉 출신지와 현재 살고 있는 곳도 언급한다. 뿌리와 정체성의 중요성 그리고 우리가 성장하며 살았던 장소가 우리를 지금의 모습으로 만들었다는 것에 대한 감사가 있다. 국가 기념물과 역사적으로 중요한 유적지에 대한 키프로스의 접근 방식도 마찬가지이다. 연구되지 않거나 어떤 식으로든 관리되지 않는 폐허는 그대로지나치지 못한다. 국가의 유산은 그 의미와 중요성에 대한 감사의 방식으로 유지되고 육성된다.

감사는 다른 사람들이 필요로 하는 것에 대해 더 큰 이해심을 가져오기 때문에 매우 중요하다. 나는 갓 태어난 사이얀과 함께 여행하면서 이를 매우 생생하게 목격했다. 카페처럼 보이는 뜰에 들어가 앉았는데 어떤 여성이 다가오길래 나는 그 여인에게 우유를 마실 수 있는지, 마치 레스토랑에 앉아 있는 것처럼 주문을 했다. 그러나 그곳은 카페처럼 보였지만 이 여인의 집 정원이었다. 그때 그녀는 우리를 쫓아낼 수 있었지만 환영해 주며 친절하게 보살펴 주었다. 그녀는 우유를 가져왔고, 우리는 저녁 식사에 사용할 허브를 모으기 위해 정원을 둘러볼 수 있었다. 주변에 대한 감사가 뿌리 깊은 사회에서만이 이런 일이 가능하다.

키프로스 사람들이 감사를 표현하는 방법은 여러 가지가 있다. 그리고 그들은 이를 위한 시간을 들이지 않는 것이 가장 큰 단점이라는 것도 안다. 기술은 종종 삶을 서두르고 비인간적으로 느끼게 할 수 있다. 이러한 맥락에서 감사의 가치는 점점 더 중요해지고 있다. 시간은 모두가 가지고 있는 가장 가치 있는 것인 동시에 매우 공평한 것이다. 세상의 모든 권력과 부는 우리에게 하루 24시간 이상을 줄 수 없다. 따라서 우리가 사람들에게 가장 감사할 수 있는 방법은 우리의 소중한 시간을 나누거나 주는 것이다. 감사를 표현하면 받는 사람은 기분이 좋아진다. 이는 개인과 사회 전체의 웰빙의 기초가 되는 간단한 사회적 예의이다. 감사는 바퀴에 기름을 바르고 기분을 고양시키고 주변 사람들에게 고마움을 전한다. 이를 보여 주는 것은 우리가 할 수 있는 가장 진정성 있고 중요한 일들 중 하나이다.

요르단

도움 *Helpfulness*

요르단의 와디럼 사막에서

요르단에서는 누군가 도움을 요청하면 그 이유나, 누구를 위한 건지, 언제인지를 묻지 않는다. 이 사람이 누구인지 또는 그들의 숨은 동기가 무엇인지는 중요하지 않다. 도움은 본능적이고 즉각적이며 의심할 여지가 없기 때문이다. 내 친구 히바가 말했듯이 "누군가 도움이 필요할 때, 그들은 질문과 심문으로 충격을 더 받을 필요가 없다. 그냥 도움이 필요한 것이다."

나는 그녀가 이야기했던 시골 마을에 사는 할머니의 사례를 기억한다. 어느 날 저녁 문 두드리는 소리가 나서 보니 제복을 입은 세 남자가 있었는데, 그들은 세 개의 매트리스를 빌려줄 수 있는지 물었다. 그녀는 묻지도 않고 빌려줬고, 며칠 후 매트리스들을 제때 돌려받았다. 그녀가 그들에게 잘 잤는지 물었을 때, 그들은 요르단 왕과 함께 잘 잤으며 감사하다고 말했다. 그들은 이웃집을 방문했던 요르단 왕과 경호원들이었다. 묻지도 따지지도 않은 그녀의 도움은, 낯선 사람이 집에 오면 필요한 것을 주고 그들이 겪었을 어려움에 대한 존중 차원에서 처음 3일 동안은 이름도 묻지 않는다는 기본적인 이슬람 가르침에서 나온 것이다.

이러한 본능적인 도움은 사람 사이에서만 일어나지 않는다. 도움이 필요한 사람들을 돕기 위해 지역사회가 모이기도 하는데, 이는 집에 페인트칠을 해야 했던 동료에게 일어난 일을 통해 볼 수 있었다. 동료가 손자들에게 도와줄 수 있는지 묻자, 그들은 페인트통과 붓을 들고 찾아간 것뿐만 아니라 자신의 친구들에게까지 도움을 요청했다. 조력자들의 이 작은 군대는 집안일을 음악과 음식이 있는 공동의 즐거움으로 바꿔 놓았다. 집은 완전히 새것처럼 보였고, 우정은 더욱 깊어졌다. 요르단에서는 이웃이 배고프다면 잠을 자지 않는다. 음식으로 꽉 찬 접시를 주고 절대 빈 접시만 돌려주지 않는다. 사람들은 남을 돕기 위해 자신의 것을 쉽게 포기한다.

요르단에서 도움은 보편적인 가치이며 부나 사회적 지위에 관계없이 모든 곳에서 접할 수 있다. 친구와 그녀의 아버지가 차를 타고 가는데 낯선 사람이 길을 물었고, 그때부터 여행은 예상치 않은 방향으로 바뀌어 낯선 이의 목적지까지 에스코트를 하게 되었다고 한다. 같은 관대함이어도 레스토랑에서 서로 계산하겠다고 경쟁하는 것을 의미할 수 있다. 다른 사람이 밥값을 내는 것에 격렬하게 항의하는 것이다.

그렇다고 해서 요르단에서 달콤함과 빛만이 당신을 둘러싸고 있다는 의미는 아니다. 사실 요르단 사람들은 과묵하고 잘 웃지 않는 것으로 알려져 있다. 기본 표현과 마음 상태로 '요르단식 찡그림'이 많이 기록된 바 있다. 그러나 그 외면의 모습을 지나칠 수 있다면 세계적으로 진취적이고 도움이 되는 요르단인을 발견할 것이다. 흔히 그렇듯이 첫인상은 오해의 소지가 있다.

요르단이 시리아 내전의 수십만 난민들에게 문을 열면서, 최근 몇 년 동안 요르단의 도움과 관대함의 가치가 입증되었다. 65만 명 이상의 시리아 난민이 요르단에 정착한 것으로 추정되며, 대다수는 난민 캠프가 아닌 지역사회에 살고 있다. 요르단 정부는 공식적으로 난민으로 등록되지 않은 사람들을 포함해 130만 명으로 집계했다. 이는 수십 년 전으로 거슬러 올라가는 중동 전역의 난민들을 수용한 요르단의 기록과 인도주의적 기관과 지원의 중심지로서의 암만의 위상과 일치한다.

이로 인해 이미 어려움을 겪고 있는 요르단의 경제와 학교 시스템에서 사회보장에 이르는 기반시설에 상당한 부담이 가해졌다. 비록 요르단이 일부 난민을 추방한 것에 대해 비판도 받았지만, 여전히 요르단은 근본적인 문화를 보여 주고 있다고 믿는다. 도움이 필요한 사람을 볼 때 시선을 돌리지 않고 도움을 주기 위해 적극적으로 손을 펼치고 있기 때문이다.

요르단에서는 처음에 본 것을 고려하지 않는 법을 배운다. 사람들은 쉽게 미소 짓거나 웃지 않을 수 있지만, 도움을 요청할 때 얼굴 표정에 금방 드러나는 따뜻함과 관대함이 있다. 또한 도움을 요청하지 않고 모든 상호작용을 거래로 평가하는 데는 비용이 따른다는 사실도 알게 된다. 사람들은 그 사람이 누구이고, 무엇을 필요로 하는지에 따라 제공하고자 하는 도움을 신중하게 판단한다. 하지만 요르단 사람들은 이같이 고민을 많이 하지 않는다. 자신들이 도울 수 있는 일을 할 뿐이다. 만약 우리가 그렇게 본능적으로, 의심할 여지 없이 도움이 될 수 있다면 우리 사회는 더 빨리 치유되고 더 나아질 것이다. 여러 작은 도움의 행동이 만들어 내는, 흔들림 없는 지원의 문화에 의해 영양분을 얻을 것이다.

말레이시아

조화 *Harmony*

셀랑고르 바투 동굴의 석회암 언덕에 자리잡은 힌두교 스리 수브라마니암 사원

잉글랜드 남서부의 글로스터셔에서 브리티시 인디언으로 자라면서 나는 거의 모든 얼굴이 흰색인 세상에 익숙했다. 학교에서 유일한 예외 가 한 명 있었는데, 반은 말레이시아인이고 반은 영국인 소녀 루이스였

다. 그녀는 나의 가장 친한 친구 중 한 명이 되었고, 지금도 그렇다.

말레이시아에 있는 그녀의 가족을 방문하면서 인종이 쉽게 섞일 때 사회가 어떤 모습인지 알게 되었다. 쿠알라룸푸르에 도착한 날 루이스의 가족과 함께 과거 영국 컨트리클럽으로 불렸던 곳에 갔을 때, 말레이인과 인도인과 중국인이 서로 어떻게 상호작용하는지 놀라움으로 지켜본 기억이 있다. 그건 페낭에서 있었던 친척 결혼식 때 확인한 새로운 세계였다. 신부는 말레이시아의 세 가지 주요 민족 그룹의 완전한 융합을 대표하는 친구들에게 둘러싸여 있었다. 말레이인과 중국인은 마치 자신들의 결혼식인 것처럼 인도식 결혼식 관습에 동참하는 방법을 이해했다. 서로 다른 문화들이 균형을 이루고, 서로 편안하며 지배적이지 않다고 느꼈다.

이러한 조화는 말레이시아 문화의 초석이 되었다. 말레이 인구와 영국 식민 통치자가 도입한 대규모 중국 및 인도 공동체 간의 공존이 오랫동안 정치적, 사회적 우선순위였다. 1969년 말레이인과 중국인 간의 인종 갈등◆은 모든 국민들이 기억하고 있는데, 이 사건은 말레이시아가 독립한 지 10여 년이 채 지나지 않은 시점에 일어났다.

서구에서 종종 우선시되는 전면적인 인종 통합에 초점을 맞추는 대신, 말레이시아는 인종 간 조화의 본질을 이해하는 것을 중요하게 여긴다. 말레이인에게는 유리하고 긍정적인 차별이 존재한다. 저렴한 주택 제공에서부터 정부 일자리, 소유권 공유, 대학 장학금에 이르기까지 모든 것에 대한 접근을 보호받는다. 이것은 특히 말레이인들과 소수 중국

◆ 5.13 사건: 1969년 5월 13일에 말레이시아 쿠알라룸푸르에서 일어난 사건으로, 오랫동안 지속되어 왔던 말레이인과 중국인 간의 갈등이 불러일으킨 참극이다.

인 커뮤니티 사이에 존재하는 극심한 경제적 격차를 줄이는 데 어느 정도 성공했다(비교적 소수의 손에 부를 집중시키는 것에 대한 비판도 있었지만).

교육 역시 민족별로 운영되는데 특히 말레이인, 중국인, 인도인을 위한 별도의 시스템이 있다. 말레이시아 헌법 또한 종교의 자유를 보호하지만 모든 말레이 민족은 무슬림이어야 한다. 정치에서는 2018년의 획기적인 선거가 있기까지 수십 년 동안 말레이인의 필요와 이익을 보호하고, 번영하는 중국인의 위협에 유언비어를 퍼뜨리며, 정치적 자본을 만든 정당인 통일말레이국민조직United Malays National Organization이 정부를 장악했다.

표면적으로는 이러한 정책과 정치의 결합이 분열을 심화시키는 방법으로 보일 수 있다. 즉 원주민 인구를 우선시하고 집단 정체성을 형성할 수 있는 방식으로, 어렸을 때부터 다양한 그룹들을 통합하는 것을 거부한다. 그러나 말레이시아에서 서로 다른 민족 간의 조화로운 관계를 위해 기반을 제공하는 것은 고유한 정체성의 보존이다. 말레이시아는 주요 그룹들이 자신들의 언어, 관습 및 종교의 자유를 유지할 수 있도록 허용한다. 이 나라는 어떤 면에서 사람들이 서로 다른 상태를 유지하고 고유한 전통을 유지할 수 있게 함으로써, 함께 모일 수 있고 잘 도울 수 있다는 것을 이해한다. 다른 인구 사이에는 평등이 없지만 각 그룹에는 고유한 장점이 있다는 암묵적인 이해가 있다. 예를 들어 중국인은 가장 기업가적이며 부유하고, 인도인은 전문직 종사자들이 많고, 말레이인들은 종종 정부의 일을 맡는다.

말레이시아에서의 정치는 여전히 인종차별이 있지만, 사람들은 일상생활에 집중하고 주변 사람들에게 친절하다. 조화롭게 산다는 의미의 무히바_Muhibbah_ 원칙은 대인 관계 및 지역사회 관계의 기본이다. 말레이시아 대학의 카마 오니아 카마룰 자 박사는 이에 대해 "동료 시민 및 동료 존재에 대한 감수성을 지닌 진실하고 감사하는 공존의 문화, 공생의 정신입니다."라고 말한다. 무히바의 유대감은 세 가지 문화를 아우르는 24시간 레스토랑인 Mama's place 식당에서 오랜 시간을 함께 보내며 강화된다. 음식, 음악, 문화, 우정에서 다양한 민족의 말레이시아인들은 조화로운 관계와 공유된 경험을 즐긴다. 정부의 2050년까지 변화 계획의 일환으로 실시된 설문조사에서 말레이시아인의 거의 4분의 3이 '이웃도 당신과 같은 인종이어야 한다'는 제안에 반대했다.

　분열은 인종, 종교, 정치 등 우리 사회의 도처에 존재한다. 즉, 조화를 추구하는 것이 우리 시대의 요구사항 중 하나가 되었다. 말레이시아는 완벽하지 않지만 사람들 사이에서 일어나는 일의 중요성을 보여 주는 본보기를 제공하며, 조화로운 관계를 이루기 위해서는 차이점을 이해하고 축하할 필요가 있음을 강조한다.

네덜란드

단순명료함 *Directness*

네덜란드 랜스도프*Ransdorp* 저지대

"더 나은 세상을 원한다면 네덜란드 누드 스파에서 회의를 진행하세요." 이것은 내가 20대 초반에 유럽연합 집행위원회에서 일할 때 들은 의외의 조언이었다. 나중에 암스테르담에 방문할 기회가 생겼는데, 그때 그 의미를 이해했다. 처음에는 벌거벗은 사람들로 가득 찬 방에 있는 것이 당황스러울 것이다. 그러나 일단 자신을 극복하고, 말 그대로 사우나의 뜨거운 물과 냉탕의 얼어붙은 욕조에 자신을 담그기 시작하면 힘이 생긴다. 옷을 벗으면 숨길 것도 비밀도 없다. 거래 성사를 위한 최적의 환경인 셈이다.

누드 스파에 대한 네덜란드인의 사랑은 수영복 없이 냉탕과 온탕을 이용하듯이 모호한 말이나 우회적 표현이 없는 그들의 문화에 대해 말해 준다. 좀 더 네덜란드식으로 적어 보자면, 그들은 믿을 수 없을 정도로 직접적이다. 모든 면에서 항상 그러하다. 그들은 어떤 주제나 아이디어에도 한계를 두지 않는다는 생각인 'bespreekbaarheid(발언 가능성)'을 믿는다.

네덜란드의 단순명료함의 근원을 설명하려면 이 나라의 지리와 역사를 모두 살펴볼 필요가 있다. 문화는 어느 정도 땅을 반영하는데, 국토의 거의 4분의 1이 해수면 아래에 있는 평평한 지형은 수 마일 밖을 볼 수 있음을 의미한다. 땅을 그에 속한 사람들처럼 투명하고 무방비 상태로 만드는 것이다. 현대 네덜란드가 귀족 통치에서 나온 것이 아니라 16세기 황금기를 정의했던 상업 권력과 무역 능력에서 나왔다는 점도 중요하다. 네덜란드는 군주제를 유지하지만 네덜란드의 단순명료함은 그들이 비판으로부터 결코 자유롭지 않다는 것을 의미한다. 현재 왕이자, 당시 오렌지 (카운티의) 왕자였던 빌럼 알렉산더르는 대중과 정치권에서 항의가 지속된 후 2009년 모잠비크에 호화 빌라를 지으려던 계획을 포기했다.

네덜란드인은 다른 사람들이 어떻게 반응할지에 대한 우려 때문에 자유롭게 생각하는 것을 결코 주저하지 않는다. 그들은 사람들의 감정에 따라 춤추지 않고, 상대방의 반응에 고민하지 않는다. 그들은 바로 주제로 뛰어들어 요점을 말하고 계속 진행한다. 그들은 여자친구와 방금 헤어졌다거나, 본인이 해고당했다거나, 회의에서 누군가의 아이디어가 어리석다고 말하는 데 주저하지 않는다. 네덜란드인에게 이 정도는 무뚝뚝하거나 무례하다고 여겨지지 않는다. 당신은 항상 사람들이 어떻게 생각하는지 정확히 알고 있으며, 이는 다른 사람의 말을 결코 추측할 필요가 없다는 것을 의미한다. 모호하거나 이중적인 의미가 없는 합리적인 의사소통 방법이라고 생각한다. 누군가가 당신이 잘하고 있다고 말한다면, 그들이 진심이라는 것을 알 수 있다. 네덜란드의 단순명료함은 위계질서를 두려워하지 않는다. 인턴에게도 의견을 묻고, 부하 직원은 상사의 의견에 동의하지 않는다면 보복을 두려워하지 않고 상사를 비판할 수 있다. 이는 독특하고 가치 있는 문화이다.

같은 이유로, 네덜란드 회사에서 회의할 때는 잡담이 끝없이 이어지지 않고 바로 요점에 도달한다. 다른 모든 것은 시간 낭비로 본다. 이것이 더 효율적이며, 흥미롭게도 더 편안한 비즈니스 방식이다.

네덜란드의 단순명료함은 정부가 정책을 수립하고 문제를 해결하는 방법의 필수적인 요소이기도 하다. 분명한 예시 중 하나가 마약 정책이다. 네덜란드, 특히 암스테르담은 마리화나 흡연 커피하우스로 유명하지만 실제로 유럽에서 약물 남용 비율이 가장 낮은 국가 중 하나이다. 다른 곳에서는 네덜란드의 정책이 지나치게 허용적인 것으로 여겨졌지만, 1970년대에 주요 문제였던 다양한 근본 원인들을 직접 파헤쳐서 해결하려고 했던 점을 감안해야 한다. 그중에는 합법인 대마초와 불법

마약들과의 구분, 다른 곳에서 널리 퍼져 있던 관문 효과＊의 최소화, 광범위한 치료 서비스와 바늘 교환 제공, 범죄자에 대한 관용적 접근 등이 대표적이다.

결과적으로 네덜란드에서는 대마초를 하는 사람들이 헤로인과 같은 약물로 발전하는 경우가 훨씬 더 적어졌고, 바늘을 통한 HIV 전파 사례는 무시할 수 있는 수준까지 되었다. 행동 자체를 범죄화하기보다 피해를 예방하는 데 초점을 맞춘 마약 정책은 다른 나라들보다 수십 년 앞서 있었다. 이는 사회적인 인식보다 문제를 있는 그대로 식별하는 네덜란드의 단순명료함의 힘에 대한 증거이다.

처음 경험할 때 네덜란드의 단순명료함은 버팀목이 될 수도 있고 조금 불편할 수도 있다. 많은 필터 없이 자신의 생각을 말하는 것에 익숙하지 않으면 허를 찔릴 수 있다. 그러나 일단 좀 익숙해지고 나면 직장에서든, 단순히 가족과 친구 사이에서든 매우 신선한 접근 방식이라는 것을 깨달을 것이다. 단순명료함은 모호성이 적고, 자신의 견해를 제시할 수 없는 것에 대한 좌절이 적으며, 이는 궁극적으로 더 진실한 대화를 의미한다.

옷을 입지 않고 모든 회의를 진행하고 싶지 않을 수도 있지만, 생각을 말하지 못하게 막는 몇 가지 제한사항을 없애면 분명히 유익함을 얻을 수 있다. 네덜란드의 예는 단순명료함이 반드시 무례함을 의미하지는 않음을, 그보다는 일을 단순하게 처리하는 하나의 언어임을 보여준다.

＊향정신성 물질 소비는 더 강력한 물질에 대한 갈구와 소비의 관문이 된다는 주장으로, 쉽게 말해 다른 약물에 비해 의존성이 낮은 약한 마약(대마초 같은)이라도 장기적으로 볼 때 다른 향정신성 약물 투약으로 이어지기 쉽다는 논리이다.

북한

충성 *Loyalty*

평양의 금수산태양궁전(김일성릉)

"감히 뒤돌아보지 마세요." 평양 공항에서 군인 무리가 우리를 둘러 싸고 총을 겨누었다. 그 당시 나는 임신 7개월이었다. 나 자신이나 태어나지 않은 아이 때문도, 나와 함께 있던 남동생 만레쉬팔 때문도 아니라 방금 군인들이 폭력적으로 체포한 우리의 가이드 요한 때문에 두려웠다.

나는 우리가 갔던 몇 안 되는 (국영) 상점 중 한 곳에서 선전 포스터를 사고 영수증을 보관하지 않았다. 요한은 내가 그렇게 해야 한다고 말하는 것을 잊어버렸고, 그래서 한 마디 말할 기회도 없이 내 죄가 바로 그에게 넘어간 것이다. 우리가 공항 보안 검색대를 통과할 때 발견한 이 규정 위반은 내가 결코 알 수조차 없는 운명으로 그가 끌려갔다는 것을 의미했고, 만레쉬팔과 나는 총으로 위협받으며 비행기로 호송되었다.

북한은 충성심이 생사를 가르는 나라라는 것을 가장 극명하게 상기시켜 준 사건이었다. 김정은 정권에 기대되는 충성심을 조금이라도 어기는 자들은 목숨을 걸어야 한다. 당신이 말하고 행동하는 모든 것이 감시의 대상이 될 수 있는 나라에서 사람들 사이의 충성은 생존을 위해 필수적이다. 누가 당신에게 진정으로 충성하는지, 국가에 대한 충성심 때문에 누가 당신을 포기할 것인지 알게 된다.

북한에서 시간을 보내다 보면 정권에 대한 충성심이 어느 정도 요구되는지 금세 드러난다. 당신이 만나는 모든 사람은 현 통치자의 할아버지인 '위대한 수령' 김일성의 사진이 있는 배지를 달고 있고, TV나 라디오를 켜면 민족주의와 군대의 노래가 요란하게 들릴 것이다. 강제 노동의 긴 하루가 끝난 노동자들은 김정은 일가에 대한 충성을 노래하는 학교 밴드의 연주를 볼 수 있고, 방문객들은 전면이 유리로 된 석관 안에 있는 방부 처리된 김일성의 시신에 경의를 표하도록 요구받을 수 있다.

물론 정권에 대한 충성은 자발적으로 나오는 것이 아니라 잔인하게 압제적인 정부 기관에 의해 강요된다. 유엔 보고서에 따르면 8만 명에서 12만 명의 정치범이 전국의 거대한 수용소에 수감되어 있으며 증언에 의하면 살인, 심한 구타, 강간이 일상적이라고 한다. 한 추산에 따르면, 매년 만 명 이상의 북한 주민들이 이 수용소에서 사망한다.

정권이 적극적으로 처벌하지 않는 사람들은 감시의 대상이다. 나는 국가가 김씨 가족에 대한 충성도에 따라 모든 가족을 프로파일링 한다고 들었다. 모두 '충성' '동요' 또는 '적대적'으로 분류된다. 충성스럽다고 인식된 사람들은 음식, 주택, 직업에 대해서 우선적으로 접근할 수 있지만 적대적이라고 여겨지는 사람들은 가장 가난한 지역으로 추방되어 들판이나 광산에서 고된 노동을 하게 된다.

이 정도가 북한 사회에서의 충성도 수준이다. 폭력적이고 억압적인 환경에서 생존을 위해서는 필수불가결한 것이다. 다른 하나는 사람 대 사람, 동지 대 동지, 가족 대 가족 사이에 존재하는 충성심이다.

국가의 감시와 폭력이 만연한 환경에 살 때, 충성이나 불충의 증거가 있는지 모든 움직임을 면밀히 조사당한다. 사람들 사이의 유대감은 자유사회에서보다 더 강해야 한다. 농담 한 번 한 것으로 당국에 보고되어 사라지는 경우가 있기 때문에 주변 사람들을 믿을 수 없다. 반대로 가장 가까운 사람들에 대한 충성심은 절대적이다. 실수로 친구와 가족이 처벌받을 수 있음을 알고 있기에, 그들을 보호하기 위해 더 나아가야 한다. 예를 들어, 부모는 자녀가 알게 되면 위험에 빠질 수 있기 때문에 자녀로부터 특정 정보를 숨긴다. 그들은 금지된 외국 뉴스 서비스를 들을 수도 있지만, 자녀에게는 영어를 배우고 있다고 말할 것이다. 충성심이라는 최고의 관심에서 비롯된 거짓말이다.

북한에서는 자신의 행동과 안전뿐만 아니라 주변 사람들에 대한 책임도 져야 한다. 수많은 위험 속에서 살아남는 것은 국가에 대한 충성심을 보여 주는 것만이 아니기 때문이다. 그것은 다른 사람들에게 충성을 보여 주고 그 보답으로 받는 것에 의존하는 것이다. 충성은 우리 삶 전체에서 중요하다. 신뢰의 초석이자 개인과 직업 관계의 기초이다. 가족, 친구, 고용주, 팀에 대한 우리의 충성심은 우리를 사람으로 정의한다. 따라서 자신에게 충성도가 중요하다면 북한을 생각해 보자. 북한은 인간관계를 뒷받침하는 감탄할 만한 충성이 있는 곳이면서, 동시에 그로 인해 삶과 죽음의 차이를 만들 수 있는 곳이다.

파나마

연결 *Connectivity*

파나마 운하의 미라플로레스 록스에 있는 화물선

20여 년 전, 이 책에 나오는 대부분의 장소를 방문하기 전에 갔던 파나마는 내가 처음으로 방문한 중앙아메리카 국가였다. 파나마시티를 배회하는 미숙한 여행자였던 나는 자신이 없어졌고, 길을 잃은 듯한 느낌이 들었다. 슈퍼마켓에서 물건값을 지불하기 위해 지갑을 꺼내면서 이런 생각들이 머리를 스치고 지나갔다. 카라(시크교도가 착용하는 철제 팔찌)를 차고 있었는데, 함께 줄을 서서 기다리는 앞 사람도 손목에 카라를 차고 있다는 사실을 발견했다. 그로부터 몇 년 후 나는 시크교도들의 영적 고문인 모힌더 싱 알루왈리아를 같은 방식으로 만났지만 그곳은 뉴욕의 유엔 본부였고, 이곳은 동료 시크교도를 만날 가능성이 가장 낮은 파나마였다. 그 작은 사실 하나가 외로움을 떨쳐 내는 데 도움이 되었다. 생소한 장소에서 문화와 상징이 공유되는 걸 느끼며 이곳이 익숙해졌다. 한 줄기 빛, 어디서인지 모를 연결이었다. 나중에 나는 이 작은 에피소드가 사람 사이, 국가 사이, 무역의 글로벌 흐름을 위한 중개소로 정의되는 국가로서의 파나마를 상징한다는 것을 깨달았다.

파나마는 지리적으로만 봐도 연결성으로 대표된다. 너비가 불과 60km에 불과한 띠 모양의 땅으로, 코스타리카와 콜롬비아를 연결하고 중남미를 묶는다. 이 지역에서 가장 작은 국가 중 하나인 파나마는 대륙의 경제적 잠재력을 여는 무역로로서, 전략적으로 매우 중요한 곳이다. 파나마의 연결성은 강력한 중국이 라틴아메리카와의 무역 관계를 확장하려는 계획의 일환으로 이 작은 지협에 많은 관심을 가진 이유를 설명해 준다.

물론 파나마의 연결성을 정의하는 사실과 상징은 운하이다. 파나마 운하는 최근 확장 이후 140개 이상의 무역로를 통해 80개국과 약 1,700개 항구를 연결하는 연결체로서, 글로벌 연결 및 무역의 가장 큰 힘 중 하나이다. 그러나 운하에는 무역을 위한 글로벌 인프라를 구축하는 데 도움이 되는 것 이상이 있다. 처음 이 운하를 짓기 위해 파나마로 왔던 사람들과 오늘날에도 계속해서 생계를 유지하고 있는 많은 사람들을 연결하는 상당한 힘이 되었다.

미국이 운하 건설과 가장 관련이 많지만 10년 동안 운하를 건설해야 했던 75,000명의 강력한 노동력은 카리브해, 중국, 인도, 프랑스, 스페인, 이탈리아, 그리스, 코스타리카에서 왔다. 오늘날 전 세계가 함께 모인 곳으로 남아 있으며 반 이상의 인구가 살고 있는 수도인 파나마시티도 마찬가지이다. 파나마시티는 전 세계에서 온 노동자들과 방문자들의 고향으로 여겨졌으며, 중앙아메리카에서 가장 국제적인 대도시로 묘사된다. 이민은 2001년과 2013년 사이에 지역 평균의 두 배 속도로 성장했고, 라틴아메리카와 카리브해 지역에서 두 번째로 경쟁력 있는 경제를 뒷받침해 왔다.

파나마 정부는 대규모 사면으로 수만 명의 외국인 노동자에게 법적 지위를 부여한 크리솔 드 라자스*crisol de razas; 인종의 용광로* 프로그램을 통해 이러한 글로벌 연결이 국가의 성공에 미치는 중요성을 인식했다. 이민자 노동이 제공하는 상당한 경제적 이점 때문에 일부 반대에도 이러한 조치는 계속되었다.

연결성은 국가와 경제에 중요하며 사람에게도 마찬가지이다. 우리는 어느 정도 연결할 것인지 선택할 수 있다. 이는 개인 또는 직업 세계에서 새로운 사람들을 만나고, 이해와 공감을 더 잘 하고, 공통점이 있을 수 있는 개인과 조직을 한데 모으는 것까지 해당된다. 사람과 회사는 사람, 아이디어 및 경험의 네트워크가 지닌 무형의 힘인 연결성을 기반으로 번창한다. 그리고 우리는 더 많은 연결을 통해 더 나은 사람이 된다. 더 많은 지식을 갖고, 더 많은 정보를 알고, 무엇보다도 우리 주변의 사람들과 세상에 더 많은 연민의 마음을 갖게 된다. 섬처럼 살아서는 성공하기 어렵다. 우리 자신과 다른 사람들 사이에 연결을 만들어야만 진정으로 번성할 수 있다.

◆ '크리솔 드 라자스'는 파나마에서 운영된 이민 정규화 프로그램이다.

카타르

신뢰 *Trust*

카타르 도하에서 익숙한 웃음을 짓는 친구들

차 안에 두 사람이 있다고 생각해 보자. 한 명은 임신한 상태이고 다른 한 명은 3개월 된 아이가 있는데, 붐비는 교차로에서 갑자기 엔진이 꺼지고 차가 움직이지 않는다. 다음에 무슨 일이 일어날까? 뒤에 있는 차들의 경적 소리, 열받아서 질러 대는 외침, 창문 쪽으로 달려와서 그들로 인해 여행이 지연되고 하루를 망치는 것에 대해 항의를 할 것이다.

그러나 아들 나리안과 친구 셰린과 함께 여행 중이었던 카타르에서 이런 일이 일어났을 때 반응은 사뭇 달랐다. 한 남자가 화내지 않고 도와주려는 듯 우리에게 다가와서 말했다. "어려움을 겪고 있는 것처럼 보이네요. 내 차를 가져가세요. 제가 당신의 차를 가져가서 수리를 맡길게요. 전화번호와 주소만 알려 주시면 차를 보내드리라고 하겠습니다."

그리고 실제로 그렇게 일이 진행되었다. 전혀 모르는 사람이 우리를 구해 준 것이다. 그는 자신의 차를 빌려주면서 우리(그가 전혀 알지 못하는 두 사람)를 믿었고, 우리는 그가 그의 말대로 할 것이라고 믿었다. 모든 것이 약속된 그대로 일어났다.

로스앤젤레스, 라고스 또는 런던의 거리에서 누군가가 이런 식으로 당신에게 접근했다고 상상해 보라. 우선, 그런 일은 결코 일어나지 않을 것이다. 혹여 그런 일이 벌어지더라도 완전히 낯선 사람에게 당신의 차나 안전을 맡길 가능성은 거의 없을 것이다. 우리의 첫 번째 본능은 악의적인 동기나 꿍꿍이를 가정하는 것이다. 신뢰는 낯선 사람들 사이에서 쉽게 생기지 않는다.

그러나 카타르에서는 그 반대가 사실이라는 것을 알았다. 이곳은 무조건적으로 신뢰를 주고받는 곳이기 때문이다. 이 나라에서는 밤에 문을 잠그지 않고, 차를 주차한 뒤 키를 꽂아 둘 수도 있다. 최소한 카타르 사람들끼리는 악수와 구두 합의를 기반으로 비즈니스를 한다.

내가 도착하기 전에 카타르 친구인 칼리드가 가족에게 보낼 물건을 나에게 주었는데, 그는 그것을 우편으로 보내지 말고 공항에 있는 카타르인 아무에게나 전달한 뒤 그에게 전해 줄 수 있을지 물어보라고 했다. 그는 잃어버릴 일은 없으니 걱정하지 말라고 말했고, 제대로 도착했음을 확인했다.

이러한 신뢰 문화는 오늘날 전체 국가 인구의 12%에 불과한 카타르 소수민족에 뿌리를 두고 있다. 카타르는 독립 국가로 발전하면서 심각한 경제적 어려움을 겪었다. 특히 진주 무역의 쇠퇴와 대공황의 영향으로 어려움을 겪었던 1930년대에 그러했다. 역사적으로 자원이 부족했던 국가에서 신뢰가 생겨났고, 이 소그룹의 사람들 사이의 유대가 가장 중요해졌다. "우리는 하나의 천*cloth*에서 왔어." 칼리드가 나에게 말했다.

이와 같이 단단히 짜인 정신은 오늘날에도 남아 있다. 카타르 시민권은 엄격히 보호된다. 자격을 얻으려면 카타르에서 25년 동안 살아야 하고, 다른 아랍 국가의 시민인 경우에는 15년 동안 살아야 한다. 이중 국적은 인정되지 않으며, 다른 국적을 취득하면 보통은 카타르 국적을 상실한다. 더욱이 아랍 세계가 카타르에 외교적, 경제적 제재를 가하고 포위하여 공격함에 따라 내부 신뢰의 유대가 더욱 중요해졌다. 그들을 신뢰하지 않는 나라들로 둘러싸인 카타르는 국민들 사이에 존재하는 깊은 신뢰의 우물을 이용하는 것 외에 다른 수단이 없다.

신뢰에 대한 의존도가 매우 높기 때문에 신뢰를 위반하는 데 드는 비용은 상당하다. 합의를 깨는 것은 개인의 평판을 훼손할 뿐만 아니라 시간이 지남에 따라 서로 다른 가족, 부족, 지역사회 및 장소 간에 구축된 신뢰에도 악영향을 끼친다. 신뢰에 대해서는 보통 두 번의 기회가 없기 때문에 대부분의 카타르인들은 무슨 수를 써서든 지키려고 한다. 한 번 신뢰를 깨면, 아마 영원히 배척당할 것이다.

카타르는 세계에서 가장 신뢰를 기반으로 하는 곳 중 하나이며, 우리가 인간으로서 함께 생활하고 상호작용하는 방식에 이보다 더 근본적인 가치는 거의 없다. 신뢰 없이는 어떤 사업도 할 수 없고, 어떤 우정도 생기지 않으며, 어떤 분쟁도 해결될 수 없다. 카타르 금융 센터의 사업 개발을 관리하는 알라누드 빈트 하마드 알타니가 셰이카에게 말했듯이 "카타르는 신뢰 없이는 미래 경제의 중요한 부분인 외국인 직접 투자를 유치할 수 없다."

개별 회사에서 국가 정부 및 국제 조직에 이르기까지, 신뢰는 계속해서 일을 진행시키는 연료이다. 신뢰 없이는 아무것도 움직일 수 없다. 관계를 형성할 수도, 거래를 체결할 수도, 진전을 이룰 수도 없다. 신뢰의 탱크가 마르게 둔다면 카타르에 있던 내 자동차처럼 갑자기 멈추게 될 것이다.

스웨덴

협력 *Cooperation*

북극 허스키 (스웨덴 키루나 인근)

    스웨덴은 인구 1000만 명 미만의 국가로 여타 주요 도시들보다도 작다. GDP 기준으로는 상위 20개 경제대국에 들지 않지만, 스웨덴 외에는 6개국만이 국민 소득의 더 높은 비율을 사회보장에 지출한다. 그렇다면 상대적으로 인구가 많지 않고, 국가의 통제력이 강한 국가가 어떻게 세계에서 가장 혁신적인 국가 중 하나로 선정될 수 있었을까? 스웨덴은 실리콘밸리를 포함해서 세계 어느 곳보다 국민 1인당 가장 많은 10억 달러 규모의 기술 회사들(그중 스포티파이가 가장 대표적이다)을 배출했다. 스웨덴 사람들이 마시는 물에 뭔가 혁신적인 성분이 있지 않다면, 과연 무엇 때문일까?

스웨덴은 세계를 장악하고 변화시키는 고독한 창업자 또는 기업이라는 혁신의 전통적인 비전, 즉 초자본주의, 승자독식의 미국적 이상, 개별 기업이 시스템을 이기는 방식에 맞지 않는다. 스웨덴에서는 정반대이다. 그 혁신 경제는 초등학교 교실에서 기업 이사회에 이르기까지 합의와 협력이라는 뿌리 깊은 문화를 기반으로 한다.

스웨덴의 혁신은 1990년대 초 사회과학자인 헨리 에츠코비츠와 로엣 리셀도르프가 삼중 곡선 모델로 정의한 산업, 국가 및 학계 간의 협력에 기초한다. 많은 국가들의 경우 산업계에서는 쓸만한 인재를 확보할 수 없고 학술 연구를 상업화하는 것이 어렵다고 불평한다. 직업 교육을 강조하는 스웨덴에서는 기업이 학교와 젊은이들과 더 많은 시간을 함께하고 있으며, 린셰핑이나 블레킹에와 같은 대학은 지식 이전을 교육 목적의 핵심으로 여기기 때문에 기업에서 원하는 수준의 기술 격차가 크게 발생하지 않는다. 국가의 혁신 문화는 이를 실현하기 위해 필요한 다양한 기관의 효과적인 협력에 달려 있다. 기업에는 상업화할 수 있는 인재와 아이디어를 제공하는 대학이 필요하다. 대학은 정부의 지원이 필요하고, 정부는 산업에서 발생하는 세금에 의존하며 적절한 규제 환경을 마련하기 위해 산업과 협력해야 한다. 세 당사자 간의 중첩 협력이 잘 될수록 더 효과적이고 진보적이며 혁신적인 생태계가 될 수 있다.

이와 같은 협력 정신이 학교 운영 방식과 회사 관리 방식 등 모든 것을 설명한다. 스웨덴 교실에서는 다른 곳에서 볼 수 있는 전통적인 커리큘럼 기반 모델보다 훨씬 덜 교훈적이다. 대신 학생들은 관심 분야에 따라 배우고, 교사는 특정 학급의 요구사항에 유연하게 적응할 수 있다. 만 6세가 될 때까지 정규 교육이나 교복이 없으며, 많은 시간을 밖에서 보내도록 하고 있어서 아이들의 호기심을 채우는 데 주안점을 둔다. 또한 교육 시스템은 독립을 장려하기 위해 설정되었고, 대부분의 어린이는 8세가 되면 혼자 알아서 통학한다. 어렸을 때부터 배운 것은 평생 지속되고, 스웨덴인은 항상 상대방의 시간과 자신의 시간을 존중한다. 저녁 7시에 파티를 열기로 해서 사람들을 초대했을 때, 6시 59분에 초인종이 울렸고 이미 8명이 밖에서 기다리고 있었다.

비즈니스에서 스웨덴의 경영 정신은 역시 협력이 기본이며 위계보다는 유연성에 기반을 둔다. 결정은 팀에게 무엇을 해야 하는지 알려 주는 상사가 아니라 협업 프로세스를 통해 이루어지며, 모든 측면을 고려하고 모든 사람이 발언 기회를 가졌을 때에만 결정을 내리는 일련의 회의가 진행된다. 어떤 사람들에게는 이것이 비효율적으로 보일 수도 있지만 일단 결정이 내려지면 오랜 기간 지속되는 경향이 있다. 이 민주주의 정신은 회사 초창기에 내게 팀 우선 접근 방식을 설명했던 스카이프 공동 창립자 니클라스 젠스트롬에서부터 유럽에서 가장 성공적인 인터넷 스타트업의 탄생을 이끌었던 스포티파이의 다니엘 에크에 이르기까지 스웨덴 기업가들이 인터넷 시대의 선구자가 되도록 도왔다.

협력은 효과적인 팀워크의 뿌리이다. 즉 서로의 말을 경청하고, 서로의 요구사항에 대해 지원하며, 혼자서 하는 것보다 더 효과적으로 그룹으로 일하는 방법을 보여 주는 가치이다. 또한 협력은 학교에서 직장에 이르기까지 더 강력하고 행복하며 건강한 조직을 만들 수 있게 하고, 스웨덴이 보여 주듯이 혁신을 장려하고 엄청난 상업적 성공을 위한 촉매제를 제공한다. 전 세계적으로 양극화된 정치 체제가 보여 주는 것처럼 협력 없이는 모든 것이 중단되고 서로에 대한 비방만 하게 된다. 스웨덴은 더 나은, 더 상호적인 방향을 제시한다.

태국

배려 *Consideration*

치앙마이에서 11일 동안 머물렀던 집

"승려와는 협상하지 않는다!"

이것은 존중의 중요성과 다른 사람들에게 경의를 표하는 의미인 '크렝자이*Kreng Jai*'라고 하는 태국 특유의 생각에 대한 나의 첫 번째 경험이었다.

태국 남동부의 한 불교사원에서 수백 명의 사람들이 보는 앞에서 "승려와는 협상하지 않는다."라고 말씀하시던 스님이 군중 속에 있던 나를 앞으로 불렀다. 사람들을 헤쳐가며 앞쪽으로 가까스로 나갔을 때, 태국어로 나에 대해 얘기한다는 것을 느꼈지만 그 의미를 알 수는 없었다.

통역을 통해 들으니, 스님은 내게 태국 북부 치앙마이에 있는 조용한 수도원에서 21일을 보내도록 요청했다.

'21일이라고?' 내가 계획했던 전체 여행 기간보다 긴 시간이었다. 아직 학부생이었던 나는 학기 시작 전까지 대학으로 돌아가야 했다. 기껏해야 15일의 시간이 남아 있었고, 그 기간 동안 휴가를 보내기로 되어 있었다.

"좀 더 짧게 가도 될까요?" 공손한 말투라고 생각했지만 주위 사람들의 반응으로 볼 때 크렝자이의 기준에는 확실히 미치지 못했던 것 같다. 결국 주변 사람들로부터 꾸지람을 들었다. "그가 당신과 대화를 나눈 것은 물론이고, 당신의 존재를 인식하고 무언가를 추천했다는 것은 정말 행운입니다!"

정신을 차리기 위해 헤매고 있을 때, 스님은 다시 태국어로 말을 이었다. "그녀가 명상을 하지 않으면 자살하거나 미쳐버릴 것이라는 사실을 알아야 합니다." 고요한 대화로 흥얼거리던 방이 갑자기 조용해졌다.

"7일은 시간 낼 수 있습니다." 내가 침묵을 깨고 말했다.

"15일만 받아들일 수 있어요." 그가 대답했다.

"안 돼요. 저 학교 수업 들어야 해요."

"홀수 날짜여야 합니다."

"그러니까 7일이요."

"너무 짧습니다. 두 자릿수, 가급적이면 1이 들어가야 해요."

"그럼 11일이면 받아들이실 거예요?"

"그것도 너무 짧습니다." 가장 존경받는 사람이 대답했다.

이제 인내심의 한계에 달했다. "전 돌아가야 해요. 여기서 제가 모르는 것을 추구하는 데 남은 시간을 보낼 수는 없습니다."

"짧지만 충분합니다. 11일로 하죠."

스님은 축복의 미소를 지었고, 나의 휴가 계획은 여기서 갑자기 틀어졌다. 나는 수도원에서 지내는 동안 필요한 모든 것, 즉 평범한 흰색옷, 플라스틱 알람 시계, 비누 한 개를 사기 위해 시장으로 갔다. 다른소지품들은 모두 빼앗겼다.

기차와 뚝뚝을 타고 치앙마이에 도착했다. 나는 외딴 오두막으로 안내받아 두 끼 식사를 위해 하루에 두 번(오전 6시와 11시) 조용히 함께수행하는 그룹을 만날 수 있었고, 격일로 10분 동안 명상 선생님과 대화할 수 있었다. 이것이 11일 동안 내 생활의 전부였다.

어떤 느낌이 들었는지 궁금하다면 최신 기술, 책 또는 어떤 방해도없이 혼자 몇 시간을 보내 보라. 들이쉬고 내쉬며 오직 호흡에 집중하라. 오래 걸리지 않아서 잠재되어 있는 생각, 기억, 감정이 모두 표면으로 마구 올라올 것이다. 이것은 내가 경험했던 것들 중 가장 힘든 일이었다. 이렇게 계속 명상만 하다가는 미칠 것 같다고 생각했었다. 그러나 8일이 지나고 9일 차가 되자 마음의 혼란이 잦아들었다. 모래가해저 바닥으로 가라앉은 것처럼 불안이 가라앉았고 마음이 점차 맑아졌다. 11일 후 수도원에서 나왔을 때, 그때가 내 인생에서 가장 가볍고행복한 순간이었다. 나는 경험을 통해 '경외심'을 의미하는 태국 고유의 아이디어인 크렝자이의 진정한 의미를 배울 수 있었다. 다른 사람들의 마음을 다치게 할까 봐 두려웠다.

실제로 이것은 다른 사람의 입장에서 걷고, 자신의 행동이 상대방에게 어떤 영향을 미칠지 지속적으로 점검하는 것을 의미한다. 그것은 매우 깊고 포괄적인 형태의 공감이며, 내가 하는 모든 것이 주변 사람들에게 어떤 영향을 미칠지를 고려하며 나타난다. 크렝자이를 사용하면 행동하거나 말하기 전에 다른 사람들이 어떻게 반응할지에 대해 생각한다. 그것은 다른 사람들이 나를 지루하게 할지라도 성의껏 듣는 것, 무대 위의 사람들에게 결례하거나 청중을 방해하지 않기 위해 이벤트나 공연이 끝나기 전에 자리를 뜨지 않는 것, 마지막 순간에 한 약속을 어기지 않는 것, 식당에서 음식이 마음에 들지 않아도 불평하지 않는 것, 어린 나이라도 부모님이 감당할 수 없는 것을 사달라고 요구하지 않는 것을 의미한다.

우리 대부분은 아마도 자신이 다른 사람들을 배려하고 그들의 감정을 돌보면서 공격하거나 방해하지 않기 위해 노력하고 있다고 생각할 것이다. 크렝자이는 이를 완전히 새로운 차원으로 끌어올린다. 그것은 당신이 말하고 행동하는 모든 것에 다른 관점을 만들어 내며 자신의 본능을 넘어서 생각하게 하고 누군가의 평정심, 행복 또는 감정을 침해할 수 있는 가능한 모든 방법을 고려하게 만든다.

태국에 있는 동안 크렝자이에 대해 많이 들었지만 스님과의 만남 이후 이어진 11일의 고독만이 그 의미를 진정으로 이해하는 데 도움이 되었다. 나는 스님이 나에게 크렝자이를 보여 주었다는 것을 깨달았고, 침묵하는 명상의 시간이 얼마나 도움이 될지 본능적으로 이해했다. 이어진 고독 속에서 내 삶의 모든 측면과 사람들이 크렝자이에 대해 말한 것의 진정한 의미를 생각할 수 있는 기회를 갖게 되었다.

영원히 계속될 것처럼 느껴지는 일을 혼자 할 때 다른 사람과의 관계, 일시적으로 빠져나온 동료들과의 관계에 대해 많이 생각하게 된다. 이러한 방식으로 크렝자이를 포용하면, 다른 사람들을 최우선으로 생각하고 그들의 필요에 대해 능동적으로 생각함으로써 모든 사람, 특히 자신의 행복과 웰빙에 기여한다는 것을 이해하는 데 도움이 된다. 그것은 나의 필요와 관심사를 넘어 지금 이 순간에 온전히 머무를 수 있게 하고, 나와 다른 사람들의 삶 사이에서 더 큰 조화를 찾을 수 있게 한다. 다시 말해서, 약간의 배려만으로도 감춰진 자신의 지식 창고 문을 상당 수준 열 수 있다.

토고

환영 *Welcome*

토고 로메의 산책로에 있는 국기들

　세계를 여행하는 저널리스트는 다른 사람들의 환영에서 많은 것을
알아차린다. 사람들이 개방적이고 접근하기 쉽고 대화를 열망하는가,
아니면 의심하고 두려워하며 가능한 한 적게 주려고 하는가? 공항에서
입국 수속을 마치는 순간부터 당신은 사람들이 자신의 이야기를 나누

고, 친구들에게 당신을 소개하고 잘 알려지지 않은 장소와 사람들에게 데리고 가는 일이 얼마나 어려운 일인지 느끼기 시작한다.

토고는 방문객에게 가능한 한 두 팔 벌려 가장 따뜻하게 환영하는 나라이다. 도착하자마자 가족이 되는 느낌을 받는다. 나는 크리스마스이브에 비행기를 타고 친구 테시아의 삼촌(전 대사)의 집으로 초대받아 가게 되었고, 환영을 받았다. 이미 한창 진행 중인 파티에 참석했는데, 머무는 동안 그들은 나를 오랫동안 만나지 못한 친구처럼 대했다. 집주인은 내게 "외국인 손님은 항상 저희 집에 머무르실 공간이 있습니다."라고 말했다.

토고에서는 어딜 봐도 따뜻한 환영을 발견할 수 있다. 친구가 새 아파트로 이사했을 때 집주인이 이사 비용을 돕기 위해 월말까지 이미 공과금을 내줬다고 말했다. 이것은 드문 일이 아니다. 토고 사람들은 모든 사람에게 친절하고 환영하는 호스트가 되는 것을 자신의 책임으로 생각한다. 이민 시스템에도 동일한 정신이 적용되며, 비자 개방에 있어 아프리카 국가 중 5위를 기록할 정도로 별다른 증빙 문서 없이 도착할 때 하나만 작성하면 여행이 가능하다. 갤럽에서 조사한 바로는, 이민자를 가장 많이 받아들이는 국가 목록에서 높은 순위를 기록했다.

토고의 환영 문화는 동식물과 우리 주변의 모든 풍경에 내재되어 있다고 믿는 영혼을 인식하고 부르는 조상 숭배의 관행으로까지 확장된다. 갓프리드 아그베주도르 신부님은 우리의 의식에 경계가 없어야 하고, 우리를 둘러싸고 있는 모든 영을 환영해야 한다고 말했다. 북, 음악 그리고 밤 깊은 곳까지 이어지는 영혼의 기원을 통해 이것을 성취하고자 하는 의식은 내가 보거나 참여했던 그 어떤 것과도 비교할 수 없었다.

서아프리카에서 가장 작은 국가 중 하나인 토고는 역사를 통틀어 전략적으로 중요한 무역로였다. 1960년에 독립을 쟁취하기 전 포르투갈에서 독일, 영국 그리고 마침내 프랑스로 넘어가는 식민지 열강들 사이의 분쟁 지역이었다. 식민지 노예 무역의 중심에 있었던 토고의 역사는 19세기에 서아프리카로 돌아온 다수의 아프리카—브라질계 노예의 후손들에 의해 브라질 이름이 널리 퍼졌다. 오늘날 이곳은 서아프리카 경제의 중요한 무역 중심지로 남아 있으며, 그들의 다양한 유산을 분명히 볼 수 있다.

미지의 것과 검증되지 않은 것을 피하려는 일반적인 본능을 따르지 않고 새로운 사람과 아이디어를 환영함으로써 개인적으로나 직업적으로 얻을 수 있는 것이 너무나 많다. 새로운 것을 환영하지 않으면, 틀에 박혀 과거에 머물며 배우고 발전하는 능력을 잃는다. 이는 사람, 기업, 공동체 전체를 의미한다. 환영하지 않는 기관은 변화의 혜택에 대해 관심이 없다고 여겨지지만, 대조적으로 따뜻한 환영은 무한한 기회의 문을 열어 준다.

튀르키예

환대 *Hospitality*

튀르키예 중부 아나톨리아 카파도키아

'환대'는 낯선 곳에서 이방인으로서 기대할 수 있는 일상적인 예의를 훨씬 뛰어넘는 방식으로 전 세계에서 접할 수 있다. 그러나 내가 방문하고 글을 쓴 모든 국가 중에서 튀르키예 사람들만큼 환대하는 국가는 없었다. 이곳에서는 뜻밖의 방문객을 환영할 뿐만 아니라 신의 손님인 탄리 미사피리*tanri misafiri*로 생각하며 영예롭게 여긴다.

생각나는 것은 이스탄불과 뉴욕의 거리에서 각각 경험한 거의 동일한 사건이다. 나는 두 도시에서 모두 호텔로 가는 길에 길을 잃었다. 뉴욕에서 주변 사람에게 길을 물었을 때 그는 걸음조차 늦추지 않고 선글라스를 단단히 올리며 어깨너머로 내게 다가와 말했다. "내가 뭐처럼 보여? 내가 XX 같은(욕) 지도인 줄 알아?" 반면에 이스탄불에서는 낯선 사람이 길을 알려 주는 것뿐만 아니라 호텔 문 앞까지 안내해 주었다. 심지어 호텔을 한번 살펴보더니 자신의 집에 묵는 편이 낫겠다고 단언했다.

튀르키예인의 환대는 모든 곳에서 접할 수 있지만 집 안에서 가장 강력하기 때문에 집을 설계할 때 이 점을 고려한다. 자존심이 강한 모든 튀르키예인은 집을 구매하거나 임대할 때 손님 방이 있는지를 확인한다. 대부분은 두 개의 거실이 있는 집에서 자랐을 것이다. 하나는 일상용이고 다른 하나는 손님 전용으로, 평소에는 사용하지 않고 깨끗하게 정돈해서 다음 손님을 기다린다. 마찬가지로 평소에는 생계를 유지하기 위해 고군분투하는 가족들도 손님들을 위한 고급 비스킷, 견과류, 커피를 챙겨 둔다. 어려움에 처하더라도 이를 숨기고 환대를 통해 손님에게 최선의 모습을 보여 주려고 하는 것이다.

거센 눈보라가 몰아친 후 복구 중이었던 튀르키예 동부의 한 마을을 방문하면서, 많은 사람들이 임시 주택에 살고 있는 것을 알게 되었다. 그런데도 지방 공무원인 서지는 우리에게 계속해서 그들과 함께 식사를 하자고 고집했다. 극심한 식량난 속에서 잔치가 마련되어 차려졌다. 마을이 제공할 수 있는 최고의 환대를 제공하는 데 방해가 되는 것은 아무것도 없었다.

튀르키예인들에게 환대한다는 것은 단지 머물 곳을 제공하는 것으로 그치지 않는다. 또한 다른 사람들이 편안하게 느낄 수 있도록 자신이 할 수 있는 모든 일을 하고 있음을 증명하는 것이 거의 다른 이들과 경쟁하는 것처럼 보일 정도이다. 좋은 호스트가 되지 못하면 튀르키예인의 자존감이 무너진다. 마지막 식사를 함께 하지 않는 것은 수치스러운 일이다. 따라서 튀르키예 가족은 재정적으로 부담되더라도 가능한 한 최고의 경험을 제공하기 위해 끊임없이 노력한다. 넓은 지역을 차지했던 다민족 오스만 제국의 유산인 이 나라에는 많은 지역사회가 공존하는데, 그중에서도 가정은 가족과 지역사회의 대표자라는 강한 자부심을 가지고 있다. 환대는 손님이 환영받는다고 느끼게 하는 것만이 아니다. 그것은 사람들이 자신의 소속감과 정체성을 회복하는 것에 관한 것이다.

이로 인해 더 연결된 사회, 사람들이 서로를 바라보는 사회, 더 강한 공동체로 이어지는 공통의 기대가 있는 사회를 소망할 수 있다. 베푸는 사람이 되면 많은 선물을 받는다. 손님을 집에 맞이함으로써 대화와 웃음이 집에 가득하고, 새로운 관점으로부터 혜택을 얻고, 문을 열고 닫지 않는 것이 사람의 첫 번째 본능인 사회를 만드는 데 기여하는 것이다. '주는 것의 힘을 안다면, 또 다른 식사를 반드시 함께 나눌 것'이라는 말이 있다. 떡을 떼면 새로운 생각, 열정, 관심, 경험이 공유되어 모두가 더 풍요로워진다.

튀르키예식 환대는 개별 손님의 경험 그 이상이다. 또한 공동체의 집단적 정신과 유대감을 형성하는 데 도움이 되는 것이다.

4부

공동의 가치
COMMUNAL

내가 만난 몇몇 가치는 매우 강력하여 전체 공동체가 어떻게 행동하는지에 대한 규범을 설정하는 것처럼 보였다. 이것은 사람들이 필요할 때 함께 모여 일상생활에서 서로를 지원하고, 공동체 생활에 기여하는 방법을 지시하는 가치이다. 이는 한 세대에서 다음 세대로 전승된 공동의 관습과 행동이며, 사람들이 자신이 속한 사회에서 수행해야 하는 역할에 대한 무언의 도덕 규범을 나타낸다.

캐나다

개방성 *Openness*

온타리오의 광활한 나이아가라 폭포

쥐스탱 트뤼도 총리는 나와의 인터뷰에서 "캐나다는 여러 면에서 펀자브*Punjab*의 확장판입니다."라고 농담을 했다. 이는 당신이 기대했던 총리식 위트는 아니겠지만, 캐나다의 DNA인 개방성을 완벽하게 표현

◆ 인도의 옛 주_州로, 현재 인도와 파키스탄에 나뉘어 속해 있다.

하며 정치, 음악, 음식, 라이프스타일을 가로지르는 확고한 다문화 사회의 토대를 제공하는 것이다.

우리 가족은 4대에 걸쳐 캐나다에서 살았다. 내가 캐나다에 처음 간 것은 열일곱 살 때였고, 그 이후로도 캐나다는 항상 나를 따뜻하게 품어 주는 곳이었다. 많은 사람들과 마찬가지로 시크교도들은 캐나다가 다른 국적 또는 종교를 가진 사람들에게 세계에서 가장 개방된 국가들 중 하나라는 것을 안다. 그래서 하지트 사잔(국방 장관), 나브디프 베인스(전 혁신과학산업부 장관), 자그미트 싱(신민주당 대표) 등 시크교도 세 사람은 최근 몇 년 동안 고위직에 올랐다.

캐나다 독립 150주년을 기념하며 사람들에게 캐나다를 가장 자랑스럽게 생각하는 이유가 무엇인지 묻는 설문을 실시한 적이 있다. 로키산맥, 셀린 디온, 캐나다 최대 수출품인 메이플 시럽보다 '다른 사람을 향한 열린 마음'을 더 많은 사람들이 골랐다. 이러한 추세는 45세 미만의 사람들이 기성세대보다 캐나다의 열린 마음과 다문화주의에 자부심을 표현할 가능성이 훨씬 더 높기 때문에 계속될 전망이다.

이 가치는 그대로 법으로 변모했다. 1971년으로 거슬러 올라가면 당시 총리였던 피에르 트뤼도가 다문화주의의 공식 정책을 선언함으로써 세계 최초로 이를 정부 정책으로 채택한 국가가 되었다. 많은 국가가 융화 정책을 추구하는 반면 캐나다는 다양한 종교, 관습 및 국적의 차이를 포용하려는 명백한 야망을 갖고 있다. 소수자들을 법적으로 보호할 뿐만 아니라 다문화주의를 국가의 사회적, 문화적 선$_{good}$에 필수적인 것으로 여기고 적극적으로 홍보한다. 다문화주의는 캐나다 헌법의 일부인 권리와 자유 헌장에도 명시되어 있다. 오늘날 캐나다 인구의 5분의 1 이상이 이민자이며, 그 비율은 2030년대에는 30%까지 증가할 것으로 예상된다. 토론토와 밴쿠버는 세계에서 가장 다문화적인 도시로 자주 뽑히며 계속해서 가장 살기 좋은 곳으로 선정된다.

캐나다는 또한 1956~1957년 헝가리 혁명을 피해 도망친 난민들부터 1970년대 베트남 보트피플과 우간다 아시아인, 1990년대 코소바인 그리고 가장 최근에는 시리아 내전으로 인한 난민들을 포함해 세계 전쟁 지역의 난민들에게 개방된 오랜 역사를 가지고 있다. 캐나다는 난민들에게 문호를 개방할 뿐만 아니라, 많은 경우 그들이 번창할 수 있는 발판을 제공한다. 1980년대 후반과 1990년대 초반에 난민으로 도착한 사람들에 대한 연구에 따르면, 현재 그들은 평균적인 캐나다인보다 일반적으로 약 5천 달러를 더 버는 것으로 나타났다.

개방성은 역사적 기반이자 문화적 기둥인 동시에 캐나다의 지리적 특징이다. 인구의 대다수는 남쪽 국경 근처에 살고 있는 반면, 육지 면적으로 세계에서 두 번째로 큰 이 나라의 거대한 범위에는 사람이 거주하지 않는다. 즉, 국가의 80% 이상의 영토에 사람이 살지 않는다.

그리고 사람들이 살 수 있는 곳도 공간이 부족하지 않다. 전형적인 캐나다 가정은 여러 세대에 걸친 대가족을 수용할 수 있을 만큼 충분히 큰 집에 산다. 조부모는 지하에, 아이들은 개조된 다락방에서 살고 가족 바비큐 파티를 위해 자주 열리는 큰 뒤뜰 또한 캐나다 집에서는 일관적으로 볼 수 있는 것이 특징이다. 캐나다인들은 또한 캐나다의 광활한 야외 공간에서 시간을 보내길 좋아한다. 캐나다를 자랑스러워하는 이유 목록에서 야외 활동을 즐기는 것이 높은 순위를 차지했을 정도이다.

캐나다를 처음 방문했을 때 브리티시컬럼비아 반경 30분 이내의 해변에서 산, 숲, 빙원에 이르기까지 풍경의 아름다움과 놀라운 다양성을 생생하게 기억한다.

전 세계에서 온 사람들을 두 팔 벌려 환영하는 나라인 캐나다는 원주민의 필요를 돌보는 데 실패했음을 인정한다. 캐나다 원주민은 기대수명이 현저히 낮으며, 캐나다 원주민 지역사회의 5곳 중 4곳은 중위소득이 빈곤선* 이하다. 쥐스탱 트뤼도 총리는 이러한 불평등을 해결하기 위해 노력했다. 그는 캐나다 원주민이 대우받는 방식에 대한 부끄러움과 그들의 권리를 보호해야 하는 신성한 의무에 대해, 그리고 연방법과 정책을 검토하여 더 큰 자결권을 보장하는 방향으로 나아가는 움직임에 대해 말했다.

모든 사람에게 개방적이고 수용적인 캐나다의 기록이 흠잡을 데 없는 것은 아니지만, 그럼에도 중요한 교훈을 준다. 그것이 정치에서든, 사업에서든, 지역사회에서든 개방적이어야만 우리는 사람으로 성장할 수 있고, 틀에서 벗어나 생각할 수 있으며, 우리 자신과 다른 사람들에게 더 쉬워질 수 있다. 개방적이어야만 다른 사람, 문화, 관점 및 신념에 대해 배울 수 있다. 열려 있어야만 관용을 베풀고 무지를 치유하며 건강한 제도와 사회를 만들 수 있다. 인간 본능은 우리가 이해하지 못하거나 인식하지 못하는 것들로부터 자신을 폐쇄하는 것이다. 그러나 사회적, 경제적 또는 기술적 진보는 새로운 아이디어, 경험, 선택에 개방적일 때에만 가능하다. 집단적으로 그리고 개인적으로 개방함으로써 우리는 세상에 대한 이해, 우리가 이끌어갈 수 있는 삶, 우리가 될 수 있는 사람에 대한 이해를 넓힐 수 있다.

---

* 최저 한도의 생활을 유지하는 데 필요한 수입 수준이다.

헝가리

경쟁력 *Competitiveness*

부다페스트에 있는 열망의 첨탑들

전 세계적으로 존재하는 기이하고 놀라운 것들 중에서 헝가리의 '무 덤 파기 전국 챔피언십'보다 더 이상한 것이 있을까? 물론 누가 가장 빨리 깔끔하게 무덤을 파느냐로 사람들을 판단하는 것은 일상적인 일 은 아니다(30분 조금 넘는 시간이 우승이었다).

이 대회는 새로운 인재를 찾는 데 어려움을 겪고 있는 산업을 홍보하기 위한 진지한 목적을 가지고 있으며, 헝가리에 대한 포괄적인 진실을 보여 준다. 헝가리는 지구상에서 가장 경쟁이 치열한 국가들 중 하나이다. 자금 조달을 위해 경쟁하는 기술 스타트업부터 전통적인 승마양궁대회(세계 선수권대회 개최)에서 대결하는 선수에 이르기까지 헝가리는 1위를 차지하기 위해 고군분투하는 사람들과 조직으로 가득하다. 세계에서 1인당 올림픽 금메달을 헝가리보다 더 많이 획득한 국가는 두 나라뿐이며, 헝가리는 올림픽을 개최하지 않은 국가들 중 가장 많은 메달을 보유한 국가이다.

이 나라의 고유한 경쟁력은 헝가리의 역사를 통해 세계로 나아가 과학, 기술, 의학 분야에서 자신의 이름을 남기기 위해 노력해 왔다는 것을 의미한다. 고국을 떠나 위대한 업적을 이룬 헝가리인들은 매우 많은데 퓰리처(미국에서 활동한 언론인), 루빅(3차원 큐브 발명), 비로(상업용 볼펜 발명) 등이 대표적이다. 이 외에도 컴퓨터 중앙처리장치를 처음 고안한 존 폰 노이만, 마이크로소프트사의 워드 및 엑셀 소프트웨어 개발을 주도한 찰스 시모니, 비타민C를 발견한 센트죄르지 얼베르트를 포함한 의료 혁신가들이 있었다. 그리고 1930년대와 1940년대에 해외로 이주하여 주목할 만한 과학자가 된 많은 헝가리인들은 '화성인'이라는 별칭을 얻었는데, 이것은 외계 생명체에 대한 질문에 다음과 같이 대답한 핵물리학 개척자인 실라르드 레오가 만든 말이다. "그들은 여기 우리와 함께 있지만, 스스로를 헝가리인이라고 부릅니다."

이와 같은 인류의 유산은 1920년 트리아농 조약이라는 역사적인 사건이 있은 지 한 세기가 지난 후에도 현대 헝가리 사회의 뿌리 깊이 박혀 있는 강력한 불의를 이해하지 않고는 설명할 수 없다. 제1차 세계대전을 종식시킨 협정 중 하나인 트리아농은 당시 헝가리 왕국을 사실상 분열시켰다. 국가 토지의 3분의 2 이상이 6개국에 양도되었으며, 인구의 절반 이상이 함께 다른 나라로 이주한 셈이 되었다. 종종 '트리아농 신드롬'으로 불리는 트리아농의 유산은 특히 오르반 빅토르의 극우 정부가 조약 서명 기념일을 국가기념일로 바꾸면서 계속해서 크게 부각되었다. 이를 애도하는 분위기는 헝가리 문화와 국가 정체성에서 새로운 것이 아니다. 마자르의 시인 페티피는 언젠가 이렇게 썼다. "우리는 지구상에서 가장 버림받은 민족이다."

헝가리가 13세기 몽골 침략자들부터 소비에트 연방에 이르기까지 역사를 통해 끊임없이 주변을 둘러싸고 있는 강대국의 지배를 받고 있다는 인식도 헝가리의 경쟁 정신을 형성하는 데 도움이 되었다. 헝가리가 국가의 운명을 결정짓기 위해 자주 고군분투해 왔다면, 헝가리 국민이 선택한 분야에서 두각을 나타내고 과학에서 스포츠에 이르기까지 모든 분야에서 세계를 이끄는 것을 막을 수 있는 사람은 아무도 없다. 부모는 어릴 때부터, 그리고 나중에는 사업에서 가장 작은 일을 놓고 서로 경쟁하도록 자녀를 키운다. 경쟁은 두뇌 유출(학자나 기술자들이 국외로 이주하는 일)과 인재 부족으로 인해 보여지는 지극히 자연스러운 삶의 현상이다. 헝가리 기업의 절반 이상이 빈 일자리를 채우는 데 어려움을 겪고 있어 숙련 노동자를 위한 경쟁이 치열하다.

헝가리는 유럽에서 가장 크거나 부유하거나 영향력 있는 국가 중 하나는 아니지만 그럼에도 과학, 기술, 스포츠 강국으로서의 길고 자랑스러운 역사를 가지고 있다. 인구수와 자본에서 부족한 것을 경쟁을 통해 보충하기 때문이다.

경쟁의 힘을 잘 이해해야 한다. 결국 기회를 얻는 사람과 그렇지 않은 사람의 차이를 만드는 것은 무엇일까? 재능이나 운일 수도 있다. 그러나 대부분의 경우, 그 사람을 가장 열심히 일하고 기회를 얻는 사람으로 만드는 것은 타고난 경쟁력이다. 우리는 원하는 것을 얻기 위해 싸우는 법을 배워야 한다. 인생에서 한 가지 확실한 건, 경쟁은 항상 먼저 목표를 달성하기를 원한다는 것이다.

인도네시아

발리의 논

　마을 주민 모두가 바로 그 행렬에 열중했고, 내 친구인 무스타파와 나도 마찬가지였다. 우리 머리 위로 향이 퍼지며 리듬에 맞춰 종소리가 울렸고, 수백 명의 애도자들이 걷는 걸음마다 꽃이 펄럭였다. 아름답고 잊히지 않는 멜로디가 이 마을 원로가 다음 생으로 넘어가는 과정에 함께했다.

　마을 전체가 일시정지 상태가 되었다는 점이 아마도 이 장례식에서 가장 주목할 만한 부분이었다. 다른 모든 것은 중단되었고, 모두가 장례식에 참여하기 위해 밖으로 나왔다. 그러나 인도네시아에서의 참여는 단순히 행사에 얼굴을 비추는 것 이상을 의미한다. 고통 로용*gotong royong: 상부상조* 원칙은 장례식 같은 행사가 유족뿐만 아니라 공동체 전체의 일이라는 의미이다. 사람들은 음식부터 매장 준비, 회의 비용, 7일간 추도식에 참석하는 것까지 생각할 수 있는 모든 방법으로 지원한다.

　고통 로용은 인도네시아의 건국 대통령인 수카르노가 창안하고 대중화한 개념이다. 그는 취임사에서 이렇게 말했다. "우리가 세워야 할 인도네시아는 상호 협력의 국가가 되어야 합니다. 그렇게 되면 얼마나 좋을까요? 고통 로용의 나라!"

　이 독특하고 상호 지원적인 문화는 인도네시아를 개인주의 사회와 정반대로 만든다. 그것은 당신의 문제가 나의 문제이고, 당신의 고통이 나의 고통이며, 당신의 성공이 나의 성공이라는 것을 의미한다. 개인에서 공동에 이르기까지 모두가 다른 사람들의 필요를 돌보기 위해 모인다. 이 지원하는 공동 문화는 7세기에 인도에서 인도네시아로 전해진 이슬람에 그 뿌리를 두고 있다. 오늘날 인도네시아는 세계에서 가장 많은 무슬림 인구를 보유하고 있다. 그 이슬람은 인도가 발상지인 힌두교와 불교의 색조가 가미된 것으로 '가장 좋은 사람은 다른 사람에게 유익을 주는 사람이다.'라는 선지자의 가르침에서 직접 따온 신앙이다. 도움을 필요로 하는 주변 사람들을 지원하는 것은 중단이나 질문 없이 이루어진다. 당연히 이러한 지원이 기대된다.

이는 인도네시아 학교에서 어렸을 때부터 가르치는 것으로, 어떤 프로젝트를 조직하여 지원해야 하는지는 마을의 원로가 지역사회 회의를 통해 결정한다. 그 지원은 도로 수리, 물 공급, 특정 가족을 위한 재해 비용 충당 등이 될 수 있다. 이러한 공동의 노력은 세계적으로 소득 불평등이 가장 심한 국가에서 반드시 필요하다. 국제구호개발기구인 옥스팜에 따르면, 인도네시아에서 가장 부유한 4명의 재산이 가장 가난한 1억 명의 재산보다 더 많다. 1990년대 후반 아시아 금융 위기 이후 경제적 고통이 크게 느껴졌을 때 인도네시아를 방문한 적이 있다. 주위에 있는 사람들이 모두 회복될 때까지는 사람들이 다시 일어설 수 없을 것이라는 분명한 느낌이 들었다.

인도네시아만이 가족과 지역사회를 강력한 상호 유대로 묶는 유일한 나라는 아니다. 그러나 고통 로용의 특징은 얼마나 오랜 기간 주변 사람들을 지원하는가에 따라 나뉜다. 단순히 돈을 모아서 두고 오는 것이 아니다.

많은 사람들이 이웃이 누구인지조차 모른다고 말하고 기술이 개인주의와 고립을 조장하는 세상에서, 인도네시아는 삶에 대한 보다 공동체적인 접근의 가치를 보여 준다. 주위에 있는 사람들이 당신을 지지한다는 것을 확실히 알고, 필요할 때는 지역사회의 어떤 사람에게든 도움을 요청할 수 있다고 상상해 보자. 이때 느끼게 될 안전감과 확실함으로 얼마나 든든할까? 그것이 바로 인도네시아의 고통 로용 문화의 힘이다. 혼자 힘으로 사는 것보다 함께함으로써 더 많은 것을 성취할 수 있다는 것을 보여 준다. 그리고 다른 사람들을 지원하기 위해 본인이 투자한 시간과 노력은 자신에게 도움이 필요할 때 얻게 될 것이다.

자메이카

포트 안토니오에 있는 블루 라군

자메이카를 생각하면 편안하고 느긋해지면서 근심 걱정이 없어진다. 그러나 이렇게 널리 퍼진 인식은 훈육이 보편적 가치인 섬의 실제 문화와 상충된다. 이 가치는 쌀과 완두콩 또는 우기처럼 예측 가능한 삶의 일부이다.

자메이카의 수도 킹스턴에서 버스를 타고 갈 때 한 나이든 여성이 올라탔다. 앉을 자리가 없자, 자리를 차지하고 있던 한 청년에게 시선이 쏠리기 시작했다. 처음에는 몇 사람이 청년 쪽으로 고개를 돌리고 눈썹을 치켜올렸고, 그 정도로는 별 효과가 없자 누군가가 그에게 한 마디 던졌다. "청년, 일어나야 하지 않을까?" 그는 마침내 일어났고, 숨을 내뱉으며 "에이, 참!"이라고 중얼거렸다. 거기까지가 끝일 거라고 예상했을 수도 있다.

그러나 버스에 타고 있던 사람들은 누그러지지 않았고, 한 여성이 나서서 청년을 꾸짖었다. "부모님이 올바르게 행동하는 법을 안 가르쳐 주셨어요?" 그리고 나서 다시 한 방 날렸다. "스스로에게 물어보세요. 당신의 할머니가 버스를 타시면 어떤 대우를 받기 원하세요?"

버스에 타고 있던 사람들 중 이 장면을 지켜보지 않은 사람은 단 한 명도 없었다. 모든 버스 탑승객들이 그의 가족처럼, 즉 그 청년의 부모, 조부모, 이모, 삼촌이 하는 것처럼 그를 훈육하는 것 같았다.

허세는 순식간에 사라졌고, 청년은 얼굴을 붉혔다. 괜히 내 입이 바짝 마르고 긴장됐다. 그 사건을 너무나 선명하게 기억하기 때문에 그 청년에게 얼마나 많은 영향을 미쳤을지 상상할 수 있다.

청년의 할머니였다면 어떻게 했겠느냐는 질문은, 특히 자메이카에 살면서 가족이 차지하는 중심적인 역할과 훈육이라는 집단 문화를 만드는 데 중요한 역할을 하기 때문에 특히 인상적이었다.

대학교 친구의 가족을 방문했을 때 경험했던, 체계적이고 엄격한 일상의 규칙을 잊을 수가 없다. 아이들은 월요일 아침에 일찍 일어나 학교에 가기 전에 할당된 모든 집안일을 마쳤다. 침대 정리가 끝나면 한 명은 식탁을 차리고, 다른 한 명은 아침 식사 준비를 돕고, 세 번째 아이는 설거지를 돕는다. 그리고 나서 그들은 다려진 유니폼을 입고 여자아이는 머리에 리본을 묶고 규정된 길이의 치마를 입고 깨끗한 모습으로 학교로 출발했다.

교육은 자메이카에서 높이 평가되지만 아이들은 가족이 농업에 종사하면 동물을 돕고, 무역업이라면 상품 판매를 돕는 일까지 가족을 도와야 한다. 여름에는 아이들이 할아버지, 할머니와 시간을 보내며 큰 과수원에서 사과나무를 정리하고, 이웃 과수원에서도 같은 일을 한 뒤 수고비로 사과 몇 개를 받아서 용돈 삼아 시장에서 팔 수도 있다. 어렸을 때부터 누구보다 열심히 일하고 책임을 지는 것에 대해 배운다. 내가 머무는 동안 아이들의 엄마는 나에게 매우 사실적으로 말했다. "아이들은 도와야 하고, 할 일을 해야 하고, 할 일을 생각할 수 없으면 가서 뭔가를 찾아봐야 해요." 자메이카 국민들이 느긋하다는 주변 사람들의 인식에도 불구하고 일과 시간 관리에 대해 잘 훈련된 태도는 평생 지속된다.

훈육은 가족의 맥락에서만 존재하는 것이 아니다. 이는 1930년대 자메이카에서 시작된 종교 운동인 라스타파리_Rastafari_◆와 내면의 에너지와 생명력을 향상시키는 생각의 자연스러운 방식인 리비티_Livity: 자연 세계와 신념의 조화_의 개념에 필수적이다. 여기에는 육류, 알코올, 가공 식품을 경멸하고, 경우에 따라 완전 채식주의 이탈리아 식단이 포함된다. 머리카락은 길고 자연스럽게 자라게 하며 피어싱이나 문신을 피하고 몸을 자연스러운 형태로 유지한다. 다시 말하지만, 느긋하고 자유분방한 라스타

◆ 1930년대 자메이카에서 시작된 신흥종교로, 머리털을 꼬아 길게 늘어뜨린 드레드록스 모습이 대표적이며 대마초와 레게 음악의 원조라고 알려졌다.

만*Rastaman*이라는 상투적인 표현은 고도로 훈련되고 생활방식에 대해 엄격한 규칙이 있는 자메이카의 실제 문화와 모순된다. 이러한 원칙의 핵심은 밥 말리와 같은 라스타파리안과 레게 음악을 전 세계적으로 유명하게 만든 자유로운 정신의 창의성을 뒷받침한다.

자메이카의 규율 문화는 그것이 시행되는 범위가 넓기 때문에 매우 강력하다. 앞서 언급한 버스 목격담처럼 완전히 처음 보더라도 제대로 된 훈육의 결과를 보여 주지 않는 사람들, 특히 젊은이들에게는 줄을 제대로 서도록 지적할 것이다. 직계가족 단위는 아이들이 훈육의 가치를 배우는 곳이지만, 훈육이 유지되도록 해야 할 책임은 사회 전반에 걸쳐 함께 지고 있다. 누군가가 내게 말했다. "저는 이 섬의 모든 아이들이 제 아이들인 것처럼 돌볼 것입니다. 많은 경우 이것은 마치 내 자녀인 것처럼 다른 아이들을 훈육하는 것을 의미합니다. 왜냐하면 나는 내 아이들이 다른 사람들로부터도 동일한 혜택을 받기를 원하기 때문입니다."

이것이 공정하게 시행된다면, 자메이카는 훈육의 중요성과 원칙적으로 그것이 행동을 형성하는 방식에 대해 우리에게 가르쳐 줄 수 있다. (나의 행동에 대한) 대가가 없을 거란 사실을 알게 되면 쓰레기를 버리든, 버스에서 필요한 사람에게 자리를 양보하기를 거부하든 사회의 규칙을 무시하거나 굽히기가 쉽다. 그러나 주변 사람들이 그러한 침해를 용인하지 않을 때 그 행동은 빠르게 바뀐다. 당신은 자신이 어떻게 행동하고, 다른 사람들이 당신을 어떻게 인식하는지 더 의식하기 위해 자기 감찰을 시작해야 한다. 무엇보다도, 당신이 하는 모든 일이 당신 자신뿐만 아니라 당신을 키워 준 가족을 대표한다는 것을 잊지 말아야 한다.

◆ 라스타파리안 종교를 진정으로 따르는 사람들을 의미한다.

일본

존중 *Respect*

교토의 사원 내부

    일본에 도착한 순간부터, 비행기에서 내리기도 전에 존중을 받는다. 손을 닦을 수 있도록 뜨거운 손수건이 제공되어 상쾌해지고 당신이 옮길 수 있는 세균으로부터 다른 사람을 보호할 수 있다. 이것은 일본에서 볼 수 있는 존중의 기초로서 '우리'를 염두에 두고 '나'를 향상시키는 것이다.

이 나라를 더 많이 여행하면서 사람들을 만나고 일본 문화를 목격할수록 주변에서 더 많은 존중의 모습을 만날 수 있다. 흠잡을 데 없이 깨끗한 거리 및 공공장소, (깔끔하게 접을 수 있는) 신문, (온도 조절 기능 좌석이 있는) 공중화장실까지 모든 디자인에서나, 안무가 잘 짜인 춤처럼 느껴지는 사람들의 움직이는 방식에서나 존중을 볼 수 있다. 도쿄는 세계에서 가장 인구가 많은 도시이지만 가장 쉽게 돌아다닐 수 있는 곳 중 하나이다. 사람을 밀치거나 길을 막거나 꾸물대지 않는다. 사람들은 신호등 앞에서 기다린다. 무단횡단을 하는 건 관광객들뿐이다.

사람들은 서로를 깊이 존중한다. 물건과 공간은 모두 정중하게 디자인되고 취급된다. 유명한 건강 식단은 신체의 필요를 존중하는 것이다. 나이와 경험에 대한 깊은 존중과 존경이 있다. 대중교통부터 집회에 참석하는 것까지 모든 일에서의 철저한 시간 엄수에서 볼 수 있듯이 시간에 대한 존중이 분명히 있다. 그리고 방문자의 눈에는 정중하게 대하지 않아도 될 것처럼 보이는 것들에 대해서도 존중한다. 사람들이 기차에서 당신에게 지나치게 가까이 다가가는 것은, 당신의 개인 공간을 침범하려는 것이 아니라 다른 사람들이 더 많이 타서 함께 이동할 수 있게 하려는 것이다. 흔히 볼 수 있는 마스크와 면장갑은 다른 사람과 자신을 세균으로부터 보호하기 위해 착용하는 것이다. 그들은 종종 자신을 지칭할 때 매우 겸손하게 표현하고, 대화 상대에 대해서는 존칭을 사용한다.

늦은 시각, 사무실에서 자전거를 타고 집에 돌아오면서 이자카야 밖에서 작별 인사를 하는 샐러리맨 무리를 볼 수 있었는데, 점점 더 허리를 굽히고 깍듯하게 인사하는 모습이 인상 깊었다. 인사는 그 자체로 복잡한 의식 예술이며, 말하는 사람의 연공서열에 따라 절하는 시간과 기울기가 변한다.

존중은 그 어떤 것보다 앞선다. 통근 열차에서 한 여성이 내 앞 좌석에서 잠든 남자 앞에 서서 잠이 든 것을 보았다. 둘 다 깊은 잠에 빠져 있었고, 실수로 침을 흘릴 수도 있는 상황이었다. 그리고 그 일은 실제로 일어났다. 그녀의 입에서 한 방울의 타액이 떨어져 턱을 타고 흘러내렸고, 깨어나는 순간 얼굴에서 흘러 남자의 손으로 떨어졌다. 잠에서 깬 그 남자는 완전히 당황해서는 자기 침이라 생각하고 즉시 손에 묻은 침을 핥고 자신의 입을 닦았다. 그녀는 그 모든 것을 목격했고, 창피한 나머지 다른 곳으로 걸어가서 눈을 크게 뜨고 정중하게 한 마디도 하지 않았다. 그녀의 뺨이 분홍빛으로 물들었다.

존중의 중요성은 아이들이 어렸을 때부터 충분히 강조한다. 유치원에 여러 켤레의 신발, 손과 얼굴용 수건을 준비한 아이들이 도착한다. 교실에 들어가기 전에 실내화로 갈아 신은 아이들은 앉자마자 손을 씻고, 물건을 적절한 장소에 가지런히 보관하는 법을 배운다. 누군가의 집을 방문하면 문 앞에서 갈아 신을 실내 슬리퍼 한 세트가 제공되며, 화장실에 가면 때때로 화장실에서만 사용하는 두 번째 신발 세트가 놓여 있다. 이는 손님의 안락함도 존중받는 것이지만, 무엇보다도 그 가정의 청결과 질서가 우선시되는 것이다.

외부인에게 존중의 문화는 때때로 혼란을 야기할 수 있다. 친구의 집을 방문해서 가족을 만나고 다도에 초대를 받고 나서야 비로소 내게 청혼하고 있다는 사실을 깨달았다. 이 제안은 간접적이고 정중하며 암시적인 방식으로 이루어졌기 때문에, 무슨 일이 일어나고 있는지 깨닫는 데 시간이 좀 걸렸다.

그러나 나는 전반적으로 일본의 생활방식이 활기를 띠는 것을 발견했다. 일본에서 나는 훨씬 더 많은 에너지를 가졌고, 나의 웰빙과 라이프스타일에 대해 더 많이 생각했고, 다른 사람들과 어떻게 상호작용하는지 더 의식할 수 있었다.

우리는 모든 것이 서둘러 처리되는 바쁜 삶에 너무 익숙해져 있다. 존중은 사라지고, 다른 모든 것을 배제하고 자신의 필요에 의해 소모되기 쉽다. 일본에서는 다르다. 다른 사람들에 대한 존중과 배려는 당신이 하는 모든 일에 해당된다. 당신의 행동이 다른 사람들에게 어떤 영향을 미칠지 생각하기 위해 잠시 멈추고, 당신과 당신이 살아가는 공간 전부에 주어지는 존중에 보답한다.

빨리하는 것보다 시간을 내어 제대로 하는 것의 가치를 더 많이 생각하고, 더 많이 듣고, 더 많이 감사하게 되었다. 이는 주변 세계에 더 주의를 기울이고 개인의 성장과 웰빙에 더 유익한 삶에 대한 접근 방식이다.

이러한 일본 사회에서 긍정적인 효과는 분명히 볼 수 있다. 일본은 세계 주요 국가 중 기대수명이 가장 높다. 이는 종종 생선, 곡물, 채소가 많이 함유되고 지방, 유제품 및 가공식품이 적은 매우 건강한 식단으로 귀결되지만, 일본 사회에서 나이가 차지하는 영예로운 위치 또한 반영한다. 범죄율도 매우 낮아서 어느 시간에 어디를 가든지 안심할 수 있다.

권위에 대한 존경이 맹목적인 복종이 될 수 있는 것과 같이 일본 문화에 논쟁과 결점이 없다는 말은 아니다. 일본에는 사회경제적으로 확실히 자리를 잡은 문제들이 존재한다. 미혼모들의 높은 빈곤율, 낮은 수준의 소비 지출, 밀레니얼 세대◆들의 자신감 부족 및 사회적 상호작용 부족이 대표적인 문제이다.

그러나 일본은 특히 개인주의적인 문화에서 온 사람들에게 많은 가르침을 준다. 진정으로 사람들을 배려하고 '나'가 아닌 '우리'에 초점을 맞추는 곳에서 시간을 보내면 생각과 행동이 달라지기 시작한다. 나와 내 주변의 세계, 그 안에서의 나의 위치에 대해 보다 전체적인 관점을 취하게 된다. 결정을 내릴 때 더 많이 배려받는 사람은 그만큼 더 사려 깊어질 수밖에 없다. 상호작용하는 사람과 장소에 미치는 영향에 대해 더 많이 생각함으로써 나 자신을 더 잘 알고, 상당한 자기 개선 능력을 발휘할 수 있다. 존중을 하는 데는 약간의 시간과 의식적인 생각 외에는 비용이 들지 않지만, 존중을 선택함으로써 개인의 개발과 성장을 향한 세계로의 문을 열 수 있다.

◆ 1980~2000년대 출생한 세대를 뜻한다.

케냐

함께하기 *Togetherness*

아프리카 여성 최초로 노벨평화상을 수상한 왕가리 마타이는 하람비의 원칙을 기반으로 지속 가능한 개발을 위해 노력을 기울여 왔다

"내일 제가 추수하는 것을 도와주실 수 있어요?"

케냐인 동료가 이런 질문을 했을 때 약간 놀랐다. 많은 문화권에서 이와 같은 요청은 주제넘거나 무례한 것으로 보일 수 있기 때문이다.

하지만 케냐에서는 재미로 여겨지고 중요하며 누구나 예상할 수 있는 일이다. 추수를 돕는 일이든, 결혼식 축의금을 내는 일이든, 누군가의 집을 다시 짓는 일이든 누구든지 도움이 필요할 때 동일한 도움을 받을 수 있다는 가정을 한다. 의료비, 학비, 장례비와 같은 주요 비용은 한 가족이 혼자 감당하기 어려운 경우가 많다는 점을 감안할 때, 이것은 자선이 아니라 오히려 더 많은 것을 달성하기 위해 함께 자원을 모으는 것으로 여겨진다.

도움 요청이 왔을 때, 케냐 사람들은 바쁘거나 돈이 부족한 것에 대해 변명하지 않는다. 한 가족을 돕는 일이든, 학교를 짓는 것과 같이 지역사회가 필요로 하는 일을 하기 위해 함께 힘을 합치는 일이든 대부분의 사람들은 그 일에 몰두한다. 모두가 협력하여 작업을 마치고 비용도 충당한다. 사람들은 이웃집 학생이 좋은 대학에 들어갔거나, 동료의 지붕이 전날 밤에 무너져서 수리가 필요한 상황이라면 사무실에서 파란색과 빨간색 봉투를 정기적으로 돌리며 기부금을 모은다.

이러한 공생의 정신을 뒷받침하는 철학은 모든 케냐인에게 친숙한 건국 국가 가치인 '하람비*harambee; 함께 일하기*'이다. 그것은 심지어 케냐 국기에도 등장한다. 하람비는 1890년대에 케냐−우간다 철도를 건설하기 위해 강압적인 작업 환경 속에서 말라리아나 흑열병 등으로 희생된 25,000여 명의 인도인 노동자들의 결속을 다지는 의미에서 처음 만들어진 용어이다.

그후 하람비는 케냐의 초대 대통령인 조모 케냐타가 1963년 그의 독립기념일 연설에서 언급하면서 많이 알려지게 된 아이디어였다. 그는 이렇게 말했다. "제가 여러분에게 모든 것을 줄 수 없다는 것을 알아야 합니다. 나라를 발전시키고, 아이들을 교육하고, 의사를 확보하고, 도로를 건설하고, 모든 일상적인 필수품을 개선하거나 제공하기 위해 우리가 함께해야 하는 것들을 말씀드리는 겁니다."

국가 통합과 자급자족을 위한 사회주의 플랫폼으로 케냐타 정부에서 시작된 하람비는 케냐 사회 어디서나 볼 수 있는 상징이 되었다. 대통령 전용기 이름은 '하람비 원'이고, 축구 국가 대표팀 이름은 '하람비 스타즈'이다.

하람비의 아이디어는 정치적인 기원을 가지고 있었을지 모르지만 정부 개입에 의존하기보다 현장에서 문제를 해결하고자 하는 케냐인들은 이를 마음에 새겼다. 종종 부족과 민족에 따라 분열될 수도 있는 국가에서(특히 정치와 관련하여), 하람비는 모두에게 이익이 되는 공통의 대의를 중심으로 지역사회들을 통합할 수 있다. 하람비가 없었다면 도로, 학교 등 기반시설이 없는 곳이 지금보다 훨씬 더 많았을 것이다. 이것은 철학을 기반으로 해서 운영되는 일종의 보험이다. 사람에 의해 구동되고, 공동체에 포함되며, 지속 가능하기 때문에 결코 사람들을 실망시키지 않을 것이다. 사람들이 매월 돈을 모아서 구성원이 필요할 때 돕는 지역 협동조합인 차마chama를 뒷받침하는 원칙이다.

하람비는 경제 발전에 대한 불균등한 영향에서부터 이 개념을 악용하려는 정치인에 이르기까지 비판하는 사람들도 있지만, 그 영향력이 디지털 세계로 확산됨에 따라 케냐 사회의 필수적인 부분으로 남아 있다. 대표적인 예가 2007년에 출범한 모바일 머니 네트워크인 엠-페사로, 케냐 인구의 약 55%를 고객으로 두고 있다. 오늘날에는 동일한 종류의 서비스를 제공하는 앱이 아주 많지만, 엠-페사(현재 전 세계에서 사용된다)만큼 일찌감치 서비스를 시작해서 많은 사람들이 사용하는 앱은 거의 없다. 케냐인들이 송금하는 데 있어 취약한 기반시설을 극복할 수 있도록 돕기 위해 설계된 이 서비스는 외딴 마을에 있는 가족과 자원을 모아 지역사회에 돈을 돌려주고자 하는 도시 거주자들에게 필수적인 도구로서, 하람비가 근간이 되었다.

손쉽게 돈을 보내고 페이스북 또는 왓스앱을 통해 신속하게 공유하여 모금 운동을 지원할 수 있는 문화는 하람비가 그 어느 때보다 쉽고 빠르게 일어날 수 있다. 깨끗한 화장실을 이용하는 것보다 휴대전화를 사용하는 것이 더 흔한 나라에서 디지털 네트워크는 사람들이 하람비의 오랜 전통에 따라 새로운 방식으로 함께 일할 수 있도록 돕는 서비스이다.

단지 공동체를 지원하고 시설을 갖추는 데 도움이 되기 때문에 하람비가 중요한 것이 아니다. 이 경험은 독특한 희망을 준다. 내가 다른 사람의 추수를 도운 아침을 통해 이렇게 함께 일하는 것이 값진 일일 뿐만 아니라 즐겁고 상쾌한 일이라는 것을 알게 된 것처럼, 시간을 내어 자원하는 다른 사람들의 지원을 받고 긍정적인 기여를 하고 있다는 생각으로 인해 당신은 마음의 모든 것을 잊고 당면한 과제에 자신을 던질 수 있다. 당신의 문제가 공유될 거라는 것과 필요할 때 공동체가 당신과 함께할 것이라는 걸 알면 밤에 잠을 더 잘 수 있다. 공생은 번성하는 공동체에서 성공적인 기업에 이르기까지 모든 것을 이끄는 정신이다. 고립된 문화권에 있는 사람들은 (옆집 이웃에 대해 얼마나 아는지 생각해 보라) 케냐를 유심히 바라봐야 하며, 함께 일하는 힘이 어떻게 분열을 메우고 지역사회를 활성화하며 정신을 고양시킬 수 있는지 살펴봐야 한다.

라오스

봉사 *Service*

오른쪽 끝에 있는 라오스 소년이 내 생명을 구했다

　라오스를 다녀왔다면 튜빙*tubing*을 해 봤을 것이다. 뗏목이 없는 급류 래프팅으로, 고무 튜브에 몸을 웅크리고 자신의 안전을 스스로 챙기면서 강을 따라 내려가는 것이다. 몇 년 전부터는 이와 같이 진행되는 방식에 새로운 규정이 도입되었다. 그러나 20여 년 전만 해도 보호장치

자체가 존재하지 않았기 때문에 치명적인 대가를 치를 수도 있었던 튜빙은 위험했다.

튜빙은 고요하게 시작되었다. 잔잔한 강에서 그룹을 이뤄 조용히 떠다니면서 우리는 서로의 튜브를 발로 쿡쿡 찌르며 느긋하게 즐겼다. 물은 수정처럼 깨끗했고 풍경은 목가적이었다. 그런 다음 상황이 빨리 진행되기 시작했는데, 내 그룹 중 몇 사람들은 점점 더 빠르게 앞으로 경주를 하고 있었다. 곧 나는 혼자가 되었고, 양쪽에 가파른 제방이 있는 깊은 계곡으로 휩쓸려 들어갔다. 튜브는 없어졌고, 나는 세탁기에서 도는 것처럼 거센 물결에 거꾸로 뒤집혀 뒹굴고 있었다.

나는 물속으로 빠져 들어갔다. 안경은 없어졌고 귀가 울렸다. 수영하기에는 급류가 너무 셌다. 익사는 극단적인 나의 악몽이었고, 갑자기 어머니가 내 죽음에 대해 이야기하는 모습이 보였다. 어떤 이유에서인지 어머니는 라오스가 무엇인지도 모르고 지도에서 정확히 찾아낼 수 없을 것 같단 생각이 들었다.

그때 무언가 어깨를 쾅쾅 부딪치는 바람에 몽상에서 깨어났다. 나무뿌리였다. 나는 그것을 붙잡고 몸을 일으키기 시작했다. 머리는 물 위에 있었고 약간의 공기를 들이마실 수 있었다. 나는 혼자였다. 황야에서 길을 잃고 그저 매달려 있을 수밖에 없었다.

나무뿌리 사이에 끼어 꼼짝하지도 못한 채 결코 구조되지 못할 거라는 공포에 사로잡혀 얼마나 오래 거기에 있었는지 모른다. 그때 갑자기 열 살도 채 되지 않은 소년의 얼굴이 나타났다. 그는 둑 너머를 바라보더니 내가 있는 쪽으로 내려왔다. 그러고는 땅 속에 자신을 묻더니 그 위로 올라오라고 손짓했다. 그가 말한 대로 했을 때 그가 다시 내 위로 올라왔고, 우리는 그렇게 인간 사다리를 번갈아가며 함께 계곡을 빠져나왔다. 나는 잠시 생각을 멈추고 그저 계속해서 손가락과 발가락을 흙 속으로 최대한 깊숙이 밀어 넣었다.

내 생명은 그렇게 구조되었고, 이 놀라운 소년과 봉사에 대한 라오스의 가치에 감사했다. 라오스에서 가장 큰 미덕은 남을 섬기고 도울 방법을 찾는 것이기 때문이다. 조건 없이, 주저함 없이 도움을 제공하는 시크교 가치인 세바_seva_와 유사하다.

라오스 사람들은 항상 다른 사람들을 챙긴다. 인사를 하면 대개 "식사했습니까?"라는 대답이 돌아온다. 이곳에서는 낯선 사람들과 함께 식사하도록 초대받는 것은 결코 이상한 일이 아니다. 버스를 타고 여행했을 때 고속도로에서 차가 고장난 누군가를 돕기 위해 버스를 정차하고 도움을 주는 경험을 수차례 목격했다. 그리고 깊은 감사함에 대한 응답으로 간결한 인사_Boh penh yang; 아무것도 아닙니다. 걱정하지 마십시오_를 들을 것이다. 이 문화는 라오스 인구의 약 4분의 3이 믿는 소승불교에 뿌리를 두고 있다. 승려와 평신도 사이의 관계는 봉사 전통을 반영하며, 후자는 매일 탁밧_tak bat; 탁발_—재정 및 식사 지원—에 기여한다.

서구 문화에서 봉사의 개념은 노예 상태라는 의미를 내포한다. 그러나 라오스가 보여 주듯이 봉사의 진정한 가치는 평등함이며, 주저 없이 다른 사람을 돕는 것이다. 봉사는 다른 사람의 필요가 항상 자신의 필요와 동등하지 않아도 되는 사고방식을 장려한다. 어떤 상황에서든 내가 원하고 필요로 하는 것이 아니라 어떻게 하면 남에게 봉사할 수 있는가를 먼저 생각하고 산다면 더 나은 사람, 더 행복한 사람, 더 원만한 성격을 지닌 사람이 되지 않을까.

라트비아

자기표현 *Self-expression*

리가 브레멘 마을의 음악가들

노래를 함께 따라 부르게 되는 라트비아 노래와 춤 축제는 다양한 음악으로 유명하다. 3만 명에 달하는 공연자들 중에는 모든 학교의 어린이들도 참여하여 여러 시대에 걸친 점령과 수많은 독립 투쟁 노력을 통해 라트비아 정체성의 초석이 된 노래와 문화를 축하한다. 1873년부터

5년마다 열리는 이 행사는 세계에서 가장 큰 음악 행사 중 하나이자 라트비아 민족성과 자기표현의 중심이다.

노래가 라트비아 문화와 정신의 중심이 되었다는 정도로 말하는 것은 절제된 표현일 것이다. 사실 노래의 힘이 현대 라트비아를 독립 국가로 만드는 데 일조했다고 해도 과언이 아니다.

자기표현의 가치는 오늘날 라트비아가 러시아 제국의 일부(1918년 독립까지)였으며 발트해의 독일 엘리트가 지배하던 19세기 중반으로 거슬러 올라간다. 국가의 정체성, 문화, 유산을 되찾기 위한 운동이 시작되었고, 라트비아어는 새로운 전국 신문을 창간하면서 대중화되었다. 얀라트비시jaunlatvieši; 젊은 라트비아인, 반대자들에게서 따온 용어라는 기치 아래 조직된 지식인들은 스스로를 독일인이 아닌 라트비아인으로 정의하기 시작했다. 그리고 민속문화, 특히 노래를 새롭게 연구하고 축하했다. 1890년대부터 입에서 입으로 전해진 전통은 크리시아니스 배론스에 의해 수십만 개의 라트비아 민요를 6권으로 묶은 민요집으로 활자화되어 출판되었다. 이 작품으로 인해 그는 국가적인 영웅이 되었으며, 2013년에 라트lats가 유로화로 바뀌기 전까지 라트비아 지폐에 등장한 유일한 인물이었다.

1999년과 2007년 사이에 라트비아 대통령이었던 바이라 비케프레이베르가는 "이렇게 한데 모여 노래하는 것은 여러 면에서 라트비아의 독립, 즉 독립 라트비아 국가를 만드는 것에 대한 생각으로 이어졌습니다."라고 말했다. 그는 또 최초의 라트비아의 자각이라고 불리는 민속 전통과 노래의 중요성을 다음과 같이 요약했다. "다양한 타국의 점령에도 살아남은 전통은 우리의 뿌리에 대한 인식, 과거와의 연결, 라트비아인이라는 것이 우리에게 어떤 의미인지를 깨닫게 해 주는 유산과 자격을 유지하는 데 도움이 되었습니다."

국가 정체성을 확립하는 것부터 점령하에 그것을 유지하기 위한 투쟁에 이르기까지 노래와 민속문화는 라트비아인들이 자신과 민족의식을 표현하는 방식이었다. 노래는 1918년 러시아 제국이 그랬던 것처럼, 1991년 소비에트 연방으로부터 독립하는 데 큰 역할을 했다. 에스토니아, 리투아니아, 라트비아에 걸친 노래 혁명은 나치-소비에트 조약 50주년 기념일에 200만 명이 넘는 에스토니아인, 리투아니아인, 라트비아인이 3개 지역에 걸쳐 675km가 넘는 인간사슬을 연결했던 발트의 길Baltic Way 시위로 유명해진 저항의 중심이었다.

라트비아인들은 노래를 통해 국가의 정체성과 독립을 위해 끈질기게 저항해 왔다. 민속 전통은 라트비아의 역사와 문화를 기념할 뿐만 아니라 라트비아의 생존과 번영을 보장하는 주요 수단이기도 하다. 라트비아 민속 전통은 문화적으로 중요한 만큼 매우 다양하다. 배론스의 거대한 선집에는 희망을 위한 노래, 정체성과 지방에 관한 노래, 악령을 물리치고 사람들에게 에너지를 주고 희망을 고취시키는 노래들이 있다. 내 친구 크리스틴은 "함께 노래를 부를 때 우리 모두가 천사가 되어 함께 더 높이 날아오르는 것과 같아."라고 말했다.

노래는 어머니의 날부터 하지, 11월 11일 독립기념일 축하 행사까지 모든 주요 일정을 기리는 데 중심 역할을 한다. 독립기념일에는 전 세계 라트비아인이 노래와 춤으로 화합하며 국민의 3분의 1이 참여하는데, 공연 관람 자리를 확보하기 위해 전날 경기장에서 잠을 잘 정도이다. 리가(라트비아 수도)가 특수 목적의 콘서트홀들로 가득 차 있거나,

어렸을 때부터 노래가 라트비아 교육 시스템에서 큰 역할을 했다는 것은 놀라운 일이 아니다. 《이코노미스트》는 라트비아를 합창의 초강대국으로 묘사했다. 학생의 약 10%가 합창단원이다.

노래가 복음 성가, 키르탄(시크교의 경건한 노래), 이슬람 기도에 이르기까지 대부분의 종교에서 본질인 것처럼 라트비아에서도 노래는 사람들을 물리적으로나 영적으로 한데 모으고 공통의 역사를 중심으로 연합하며 종종 라트비아의 역사에서 볼 수 있는 독립 국가로서의 공통 목적을 이야기한다. 라트비아의 노래 전통은 사람들을 하나로 묶는 의식과 전통의 중요성 그리고 인간 표현의 기쁨과 힘을 일깨워 준다. 우리는 함께 모여서 우리 자신을 표현하고, 우리의 마음과 영혼의 목소리를 내고, 혼자서는 결코 복제할 수 없는 종류의 공유된 경험에 참여함으로써 많은 것을 얻는다. 또한 심호흡하고 자세를 개선하고 합창단의 일부가 되어 노래를 부르는 것을 통해 얻게 되는 엔도르핀의 흐름 같은 신체적, 심리적 이점도 있다. 이런 종류의 자기표현은 개인을 고양시키며, 라트비아가 보여 주듯이 국가 전체를 해방시키는 힘이 있다.

마다가스카르

연대 *Solidarity*

피아나란초아에서의 연대 모습

비통함은 외롭고 고립된 경험이 될 수 있다. 그러나 사랑하는 사람을 혼자 기억하도록 내버려 두지 않는 마다가스카르에서는 그렇지 않다.

내가 머물고 있던 마을의 여성 가장인 앙쥬를 찾다가 이러한 사실을 발견했다. 평소에는 썰렁한 거리에 너무 많은 차들이 주차되어 있었기 때문에 곧 내 차를 포기해야 했다. 다들 어디에 있었을까? 멀리서 들려오는 영혼의 뿔피리 소리를 따라가다 보니 곧 알게 되었다. 온 마을이 모인 것 같았던 장소는 다름 아닌 길가에 있는 언덕 꼭대기에 세워진 무덤이었다. 그렇게 나는 아주 드물고 특별한 의식에 우연히 참석하게 되었다.

죽은 자의 뼈를 부수고 끝없는 삶의 순환을 기리기 위해 그곳에 함께한다고 들었다. 이것은 17세기에 기원을 두고 7년마다 열리는 파마디하나*famadihana; 뼈를 돌리는 의식*였다. 마다가스카르의 장례 의식으로, 조상의 시체를 무덤에서 꺼내 다시 장사한다. 마다가스카르인들은 뼈가 완전히 분해될 때까지 죽은 자는 평화롭게 다음 세상으로 갈 수 없다고 믿는다. 그래서 그때까지는 살아있는 사람보다 더 애지중지하고 보살핌을 받는다. 앙쥬의 선조들 무덤은 거센 돌풍에도 버틸 수 없을 것 같던 그녀의 소박한 목조 주택과는 거리가 먼, 영원할 것 같은 콘크리트 건축물이었다. 나는 가족들이 지하실에서 가려진 해골을 조심스럽게 들어올리는 것을 지켜보았다. 모두가 뼈를 볼 수 있게 하는 동안 친구와 가족은 자신의 모험과 성취에 대한 이야기를 들려주었다. 죽은 자의 뼈에 값비싼 향유를 뿌리고 값비싼 비단으로 감싼다. 그런 다음 밴드는 템포를 높이고 파티가 시작된다. 남자들은 대퇴골, 갈비뼈를 어깨에 메고 춤을 추며 세대에 걸쳐 가족을 하나로 묶는, 보이지 않는 끈을 재확인한다.

한 사람을 위해 많은 사람들이 모이는 장례식은 익숙하지만, 가족이 서로 연대하여 조상을 축하하는 이런 종류의 집단 의식을 본 적이 없다.

"우리 모두는 이 순간에 함께 참여합니다. 섬 전역에서 온 가족과 이웃과 친척들이여, 죽은 자는 문을 통과했습니다. 우리는 남겨진 이들의 슬픔을 나누기 위해 여기에 있습니다." 앙쥬가 말했다. 이곳에서 가족이 혼자 슬퍼하도록 두는 것은 상상할 수 없는 일이다.

처음부터 끝까지 파마디하나는 역경에 대한 마을의 회복력을 강화하는 공동체 결속과 연대 행위이다. 가족은 이전에 간 사람들에게서 배우며, 아직 오지 않은 사람들을 차례로 가르칠 거란 사실을 안다. 이를 통해 그들은 도움이 필요할 때 정서적 지원을 제공하는 이웃과 어깨를 나란히 한다. 그것은 여러 가지 형태로 나타나는데, 사망 시 가족에게 조의금 주기, 함께 노래 부르기, 음식 나누기, 모여서 이야기 나누기, 무너진 집을 수리하기 등이다. 가족생활의 결속은 마을로 퍼져 섬 전체로 확장된다.

이러한 연대는 1960년에 프랑스로부터 독립한 이후 지속적인 정치적, 경제적 불안정을 겪은 나라에서 절실히 필요한 가치이다. 독립을 위해 수년 동안 싸우고 수십 년 동안 여러 차례 쿠데타를 겪었던 마다가스카르인들은 정부나 경제의 불안정성을 보완하기 위해 가족과 지역사회 간의 연대에 의존한다. 연대는 일상적으로 존재하며, 1971년 마다가스카르의 독립 이후 첫 대통령인 필리베르트 치라나나를 축출한 로타카 운동의 일환으로 농민과 학생들이 한마음으로 항의했을 때와 같이 위기의 순간 전면에 나타났다.

연대를 보여 주고, 자신이 고통을 겪고 있지 않더라도 다른 사람들의 편에 서려는 의지는 우리를 인간답게 만드는 것 중 하나이다. 다른 이유 없이 사랑, 보살핌, 지원을 제공하는 것은 옳은 일이며 인도적인 일이다. 연대가 없다면 우리는 외롭고 취약한 상태에서 삶의 질곡을 겪어 나가는 개인일 뿐이다. 연대는 우리를 안전하게 보호하고, 삶을 풍요롭게 하며, 우리를 결속시킨다.

몰타

공동체 의식 *Community*

발레타의 거리

평생 동안 사람들은 남아메리카, 남유럽, 중동, 남아시아 등 내가 어디 출신인지 추측하는 게임을 해 왔다. 먼저 그들은 내 이름을 묻는다. 인도에 대해 조금이라도 아는 사람이라면 누구라도 내 혈통이 시크교(모든 시크교도 여성이 공유하는 이름인 '코어'라는 이름 때문에)이고 편자브 지역 출신일 가능성이 높다는 것을 짐작할 수 있다. 그다음엔 우리 가족이 어디에서 왔는지 안 후, 어느 마을에서 왔는지 묻는다. 그리고 몇 가지 질문을 통해 그들은 내가 세상의 어느 지역에서 왔는지 몰랐다가 곧 내 조상이 살았던 5km 이내의 지역을 정확히 파악한다. 공동체의 중요성을 보여 주는 나라인 몰타를 방문했을 때 떠오른 것은 바로 이 대화였다.

몰타에는 50만 명 미만의 인구가 살고 있지만, 이 섬은 세계에서 가장 인구 밀도가 높은 곳 중 하나이다. 그리고 사람들이 빽빽이 들어찬 나라에서 이들은 또한 긴밀하게 맺어져 있다.

수도인 발레타의 인구가 5,680명에 불과하듯이 이 나라가 진정으로 마을의 사고방식을 구현하는 나라라는 것을 깨닫는다. 총 4명이 살고 있는 코미노라는 섬도 있다. 인구조사 데이터에 따르면 몰타에는 19,000개가 넘는 성姓이 있지만, 인구의 75%가 동일한 100개의 이름을 공유한다.

이와 같은 마을 국가에서는 모든 사람을 알고 서로의 일을 아는 것처럼 보인다. 나는 할머니가 병에 걸려 교회에 몇 번 가지 못한 친구와 함께 머물고 있었다. 걱정하는 사람들이 그녀의 안부를 묻기 위해 집 앞으로 모였다. 기원전 700년의 페니키아 점령 때부터 1964년 영국의 통치가 끝날 때까지, 식민지 역사를 지닌 섬에서 사람들은 함께 뭉치는 법을 배웠다. 다른 곳에서 계속해서 명성을 찾는 사람들조차도 그들의 뿌리에서 너무 멀리 벗어나지 않는다. 세계 최고의 테너 중 한 명으로 꼽히는 오페라 가수 조셉 칼레야는 매년 수천 명이 관람하는 홈커밍 콘서트를 위해 몰타로 돌아온다.

공동체는 친구와 이웃 간의 상호작용에서 볼 수 있는 일상생활의 일부로 작동한다. 그리고 특히 각 마을이 수호 성인(또는 성인들)을 위해 개최하는 연례 행사에서 보다 조직적인 차원에서 존재한다. 이 일주일 동안의 축제는 매년 여름에 열리며 밴드 행진, 지역사회 기금의 불꽃놀이, 교구 교회 주변의 유물 전시, 리코타로 채워진 페이스트리인 파스티즈와 같은 전통 음식 공유로 완성된다. 16세기 종교 행렬에 뿌리를 둔 밴드 모임(음악 단체)은 축제 조직과 축하의 중심이다.

몰타의 공동체 정신은 지역 수준에서 가장 분명하게 드러나지만 전국적으로도 존재한다. 이 나라의 가장 큰 자선재단은 커뮤니티 체스트 펀드로, 몰타의 대통령을 후원자로 하여 지역 자선단체를 지원하고 가족의 의료비 지원을 위해 모금한다. 연례 기금 마련 행사인 엘 이스트리나*L-Istrina*는 몰타 전역에서 중계되며 작년에 700만 유로, 즉 몰타 인구 1인당 15유로 이상을 모금했다. 집으로 돌아가려고 할 때, 나는 몰타의 공동체 정신의 힘을 직접 경험했다. 2010년 봄, 순탄한 비행기 여행이었어야 했는데 또 다른 전환점을 맞았다. 아이슬란드 화산재 구름의 여파로 그곳에 있었던 수십만 명의 사람들과 같이 갑자기 발이 묶여버린 것이다.

우리 가족은 계속 머물고 있었지만 나는 예정되었던 면접을 위해 다시 영국으로 돌아와야 했고, 집으로 가는 여행을 준비하려는 제정신이 아닌 사람들로 가득 찬 공항에 도착했다. 많은 곳에서는 이 단계에서 희망을 버렸을 것이다. 그러나 몰타에서는 공동체 본능이 발동했다. 호텔 및 공항 직원은 친구와 지인들에게 열려 있는 경로가 있는지 확인했다. 결국 여객선에서 다른 사람과 객실을 공유할 수 있었고, 바다와 철도와 육로를 통해 영국으로 돌아왔다. 그것은 사람들이 함께 모여 서로 돕고 모든 사람이 모든 사람을 아는 곳, 공동체에 대한 몰타식 접근 방식 덕분에 가능한 일이었다. 우리는 외로움이 전염병이 된 시대에 살고 있다. 젊은 사람들은 기술의 남용으로 고립되고, 많은 기성세대는 기술에 접근할 수 없기 때문에 소외된다. 힘든 시기에 사람들을 하나로 묶기 위해서는 그 어느 때보다도 강력한 공동체 유대가 필요하다. 가시적인 공동체 의식이 있는 곳에서는 사람들의 웰빙이 향상되고 정체성이 강화되며, 더 길고 행복한 삶을 영위할 수 있기 때문이다.

멕시코

축하 *Celebration*

유카탄에서의 무도회 '리본의 춤*El Baile de las Cintas*'

  그림자, 냄새, 소리, 광경, 축하! 나는 멕시코에 도착하자마자 첫 번
째 축제에 참여했다.

  겔라게차*Guelaguetza*는 아즈텍 옥수수의 신 센테오틀을 기념하는 연례
행사로, 다가오는 계절에 풍성한 수확을 기원한다. 오늘날 겔라게차는

원주민과 기독교 전통이 혼합되어 있으며 퍼레이드, 춤, 노래, 음식 축제에서 오악사카주 중부 전역의 사람들과 종교가 모여 있다.

7월의 마지막 두 번의 월요일에 열리는 이 축제는 30만 명이 넘는 이 도시를 완전히 장악한다. 모든 집이 장식되어 있고, 모든 거리가 참여하고, 모든 가족들이 특별한 축하용 드레스를 가지고 있는 것처럼 보인다. 멕시코에 대한 이전 경험이 거의 없었기 때문에 나는 운이 좋았다며 자축했고, 우연히 참여한 이 놀라운 이벤트를 경험하기 위해 시간을 냈다.

그러다 곧 겔라게차가 그 자체로 특별하긴 하지만 멕시코에서는 이 정도는 예외가 아니라 규칙과도 같다는 걸 깨달았다. 이 나라는 거의 모든 장소에서, 언제든지, 누군가가 파티를 하고 있음을 보장할 수 있다. 사람들이 사교 행사에 참석을 못 하겠다고 하거나, 직장에서 바쁜 일주일을 보낸 후 너무 피곤해서 밖에 나갈 수 없다고 말하는 일은 결코 벌어지지 않는다. 멕시코인들에게는 이에 대한 변명이 없다. 항상 축제가 먼저이다. 이것은 멕시코 사람들이 즐거운 시간을 보내는 것을 좋아하기 때문이기도 하지만, 다른 나라 사람들보다 더 신나게 놀 수 있기 때문이기도 하다. 그것은 또한 인식과 기억에 대한 뿌리 깊은 문화와 관련이 있다. 살아있는 사람과 죽은 사람을 모두 축하하고, 멕시코 토착 또는 외국에서 수입된 전통을 기념하고, 이 나라의 풍부한 문화와 민족적 다양성을 인정하는 것이다.

가장 유명한 멕시코 축제 중 하나인 디아 데 무에르토스*Día de Muertos: 죽은 자의 날*는 조상을 기리는 행사이다. 가족들은 죽은 이들을 기억하고, 집에 오렌다(공양물이 있는 제단)를 쌓아 죽은 자의 영혼을 산 자의 세계로 되돌려 보내는 것을 환영한다. 좋아하는 음식이나, 아이가 죽었으면 좋아했던 장난감 같은 선물을 준비한다. 조상을 근처에 묻을 수 있는 소도시와 마을에서는 때때로 영혼이 집으로 가는 길을 찾도록 금잔화가 놓여 있다.

죽은 자의 날이 가장 눈에 띄는 국경일 중 하나라면 지역 축제, 특히 모든 마을이나 도시 지역에서 받아들인 성인들을 기념하는 축제가 더 많다. 이러한 축제들은 매년 열리며 하루 동안만 진행되기도 하고, 9일 동안 행사가 열리는 본격적인 노베나리오(9일 기도)일 수도 있다. 우리에게 잘 알려져 있는 성인들이거나, 마약상들의 비공식 수호 성인인 산 말베르데와 같이 덜 경건한 사람까지 다양하다.

국가 차원이든 지역 차원이든, 기원이 아즈텍이든 기독교든, 또는 베이비 샤워 및 성별 공개 파티와 같은 현대 관습을 차용하든 축하 행사는 멕시코 생활에서 중심적인 역할을 한다. 이는 단지 종교적 뿌리를 가진 행사만 해당되지 않는다. 축구에서 야구, 권투, 올림픽에 이르기까지 스포츠 행사도 대규모 파티를 여는 핑계로 등장한다. 그리고 당연히 매년 스페인으로부터의 독립기념일인 '그리토 디 돌로레스_Grito de Dolores; 돌로레스의 부르짖음_'라는 성대한 축하 행사도 열린다.

멕시코의 축제는 이벤트 자체뿐만 아니라, 몇 주 또는 며칠 전부터 시작하는 준비 과정도 중요하다. 종종 여기에는 특정 이벤트에 대한 전통 음식 준비가 포함된다. '칠레 엔 노가다'라는 음식은 다진 고기로 속을 채우고 호두 소스, 석류 씨앗, 파슬리를 얹은 칠레 포블라노(멕시코 국기의 색상을 나타냄)이며, '죽은 자들의 빵'은 죽은 자들의 날에 먹는 달콤한 아니스 맛의 롤빵이고, '로스까 데 레예스(왕의 반지)'는 주현절을 맞아 특별히 만든 원형의 치즈와 견과류로 장식한 빵이다. 꽃과 장식, 드레스도 고민 끝에 특정한 축제를 위해 주문 제작한다. 온 가족이 이 준비에 참여한다. 함께 지냈던 가족의 부엌에 앉아서 막내 아이가 칠레 엔 노가다를 만들기 위해 석류 씨를 빼서 엠파나다를 만드는 것을 지켜봤던 것이 기억난다. 행사가 있을 때마다 모든 사람이 참여한다. 음식 가져오기, 엔터테인먼트 준비 등 기본적으로 호스트의 삶을 편안하게 만들기 위해 할 수 있는 모든 일을 한다.

멕시코의 축하 문화는 단지 그곳을 방문하는 것으로 취하게 만드는 장소가 아니다. 그것은 또한 우리 대부분이 많은 것을 배울 수 있는 가치이다. 축하의 중요성을 과소평가하기 쉽다. 새로운 성취든, 더 이상 우리와 함께하지 않는 사람들에 대한 기억이든 상관없이 시간을 멈추고 기록하는 것은 중요하다. 멕시코 문화가 이를 강조하는 것은 부분적으로는 삶에서 더 많은 기쁨을 얻기 위함이기도 하지만, 우리에게 진짜 중요한 것을 기억하기 위해서이기도 하다. 많은 사람들이 작업 마감처럼, 나중에 삶을 돌이켜보면 그다지 중요하지 않은 일에 우선순위를 둔다. 멕시코인들은 그 일이 중요한 축제를 방해하는 것을 절대 허용하지 않으며 이러한 것들이 우선되어야 한다는 인식이 있다. 멕시코가 우리에게 가르치는 것은 축하가 특별한 경우에만 행해지는 하찮거나 중요하지 않은 일이 아니라 잘 사는 삶의 근본적인 부분이라는 것이다. 멕시코가 세계 행복 지수에서 2위를 차지했다는 점을 감안할 때, 우리 모두는 멕시코라는 책갈피에서 잎사귀를 꺼내고 파티에 대해 배울 수 있다.

뉴질랜드

환경주의 *Environmentalism*

뉴질랜드 북섬 로토루아의 짚라인

일반적으로는 한 나라의 유명인이 거리를, 그것도 맨발로 아무렇지 않게 걸어다니는 모습을 보리라고 기대하지 못할 것이다. 그러나 신발도 신지 않고 웰링턴을 배회하던 뉴질랜드 영화감독 피터 잭슨을 만난 적이 있다. 대부분의 도시에서 이것은 미친 짓일 것이다. 버려진 담배

꽁초, 껌, 깨진 유리조각들이 이런 생각을 꿈도 못 꾸게 한다. 그러나 뉴질랜드의 거리는 야외와 자연환경을 최우선으로 하는 국가 문화의 영향으로 흠잡을 데 없이 깨끗하다.

사실 피터 잭슨은 〈반지의 제왕〉 3부작을 통해 전 세계인의 마음에 뉴질랜드의 이미지를 경이로운 땅으로 고정시키는 데 도움을 주었다. 뉴질랜드에서 촬영되어 푸르른 풍경부터 눈 덮인 산, 아름다운 강에 이르기까지 이 나라의 특별한 풍경을 보여 주는 이 영화는 방문객 붐을 촉발하는 데 일조했으며, 그 후 몇 년 동안 뉴질랜드의 관광 산업 규모가 두 배로 성장했다고 알려졌다. 그것은 뉴질랜드가 세계에 자신을 홍보하는 방법의 기초가 된 '초록과 깨끗함' 슬로건에 영감을 주었다.

이는 훌륭한 마케팅 슬로건이었고, 사실에 기반한 최고의 홍보 문구였다. 뉴질랜드 환경의 강점은 멋진 풍경뿐만이 아니라, 사람들이 자신을 둘러싼 풍부한 자연 세계를 유지하기 위해 보여 주는 깊은 헌신이다. 2017년 9,000명의 뉴질랜드인을 대상으로 한 설문조사에서 '환경'은 자신의 국가를 정의하는 특성 중 공동 1위를 차지했으며, 평균 10점 만점에 9.1점으로 '자유, 권리, 평화'와 같은 점수를 받았다.

뉴질랜드인들은 환경을 사랑하는 것에 대해 단순히 말만 하는 것이 아니라 실제로 돌본다. 공해 최소화에 대한 예리한 인식의 일환으로 뉴질랜드인들은 바다, 강, 숲에 대한 전국적인 정화 활동을 매년 개최한다. 사회적 기업인 '킵 뉴질랜드 뷰티풀*Keep New Zealand Beautiful*'은 2017년 한 해 동안 거의 8만 명의 자원봉사자를 모집하여 100kg 이상의 쓰레기를 제거한 것으로 추정한다. 환경은 정치 캠페인의 핵심이기도 하다. 도널드 트럼프가 파리 기후 협정에서 미국을 탈퇴시키기로 결정한 후

크라이스트처치의 세 친구는 '트럼프의 기념비적인 어리석음을 상쇄할 글로벌 숲'을 심기 위한 크라우드 펀딩 캠페인을 시작했고, 1년 안에 그들은 100만 그루가 넘는 나무를 심을 수 있을 만큼의 돈을 모았다.

도시 거주자와 지방 거주자 모두에게 야외는 공유 공간이자 키위(뉴질랜드인을 가리키는 속어) 생활의 초점이다. 가족 여행에서 여름 휴가까지 뉴질랜드인들은 비행기를 타는 것보다 하이킹, 캠핑, 바비큐를 하기 위해 시골로 향할 가능성이 더 높다. 어디에 살든지, 숲과 해변과 산 중에 어떤 것을 선호하든지 상관없이 야외로 빠져들기 위해서는 잠깐만 운전해서 나가면 된다. 번지 점프와 짚라인에서부터 다양한 색상의 화산 분화구와 멋진 온천을 보는 것에 이르기까지, 뉴질랜드의 놀라운 자연 세계에 몸을 던지면서 마법 같은 무언가를 발견했다. 자연에 의해 정의된 국가를 말해 주는 생생함과 생동감이었다.

그러나 환경에 대한 뉴질랜드의 헌신은 야외에서 시간을 보내는 것에 대한 광범위한 선호도를 훨씬 능가한다. 또한 2025년까지 에너지 공급의 90%를 재생 가능하도록 정하여(2017년에 82%) 청정 에너지로의 급속한 전환에도 적극적이다. 국제 에너지 기구IEA는 뉴질랜드가 '재생 가능 분야의 세계적인 성공 사례'라고 소개했다.

환경에 대한 많은 관심이 미래를 바라보고 진정으로 '초록과 깨끗함'이라는 칭호를 들을 수 있는 국가를 만드는 반면, 야외에 대한 국가적 강조는 토착 마오리족 문화의 핵심 중 하나로서 훨씬 더 깊은 뿌리를 가지고 있다. 마오리 전통에서 파파투아누쿠Papatuanuku; 어머니 지구는 모든 생물의 근원이자, 모든 생명을 계속 유지시키는 힘의 중심 존재이다. 그녀의 후손인 마오리 신들은 거의 모두 자연과 관련이 있는데, 이는 숲과 새, 민물, 바다, 생선, 재배 식물, 날씨, 상어, 도마뱀, 가오리의 신들이다.

마오리인에게 자연과의 강력한 연결은 기본이며, 테오 마오리(마오리 세계관)의 일부이자 태어날 때부터 시작된다. 일부 사람들에게 있어 전통은 태반whenua: '땅'을 뜻하는 마오리 단어을 조상의 땅에 묻고 원래의 어머니인 파파투아누쿠에게 돌려주는 것이다.

많은 마오리인들은 또한 자신을 뉴질랜드의 육지, 바다, 하늘의 카이티아키kaitiaki: 보호자로 여기는데, 특히 환경이 점점 더 위협받음에 따라 더욱 그러하다. 뉴질랜드 정부에 따르면, 마오리 경제의 거의 절반이 임업에서 어업, 농업, 관광에 이르기까지 기후에 민감한 산업에 집중됐다. 자연환경 관리에 대한 많은 마오리인들의 권리가 뉴질랜드 법에 명시되어 있다. 그러나 최근 마오리 공동체는 정부가 탄소 배출과 환경 피해를 충분히 제한하지 않는다고 생각하기 때문에 정부에 대한 법적 조치를 검토하고 있다.

뉴질랜드가 '초록과 깨끗함' 약속을 지킬 만큼 충분히 일하고 있는지 의문을 제기하는 사람은 그들만이 아니다. 2017년에 OECD는 빠르게 성장하는 국가의 농업 부문(특히 집약적 낙농업과 같은 분야)이 기후 변화를 제한하려는 시도를 약화시키고 있는지 의문을 제기했다. 농업에 대한 초점은 "뉴질랜드의 강력한 성장이 부분적으로 환경의 질을 희생시켰고, 국가의 '녹색' 평판을 위험에 빠뜨릴 수 있다."라고 보고되었다.

다른 나라와 마찬가지로 뉴질랜드도 기후 변화와 관련하여 도전에 직면해 있다. 그러나 생태계에 대한 위협이 증가함에 따라 뉴질랜드는 또한 환경의 중요성과 생명, 영감, 창의성의 원천으로서의 역할과 진정으로 싸울 가치가 있다는 것을 상징한다.

오만

수용 *Acceptance*

와히바 모래 사막

우리는 지프를 타고 사막을 가로질러 해안을 향해 달려가고 있었다. 창문은 내려져 있고, 태양은 타오르고 있었다. 유치하게도 우리는 물결치는 사구에서 빠르게 속도를 내며 즐거워했다. 그러던 중 갑자기 유리로 된 무언가가 열려 있는 창문을 통해 눈으로 날아들었다. 고통이 극심했다.

내가 자초한 일임은 의심할 여지가 없었다. 창문을 연 상태로 선글라스도 끼지 않은 채 너무 빨리 운전한 탓이었다. 나는 또한 이슬람 국가에서 히잡을 쓰지 않는 여성이다. 구경꾼들이 나를 외면할 많은 이유가 있었을 것이다. 우리가 가장 먼저 찾은 사람을 불렀을 때를 제외하고, 그는 나를 집으로 데려가서 그의 아내와 함께 우리를 도우려고 했다. 그런 다음 나를 인근 마을에 있는 의사에게 데려갔다. 내 눈은 치료되었고 고통은 결국 가라앉았다.

그뿐만 아니라 그 부부는 우리에게 당분간 머물며 쉬라고 했다. 우리의 새로운 오만 친구들은 우리가 누구이고 어떻게 생겼는지 상관없이, 우연히 그들의 문 앞에 발을 디딘 이 낯선 사람들을 즉각적이고 주저하지 않고 받아들였기 때문에 우리는 기대할 수 있는 모든 도움보다 훨씬 더 많은 것을 얻었다. 나를 딸처럼 환영하고 대해 줬다고 해도 과언이 아니다. 그들은 내가 누구인지 판단하지 않고, 그저 도움이 필요한 또 다른 인간으로 여겼다.

이것이 가장 평화롭고 온건한 아랍 국가 중 하나인 현대 오만의 기본 가치인 '수용'이다. 술탄 카부스 빈 사이드 알사이드의 50년 가까이 이어진 통치 아래 오만은 세계에서 가장 가난한 나라 중 하나에서 기대 수명과 문맹률이 꾸준히 향상되고 빈곤이 감소하며 번영하는 나라로 발전했다. 유엔은 1970년부터 2010년 사이에 조사한 135개 국가 중 오만을 가장 발전한 국가로 선언했다.

수용은 이러한 성공의 기반이었다. 이는 오만 인구의 인종적 다양성 (이 중 약 46%가 동남아시아, 요르단, 모로코 출신의 국외 추방자들로 구성되어 있다)과 관용 및 수용을 강조하며 폭력을 비난하는 오만에서 우세한 이슬람의 이바디 지파에 뿌리를 두고 있다. 수니파와 시아파 이슬람교도는 무스카트 모스크에서 이바디족과 함께 예배할 수 있으며, 오만 법에 명시된 종교적 보호는 이러한 기도의 집이 기독교 교회와 힌두교 사원 옆에 있어도 됨을 의미한다. 중동 전역의 이슬람이 점점 더 종파됨에 따라 세계에서 유일하게 이바디족이 다수를 차지하는 오만은 종교적 수용의 등대로 널리 칭송받았다.

지금의 파키스탄에서 동아프리카 해안을 따라 현대의 모잠비크까지 뻗어 있는, 길고 구불구불한 제국이었던 오만은 더 이상 예전의 무역 강국은 아니지만 오래된 영향력과 중개 능력, 좋은 관계를 기반으로 한 문화 유산과 국가 정체성이 유지되고 있다. 오늘날에는 불안정한 지역에서 외교 중재자 역할을 하면서 종종 정상회담이나 각종 회의들을 주최한다. 파벌에 둘러싸인 오만은 다양한 종교, 다양한 민족, 다양한 요구사항을 수용할 수 있어서 이상적인 촉진자가 되었다. 흔히 공통점이 거의 없는 국가들 사이에서 양측에 강력한 유대를 유지하고 통로 역할을 할 수 있다는 의미이다.

수용의 정신은 또한 오만인과 그들의 통치자인 술탄 카부스 사이의 관계를 지배한다. 군주, 재무장관, 국방장관, 외무장관, 중앙은행 총재, 군 통수권자 등 압도적인 권력을 갖고 있음에도 그의 통치가 좋았다는 데 사람들의 폭넓은 동의가 있다. 2011년 혁명의 일환으로 오만에서 일어난 시위는 제한적이었고, 일자리 창출 확대에 대한 약속으로 진압되었다. 일반적으로 말해서 50년 동안 카부스의 절대 통치는 용인된 반면, 그는 국가의 변화하는 요구를 수용하고 지방 정부 내에서 더 큰 민주주의를 구현하고 소비자 보호를 강화했다.

복잡한 지역에서 안정성과 중립성을 보여 주는 드문 예로서, 오만은 다른 사람, 문화, 종교, 아이디어를 환영하는 많은 미덕을 보여 준다. 결국 서로를 받아들이지 않으면 크든 작든 갈등하며 항상 고통으로 이어질 것이다. 개인 차원에서든 국제적 차원에서든 수용은 좋은 관계를 뒷받침하고, 더 큰 화합을 만들고, 무지와 증오의 세력을 막는다. 또한 발전의 초석이 되기도 한다. 변화는 우리 자신, 서로, 그리고 함께 직면한 환경을 받아들일 때에만 이루어진다. 수용한다는 것은 평화로운 사회를 무너뜨리는 분열과 증오를 극복하는 큰 발걸음을 내딛는 것이다.

필리핀

가족 *Family*

팔라완에 있는 엘니도에서

　나는 마닐라에서 엘니도 섬까지 곧 부서질 것 같은 배를 3시간이나 타고 건너갔다. 품에는 6개월 된 아들 나리안이 있었다. 표면적으로는 여태까지 했던 여행들 중에 가장 힘들었다. 불안정한 배에 가만히 있지 않으려는 아기와 함께여서 더 그랬던 것 같다.

지금 말한 대로라면 세계 대부분의 지역에서는 정말 안 좋은 경험이었을 것이다. 그러나 필리핀에서는 정반대였다. 그 배에서 사람들은 우리 모자를 돌보았고, 우리의 기운을 북돋아 주었고, 우리에게 뜨거운 햇볕을 피할 그늘을 만들어 주었고, 배가 좌우로 흔들리는 것을 게임처럼 만들어 주었다. 아이들을 보고도 못 본 체하는 문화와는 정반대였다.

우리는 유럽과 중동을 가로질러서 3개 대륙을 광범위하게 여행했다. 그러나 주변 사람들이 어린아이의 존재에 대해 진정으로 편안함을 느끼고, 대처하는 방법을 이해하고 있다는 것을 필리핀에서만 느꼈다.

가족에 대한 필리핀의 진심과 그들이 다른 이들의 자녀들을 자신의 아이들처럼 대할 것이라는 사실에 대한 나의 첫 경험이었다. 이와 같은 가족 중심의 문화 속에서 나는 이번 여정이 어떤 결과를 가져올지 두렵지 않았다.

육지에 도착한 뒤에도 다르지 않았다. 가족이 어찌나 함께 붙어 지내던지, 이곳저곳에서 볼 수 있었다. 그리고 필리핀에서 가족은 부모와 자녀뿐만 아니라 대가족 전체를 의미한다. 런던의 아파트에서 필리핀 가족의 위층에 살아 본 경험에 따르면, 필리핀 사람들은 친척들과 가까이 지내는 것을 좋아한다. 침실 2개인 아파트에 15명은 사는 것처럼 느껴졌다. 하지만 개인 공간이 부족해서 긴장이 고조되는 환경이 아니라 항상 행복한 분위기이다. 도로에서도 마찬가지이다. 마닐라의 버스에서는 사람들이 한두 명이 아니라 한 번에 온 가족이 타곤 한다. 부모, 자녀, 조카, 사촌이 모두 함께 탑승하는 것이다.

가족에 대한 필리핀의 관심은 혈연관계를 넘어서 이웃, 손님 모두를 가족처럼 대한다. 그들의 아이들은 당신의 아이들이고, 당신의 아이들은 그들의 아이들이다. 항상 다른 사람들의 필요가 우선이라는 느낌을 받는다. 이것은 파키키사마$_{pakikisama: 다른 사람들과 어울리는 것}$인데, 종종 필리핀의 특징 중 하나로 확인되는 동료애와 유대감의 한 형태이다. 저녁이 되면 엘니도에는 아이들을 돌봐주는 사람들이 항상 있어서 자거나 쉬거나 외출할 수 있었다.

필리핀 사람들에게 '팍파파할라가 사 파밀리아$_{pagpapahalaga sa pamilya: 가족 중시}$'는 삶의 기본 중 하나이다. 실제로 가족의 중심 역할은 필리핀 헌법에 "국가는 필리핀 가족을 국가의 기초로 인정한다. 이에 따라 연대를 강화하고 발전을 적극 추진할 것이다."라고 명시되어 있다.

최근 많은 필리핀 사람들이 해외로 일하러 나가면서 가족의 중요성이 훼손되고 있다고 우려하는 사람들이 있다. 1000만 명이 넘는 사람들이 해외에서 일하는 것으로 추산되며, 약 900만 명의 아이들이 다른 가족들의 보살핌을 받는다. 정부 통계에 따르면 2010~2013년 사이에 매일 평균 5,000명의 필리핀인이 해외 취업을 위해 나라를 떠났다. 이 중대한 이주가 가족에 미치는 영향은 무엇보다도 필리핀 가톨릭 교회 내 인사들에 의해 비판을 받아왔다.

하지만 부모가 해외 취업을 하는 이유는 가족을 부양하기 위해서이다. 그들이 집으로 보내는 송금액은 필리핀 GDP의 약 10%를 차지한다. 그리고 그러한 여정과 부의 창출은 집에서 다른 가족 구성원이 제공하는 놀라운 지원 덕분에 가능하며, 그렇기 때문에 해외로 나가서 돈을 벌 수 있는 것이다. '이주 노동의 경제적 이익이 고국에 있는 가족의 비용보다 더 큰가'에 대한 건 계속되는 논쟁이다. 그러나 의심할 여지없이 이것은 필리핀 사람들이 가족을 얼마나 소중히 여기며 그들을 돌보고 부양하기 위해 무엇이든 할 것이란 걸 보여 준다.

많은 국가와 정부가 가족 단위를 사회의 기초라고 말하지만, 필리핀 사람들은 가족뿐 아니라 주변 사람들까지 돌보는 방식에서 가족 단위의 진정한 의미가 무엇인지 보여 준다. 가족이야말로 평화와 안전, 기쁨과 장수의 기초, 우리가 세상에 남길 영원한 유산이다. 가족은 인생에서 정말 중요한 많은 것을 하나로 모은다. 그리고 필리핀은 그것을 진정으로 가치 있게 만드는 방법을 세상에 보여 준다.

르완다

청결 *Cleanliness*

르완다 루헨게리 지역의 사콜라 춤을 추는 여인들

　키갈리에 도착하면 르완다가 도시를 깨끗하게 유지하는 데 중점을 둔다는 사실을 모를 수가 없다. 이는 포스터들을 통해 확인할 수도 있다. 이곳이 아프리카에서 가장 인구 밀도가 높은 곳 중 하나임에도 어디에서도 쓰레기를 볼 수 없을 것이다. 가이드였던 스티븐이 말했듯 르완다 사람들은 뇌물을 주거나 벌을 주지 않아도 '우무우간다_{umuganda}'라고 부르는 공동의 목적 의식이 있어서 청결이 유지된다.

1994년 대량 학살 이후 정신적인 정화 활동도 있었다. 정부는 민족 분열이라는 형태의 정신 오염을 용납하지 않았다. "투치족과 후투족이란 말은 언급되지 않아요. 여기에서 우리는 모두 하나입니다. 우리는 르완다라는 한 국가에 속한 한 민족입니다. 우리는 같습니다. 우리는 모두 선하기도 하고 악하기도 합니다. 우리가 통제할 수 있는 것은 우리가 집중하기로 선택한 것이고, 저는 용서에 집중하기로 선택했습니다." 스티븐이 설명했다. 르완다인은 순종적이며 잘 훈련되어 있고 공동체 의식을 갖고 있기 때문에 이것이 가능하다.

매달 마지막 토요일에는 교통을 3시간 동안 멈추고 전국의 마을과 동네를 청소하는 우문시 우무우간다_{umunsi w'umuganda}를 볼 수 있다. 법에 따라 신체가 건강한 모든 성인들은 참여해야 한다. 청소를 위해 모든 것을 멈춰 세우는 곳이 세상천지에 또 있을까?

르완다의 청결함은 환경 보호 이상이다. 개인의 청결도 중요하다. 아침에 아이가 더러운 얼굴로 학교에 오면 씻으라고 집에 보낸다. 2018년 르완다는 국내 섬유 산업을 지원하기 위해 정책적으로 중고 의류 수입을 금지했다. 거의 모든 형태의 작업에는 유니폼이 필요하며, 말할 필요도 없이 그것들은 항상 빳빳하게 다림질되어 있다. 스티븐은 캐주얼하게 옷을 입을 수 있는 금요일을 위해 티셔츠를 다림질하기도 했다.

현대 르완다에 대해 모두 이해하려면 1994년 대량 학살의 공포에서부터 시작해야 한다. 르완다인이라면, 인구 700만 명 중에서 대부분 투치족이었던 100만 명이 동료 르완다인인 후투족에게 칼에 베이거나 총에 맞아 사망했다는 사실을 결코 잊지 못할 것이다. 그러나 과거의 공포를 지울 수 없다고 했을 때, 깨끗한 상태와 새로운 시작에 대한 압도적인 열망이 여전히 존재하며 이는 청결에 대해 강박적으로 집중하는 것처럼 보인다.

공항의 짐 찾는 곳에서 가방을 기다리는데 한 여성이 다가왔다. "가방에 플라스틱이 있습니까? 르완다에서는 금지되어 있습니다. 비닐봉지가 있으면 압수합니다. 하지만 걱정하지 마세요. 우리는 그것들을 천 가방으로 대체합니다. 키갈리에 오신 것을 환영합니다!" 그녀는 나를 안심시키며 말했다. 또한 르완다에서 규칙에는 예외가 없다는 것을 암시하는 달콤한 미소를 볼 수 있었다. 2008년에 생분해되지 않는 비닐봉지를 사용해서는 안 된다는 법이 제정되었다. 나는 르완다가 아프리카에서 가장 부패하지 않은 국가 중 하나라는 말을 들었다.

대학살 이후 르완다인들이 어떻게 살아가고 있는지 궁금해서 꼭 방문하고 싶었다. 1984년 인도 북부에서 벌어진 시크교도들에 대한 집단 학살을 경험했기 때문에 특히 관심이 많았다. 앞으로 나아가기 위해 르완다에서 무엇을 배울 수 있을까?

추방된 투치족인 폴 카가메 대통령은 게릴라 부대를 이끌었고 국경을 넘어 콩고민주공화국, 탄자니아 및 기타 지역으로 학살자들을 추격함으로써 집단 학살을 중단시켰다. 이 위업은 그에게 국가의 가장 암울한 시간 속에서 분열되었된 국가를 재결속시키고 새롭게 시작할 수 있는 기회로 바꾸는 도덕적 권위를 부여했다.

정부가 더 이상 프랑스어를 사용하지 않고 대신 영연방 Commonwealth [◆]

◆ 영연방은 영국을 중심으로 옛 영국 식민지 국가들 위주로 결성된 국제기구이다.

에 가입하기로 결정했을 때, 국가는 말 그대로 '하룻밤 사이에' 영어 모드로 전환되었다. 어느 날 오후 수업이 프랑스어로 진행되다가, 다음 날 아침 교사들은 영어를 사용하여 영어 커리큘럼을 가르쳤다.

이러한 전체주의적 국가 경영에는 치러야 할 대가가 있는데, 바로 표현의 자유가 없는 것이다. 언론인과 정치적 반대자들은 투옥되고 거지, 성노동자, 노숙자들은 검거되어 구금된다. 급속한 발전에는 대가가 따르는 것 같다.

어떤 가치를 적용하더라도 극단적이면 왜곡될 수 있다. 하지만 깨끗함과 함께 질서와 변화, 즉 '새로운 시작'이 온다는 생각을 갖게 되었다. 이는 누구나 할 수 있는 간단하고 실용적인 행동이며, 그렇게 하는 사람들에게는 종교, 교육 시스템 또는 문화적 전통만큼 유익할 수 있다. 르완다에서 청결함은 시크교도들과 다른 사람들이 그러하듯이 경건함 옆에 있는 것으로 여겨진다. 거기에 교훈이 있다. 성공하려면 가정과 직장과 마음이 깨끗해야 한다는 것이다. 그것은 우리가 목표를 추구하는 데 방해가 될 수 있는 정신적, 육체적 혼란을 제거한다. 어수선함은 주의를 산만하게 하고 억제하며 우리를 짓누른다. 대조적으로 깨끗한 환경에 둘러싸여 있을 때 앞길이 더 명확히 보이기 시작하고 더 집중할 수 있다. 무엇이든 할 준비가 된다.

세네갈

내려놓기 *Let It Go*

다카르에서 가볍게 표현된 예술

세네갈에 있는 동안 사람들이 이슬람교에 대해 이야기하는 것을 들었다. 삶을 가볍게 받아들이고, 보장할 수 없는 것들에 대해 너무 심각하게 생각하지 않는 것에 대해서였다.

그러나 머물다가 떠날 준비를 할 때에야 비로소 그 의미를 제대로 이해할 수 있었다. 수도인 다카르는 현대 세네갈을 상징하는 새 공항을 이제 막 개항했지만 도심에서 멀리 떨어져 있었다. 공항까지 유료 도로 몇 개를 갈아타며 1시간 이상이 걸려 도착하니, 출발까지 90분이 조금 넘게 남았다. 그러고 나서야 여권이 없어진 사실을 알았고, 패닉에 빠져버렸다. 시내로 돌아가서 되찾을 시간은 없었다. 앞으로 벌어질 지연, 제반사항들, 추가로 들어갈 비용의 악몽이 이미 눈앞에 펼쳐졌다. 나는 미친듯이 공항 직원에게 무슨 일이 벌어졌는지를 설명했다.

"걱정하지 마세요." 그가 말했다. 그는 잠시 후 내가 묵었던 호텔에 전화를 걸었다. "걱정하지 마세요. 호텔에서 여권을 찾아 서둘러 공항으로 보냈습니다. 걱정하지 마세요. 전화로 계속 업데이트 연락을 받을 테니 걱정하지 마세요." 그는 침착하게 보안, 여권 심사대, 체크인 직원 등 알아야 할 모든 사람에게 정보를 제공했다. 스트레스가 조금 사라지자, 도우러 온 몇 명의 사람들이 나를 놀리며 농담하기 시작했다. 이륙 20분 전에 귀중한 물건이 제대로 도착했고, 나는 보안 검색대를 통과하여 줄을 서 있는 맨 앞으로 달려가 마지막 승객으로 재빨리 탑승할 수 있었다. 예전에 히드로 공항(런던)이나 오헤어 공항(시카고)에서는 비행기를 놓친 적이 있는데, 그때에 비하면 시간도 훨씬 더 많이 남아 있었고 걱정할 것도 훨씬 덜했다.

이것이 세네갈인들의 가치에 대한 개인적인 경험이었다. 어깨를 아주 여유롭게 으쓱하는 것, "안 좋은 일이 일어나도 걱정하지 마십시오. 그냥 내려놓으세요. 스트레스는 상황을 악화시킬 뿐입니다." 여러 면에서 이 나라는 태평한 나라이다. 사람들은 잠재적인 논쟁을 확대하기 위해서가 아니라 진정시키기 위해 개입한다. 자동차 사고가 발생하면 사람들은 목을 **빼**고 현장을 보며 재미있는 구경이라도 하려는 생각을 하지 않는다. 그들은 차에서 내려 사고 당사자들을 진정시키려고 한다. 세계에서 가장 오래 지속된 내전 중 하나가 발생했던 국가에서는 사람들 사이의 불필요한 갈등에 대한 진정한 혐오가 있는 것으로 보인다. 원한을 품거나 논쟁을 시작하는 것보다 유머로 긴장을 풀기 위해 서로 약올리는 것을 선호한다. 상황이나 대화를 너무 무겁게 이끌어가는 대신 조금 가볍고 비공식적으로 유지한다. "굳이 그러지 않아도 되는데 왜 일을 어렵게 만들어?"

이러한 태도는 대인 관계와 결혼 생활에도 적용된다. 일부다처제는 일반적이지만, 두 번째나 세 번째 부인이 첫 번째 부인을 원망하는 등의 예상할 수 있는 역동을 일으키지 않는다. 대신 두 번째 아내가 되는 것은 소중한 일로 여겨진다. 책임감도 덜 하고, 더 큰 자유를 누리며 자신에게 더 많은 시간을 할애할 수 있기 때문이다. 가지고 있지 않은 것에 대해 걱정하지 말고 현 상황이 갖고 있는 장점을 살펴보자. 불필요한 논쟁을 만들지 말고 그냥 내려놓자!

이처럼 편안하고 차분하고 느긋한 문화에는 다양한 이점들이 있다. 하나는 번성하는 예술, 음악, 코미디의 발전이다. 세네갈에서는 관료주의를 찾아보기 어렵다. 어딘가에 가야 하거나, 무언가를 찾거나, 기사 작성을 위해 인터뷰가 필요해서 적합한 사람을 찾아야 할 경우 사람들이 도와준다. 그들의 정신은 일을 되게끔 진행시키는 것, 방해가 되지 않게 하는 것이다. 그리고 자신이 도울 수 없다면 도움이 될 수 있는 친구를 찾으려고 노력한다. 관대한 환경 속에서 결과적으로 창의성이 번창한다. 예술가들이 일하기에 이상적인 곳이라 생각하여 세네갈에 와 있는 예술가들을 만난 적도 있다.

　물론 이러한 여유로운 문화에는 덜 편리한 측면도 있다. 느긋한 분위기는 시간 개념으로 이어진다. 사람들은 당신이 시간을 지키지 않아도 상관하지 않고, 당신 역시 다른 사람이 시간을 지키지 않아도 상관하지 않을 것이다. 같은 맥락에서 횡단보도와 신호등은 지시보다는 장식으로 취급된다. 일은 진행되고 규율은 지켜지지만, 똑딱거리는 시계와 법조문에 대해서 사람들은 그다지 걱정하지 않는다. 종교에 대한 태도도 비슷하다. 인구의 95%가 이슬람교도인 나라에서 신념은 그다지 심각하게 받아들여지지 않고, 적절하다고 생각하는 대로 실천할 자유가 사람들에게 주어진다.

　하지만 세네갈의 느긋한 문화는 모든 사람에게 적합하지 않을 수 있다. 많은 세네갈 사람들이 생각하는 것처럼, 무언가를 진지하게 받아들여야 할 때와 그냥 내려놓아야 할 때로 구분하여 생각하면 유익할 수 있다. 우리의 개인 생활과 직업 생활에는 실제보다 훨씬 더 큰 재난으로 확대 해석될 수 있는 일들이 너무나 많다. 그리고 논쟁을 벌이거나 원한을 품거나 정당하지 않은 일과 상황에 대해 걱정함으로써 우리는 더 유용한 출구를 찾는 데 쓸 수 있는 에너지를 낭비하곤 한다. 세네갈은 우리가 내려놓았을 때 더 먼 길을 갈 수 있음을 보여 준다. 그것은 우리가 더 나은 관계를 구축하고, 스스로 긴장을 풀고 인생에서 정말로 중요한 것들에 집중하는 데 도움이 된다.

스페인

향유 *Enjoyment*

스페인 세비야에서 열리는 라 페리아 데 아브릴 축제

우리는 추억을 웅장하고 중대한 것으로 생각하는 경향이 있지만 종종 마음에 남는 것은 작은 세부사항들이다. 갓 구운 빵의 냄새와 맛, 친구의 웃는 얼굴, 얼굴에 비치는 태양, 이른 아침 수영할 때의 시원한 물의 느낌 등이다. 이것은 삶을 잘 즐긴다고 했을 때의 맛과 느낌이며,

전 세계에서 이를 스페인보다 더 쉽게 맛볼 수 있는 곳은 없다.

나는 열한 살에 스페인을 방문하기 전까지 해외에 가 본 적이 없었고, 펜팔 친구 루이스와 함께 머물기 위해 영국에서 프랑스를 거쳐서 처음 가게 되었다. 주말에 가족과 점심 일정이 있었는데, 가장 먼저 놀란 것은 식사를 즐기기 위해 찾아온 사람들의 숫자였다. 또한 집에서는 경험한 적 없던 오랜 시간 동안 행사가 벌어졌다. 한낮의 햇빛이 창문을 통해 쏟아져 들어올 때 테이블 세팅을 도왔던 것을 기억한다. 손님들이 떠날 즈음에는 해가 지고 있었다. 그곳에 앉아 대화에 흠뻑 빠져들어서 변해가는 하루의 색깔을 지켜보았다.

이것이 처음으로 경험했던 독특한 스페인 전통 '소브레메사sobremesa: 식후에 식탁에서 보내는 시간'였다. '탁자 위'라는 문자 그대로의 의미는 이러한 의식의 본질을 포착하는 데 거의 도움이 되지 않는다. 인생에서 좋은 것을 충분히 향유하는 스페인 문화가 반영되었음이 더 중요하다. 소브레메사는 식사 그 자체가 아니라 식사 후에 일어나는 일이다. 가족 및 친구들과 함께 시간을 보내며 떠들고, 순간을 공유하고, 모두가 자신의 이야기를 하고 들을 수 있도록 한다. 식사는 음식 그 이상이다. 모든 이야기를 할 수 있고 모든 의견을 표현하며 중요한 문제들을 모두 토의한다. 진정한 맛은 배부르게 먹는 것이 아니라 시간이나 주제에 구애받지 않고 자유로운 형식으로 펼쳐지는 긴 대화이다.

소브레메사는 외국인들에게는 이상하게 보일 수 있는 스페인 근무시간을 설명하는 데 도움을 준다. 스페인에서는 오후 2~4시 사이에 2시간 동안 낮잠을 자고, 오후 8시경까지 근무가 이어진다. 7시경에 저녁 식사를 하려고 하면 스페인 사람들은 이상하게 여길 것이다. 8

시에 퇴근하고 술 한잔하러 나가면 저녁 10시쯤에 종종 자리에 앉기 때문이다.

이 전통은 행복하기 위해 많은 것이 필요하지 않다는 믿음을 반영한다. 식사는 간단하게, 햄과 치즈만 있어도 상관없다. 가장 중요한 것은 음식보다는 우리 자신이다. 이 단순한 것들을 즐기는 것은 소박한 토마토가 어떻게 이 나라에서 가장 유명한 축제 중 하나인 토마티나의 소재가 되었는지를 설명해 준다. 매년 수만 명의 사람들이 발렌시아주 근처의 부뇰 마을에 모여 약 160톤의 토마토를 서로에게 던지는데, 음식 싸움이라는 단순한 이벤트가 전 세계 사람들을 이 작은 마을로 모이게 하는 국가적, 문화적 행사로 발전한 것이다. 와인 생산지인 리오하 지역에서는 적포도주를 무기로 사용하는 또 다른 연례 축제인 '라 발라타 델 비노_La Ballata del Vino: 와인 싸움_'가 열린다. 이러한 이벤트들은 스페인만의 전통은 아니다. 내가 태어난 영국 글로스터셔 카운티에서 매년 열리는 행사는 토속 치즈로 만든 거대한 바퀴들이 언덕 아래로 경주를 하는데, 스페인과 마찬가지로 전 세계에서 방문객들이 찾아온다. 그러나 경쟁이 일상인 요즘, 토마티나 및 기타 유사한 이벤트들은 순수한 즐거움, 기쁨, 흥미를 위해 진행된다. 그저 음식 싸움인 것이다!

스페인의 즐길 수 있는 능력, 그리고 자신이 가진 것을 최대한 활용하는 능력은 유럽에서 빈곤율이 높은 나라들 중 하나인 국가의 경제적 현실에서 비롯된다. 유니세프에 따르면 2014년 스페인 어린이의 약 40%가 빈곤선 이하의 생활을 하고 있었다. 전체 스페인 인구의 4분의 1 이상이 빈곤이나 사회적 배제의 위험에 처해 있다. 실업률이 높고 소득 불평등이 심화되는 나라에서, 좋은 관계를 유지하며 함께 즐거운 시간을 보내는 것은 돈이 들지 않기 때문에도 중요할 수 있다. 삶을 즐기는 능력은 스페인에서 갖고 있는 세계적인 명성의 한 가지이다. 아버지가 자신의 성향과 딱 맞는 편안하고 만족스러운 문화가 있는 나라라고 들으시고는 열다섯 살 때 스페인으로 첫 가족 휴가를 갔었다.

삶을 즐기는 것에 대한 스페인의 접근 방식은 하루살이처럼 현대를 살아가는 우리에게 정말로 중요한 것들, 즉 우리가 함께 살아가는 사람들과 우리가 그들과 보내는 시간과 우리가 키우는 관계에 초점을 맞춘다. 스페인에서 즐거움은 단순히 즐거운 시간을 보내는 것만이 아니라 풍요롭고 충만한 삶을 사는 방법을 제시한다. 또한 길어진 수명도 생각해야 한다. 스페인은 2040년까지 일본을 제치고 세계에서 가장 높은 기대수명을 가질 것으로 예상된다. 만약 우리가 스페인처럼 인생을 진정으로 즐기기 위해 시간을 들이지 않는다면, 사는 목적이 무엇일까?

탄자니아

통합 *Unity*

잔지바르와 탄자니아 본토 간의 거리를 줄이는 것

"다르에스살람Dar-es-Salaam에 도착해서 내 이름을 말하면, 내가 누군지 알겁니다." 그것은 큰 나라가 작은 장소—모든 사람들이 서로를 알고 함께 뭉쳐진 큰 마을—같이 느껴지게 할 수 있는 '통합'이라는 가치가 중요한 국가인 탄자니아를 여행하는 동안 내게 제안된 가벼운 약속이었다. 이 통합은 우연이 아니라 건국 이래 정치권이 강조하고 격려해 온 것이다.

실제로 현대 탄자니아_Tanzania_의 전체적인 존재는 통합의 행위이다. 즉, 1964년에 탕가니카_Tanganyika_와 잔지바르_Zanzibar_로 구분되어 있던 두 왕국을 새로운 '통합 공화국'으로 합쳤고, 두 왕국의 이름의 일부분을 가져와 새로운 전체로 결합하는 이름을 취함으로써 통합을 표현한 것이다. 그것은 또한 새로운 탄자니아의 초대 대통령인 줄리어스 니에레레가 내세운 국정 주제이기도 했다. 1964년에 쓴 글에서 그는 여전히 존재했던 식민 통치자들에 반대하며 정의한 '아프리카 사람들의 근본적인 통합'에 대해 말하면서도 "지금 존재하는 통합의 느낌은 …… 각 국가가 따로 독립하고 민족국가의 유혹에 빠지면 쪼그라들게 될 것입니다."라고 경고했다.

30여 년이 지난 후, 니에레레는 임종 직전에 아프리카 국가들의 더 넓은 통합(가나의 콰메 은크루마 전 대통령과 같은 다른 아프리카 독립 지도자들과 함께 발전시킨)에 대한 자신의 원래 비전이 아직 실현되지 않았다고 회상했다. 그는 1997년에 "나는 우리가 식민주의로부터 물려받은 민족국가와 그 유산에서 우리가 건설하려는 인위적인 국가의 찬미를 거부합니다."라고 말했다. 그는 또한 다음 세대에게 "단합 없이는 아프리카의 미래도 없다는 확고한 신념으로 단결을 위해 일해 주십시오."라고 간청했다. 니에레레가 제시한 범아프리카의 꿈은 실패했을지 모르지만, 그가 설교한 통합의 이상은 탄자니아에서만큼은 살아남았다. 탄자니아는 부족, 문화, 종교의 경계를 넘어 사람들이 함께 뭉치는 방식으로 주목할 만한 국가이다. 그중 가장 주목할 만한 것은 이 국가의 언어이다.

독립 당시 새로운 국가가 통합한 다양한 민족(130개 이상)과 여러 가지 방언을 대체하는 공통 언어를 제공하기 위해 스와힐리어가 채택되었다. 하나의 민족과 하나의 국가를 위한 하나의 언어가 필요했기 때문이다. 오늘날 탄자니아에서는 100개 이상의 다른 언어가 사용되지만 니에레레가 의도한 대로 스와힐리어가 통합 언어가 되었다. 실제로 이전까지는 이중 언어(스와힐리어와 영어)가 쓰였던 탄자니아 교육 시스템에서 2015년부터 스와힐리어가 유일한 언어가 될 것이라고 발표했다.

언어를 넘어 종교적 차이에 대한 탄자니아의 태도는 국가 문화에 통합이 얼마나 깊이 뿌리박혀 있는지를 보여 준다. 세계의 다른 많은 지역에서 종교 축제와 같은 행사들은 여러 그룹으로 분리되어 별도로 진행하는 데 비해, 탄자니아에서는 종교 행사와 관습이 훨씬 더 다양한 사람들과 함께 공유된다. 기독교인은 라마단 기간 동안 연대하여 단식하고, 기독교인 여성도 히잡을 착용한다. 이슬람교도들은 크리스마스와 부활절 축하 행사에 동등하게 참여한다. 종종 분열과 분리의 원인이 되는 종교가 탄자니아에서는 통합의 원천으로 사용된다.

종교 지도자들 또한 화합의 복음을 전파하는 데 탁월하다. 다르에스살람 대주교는 서품식에서 "우리에게는 국가의 통합을 유지하는 것의 필요성을 강조할 의무가 있습니다. 피 흘림이 국가의 통합을 방해하도록 허용해서는 안 됩니다."라고 말했다.

그러나 탄자니아 통합 문화의 진정한 힘은 탄자니아를 가장 큰 도시인 다르에스살람(평화의 고향)이라는 이름에 걸맞게 이 지역에서 가장 평화로운 국가 중 하나로 만드는 데 있다. 세계 평화 지수에 따르면,

탄자니아는 동아프리카에서 가장 평화로운 국가이자 가장 평화로운 아프리카 국가 10위 안에 들었다.

탄자니아는 니에레레의 경우에서처럼 통합이 국가의 사명이 될 때 무엇을 이룰 수 있는지를 보여 주었다. 그리고 사람들이 공통의 기반보다 분리에 더 집중하는 것처럼 느껴지는 분열된 세계에서, 통합을 위해 투쟁하며 달성을 위해 노력하는 본보기를 전 세계에 보여 주었다. 어떤 회사나 국가나 지역사회가 더욱 통합된 접근방식을 사용하는데 그로 인한 혜택을 받지 못하겠는가? 분열은 좁힐 수 없고 차이는 타협할 수 없다고 말하는 사람은 탄자니아의 경우를 통해 왜 꼭 그렇게 되지만은 않는지 확인할 수 있다. 탄자니아에는 사람, 국가, 문화를 하나로 묶는 데 초점을 맞추려는 의지가 있기 때문이다.

티베트

헌신 *Devotion*

티베트 라사의 바코르*Barkhor* 거리

　나는 그 자체가 많은 수도원들의 미로 같았던 수도원에서 길을 잃었
던 적이 있는데, 수도원들 간의 길은 사방으로 꼬불꼬불 뻗어 있었다.
영원히 계단을 오르는 상황에 빠질 것만 같았다. 그때 나를 구한 것은
음악이었다. 들을 수는 있지만 보이지 않는 곳에서 나를 향해 표류해

온 것은 누군가의 목소리로 불리는 멜로디였다. 먼저 한 음높이로 노래를 부르고, 다른 음높이로 메아리쳤다. 점점 볼륨이 커지고 속도는 빨라지면서 목소리가 계속 높아졌다. 길을 잃은 나는 마침내 내가 있어야 할 곳을 찾을 때까지 음악을 따라갔고, 이내 놀라운 광경을 보게 되었다. 본관의 지붕 전체가 춤과 같은 집단 동작을 통해 수선되고 있었다. 한 그룹은 빗질을 하고 다른 그룹은 시멘트를 바르고 세 번째 그룹은 타일을 더 깔고, 모두 일하면서 리듬에 맞춰 노래를 불렀다. 이것은 행동하는 헌신이었다. 평범한 일이 영적인 것으로 바뀌고 경외심으로 가득 차 있었다.

이와 같은 헌신은 오래 전부터 와 보고 싶었지만 많은 지식인들이 내게 방문하지 말라고 했던 이곳, 티베트 어디에서나 있다. 다람살라의 불교 공동체에서 잘 아는 린포체스*Rinpoches: 귀한 존재*조차도 내게 티베트 방문은 추천하지 않았다. 내가 마음속에 품고 있던 티베트와는 달리 지금은 중국군이 사방에 주둔하며 모든 것을 지켜보고 있다고 모두가 말했다.

처음 든 생각은 달라이 라마가 이것을 어떻게 견디는가 하는 것이었다. 그는 1959년 이후로 인도 다람살라에서 망명생활을 했으며 결코 '고향'에 갈 수 없었다. 티베트인들에게는 조국을 떠날 수 있는 진정한 자유가 없다. 그러나 그를 만나면 그의 존재 전체에서 순수한 기쁨이 뿜어져 나온다. 행복을 의인화한 것이 있다면, 그것이 바로 달라이 라마일 것이다. 인터뷰 중 정확히 이 질문을 던졌을 때 그는 현재 티베트의 고통은 누구에게나 힘들고 자신이 더 힘든 상황은 아니며, 큰 그림과 장기적 관점에서 보기 위해 끊임없이 스스로를 상기시킨다고 말했다. 달라이 라마는 이 순간과 이 상황을 봉사할 수 있는 기회로 본다.

수백만 명의 중국인이 자신의 영적 연결과 성장을 위해 티베트로 오고 있다. 가장 가혹한 상황에서도 이 나라 자체의 방식으로 세계에 헌신과 영성의 지속적인 힘을 보여 주고 있다.

국경을 넘는 순간부터 중국이 점령하고 있음에 대한 끊임없는 현실 인식을 하게 된다. 가이드북, 지도, 달라이 라마와 관련된 모든 것 등을 처분해야 하고 짐을 수색하는 경비원을 보면 심지어 티베트를 국가로 인식하기도 한다. 비록 티베트에서 시간을 보내면서 평소처럼 티베트를 보고 탐험할 수는 없었지만, 이런 제한적인 시선 속에서도 빛을 발한 것이 있었다. 그것은 바로 티베트 사람들의 비범한 영성과 헌신이다.

마오쩌둥의 문화대혁명 이후 티베트 수도원의 95% 이상이 파괴되었으며, 남아 있는 곳에서는 수도원 공동체가 거의 쇠퇴했다고 한다. 오늘날 중국은 소수의 티베트 젊은이들에게만 승적을 허용하여, 한때 만연했던 수도원 전통을 상징적인 존재로 축소시켰다. 달라이 라마 다음으로 1995년에 티베트 불교에서 두 번째로 중요한 영적 지도자인 '판첸 라마'로 선포된 6세 소년이 중국에 납치되어 20년 넘는 세월 동안 정치범으로 남아 있는 것은 유명한 이야기이다.

그러나 티베트의 입장은 '당신이 사람들의 사당을 파괴하고 그들의 완전한 종교적 자유를 부정하며 그들이 믿지 않는 사상에 서명하도록 강요하는 등 그 모든 것을 할 수 있지만, 그러한 깊은 헌신을 근본적으로 훼손할 수는 없다.'는 것이다. 1,300년이 넘는 역사를 지닌 조캉 사원을 찾는 순례자들을 보면 이 헌신이 결코 무너지거나 빼앗을 수 없는 것임을 깨닫는다.

이 헌신은 어디에서나 찾을 수 있다. 나는 향과 음악을 사용하는 장례 행렬을 따랐다. 그곳에서 뵌교*Bon*와 조로아스터교 전통에 따라, 독수리가 먹고 다시 우주로 돌아갈 수 있도록 산꼭대기에 시신을 안치했다. 그리고 무엇보다도 가장 기억에 남는 것은 세계에서 가장 높은 도시이자 티베트 불교 최고의 성지인 조캉 사원과 14세기부터 달라이 라마의 통치 장소이자 매장지인 포탈라궁이 있는 라사로 순례하는 사람들과 합류했다는 것이다. 몇 걸음 걸을 때마다 순례자들은 무릎을 꿇고 성스러운 목적지를 향해 절을 한다. 무릎에는 패드가 붙어 있고 이마는 검게 변했다. 그들은 때때로 순례를 위해 수백 마일을 걷는다.

이 모든 것은 그 자체로 특별하지만 이를 둘러싼 환경 때문에 더욱 그렇다. 여행 가이드의 남편은 반체제 인사로 여겨지는 학자로서, 17년 넘게 투옥되어 있었다. 그들의 아들 진파는 고국을 떠나는 것이 남아 있는 것만큼이나 어려울 수 있는 티베트인들이 직면한 불가능한 선택에 대해 이렇게 표현했다. "저는 항상 가족에 대해 걱정합니다. 상황이 너무 위태로워서 제가 여기 있는 것이 중요합니다. '집'이라고 부르지는 않겠지만, 지금 우리에게 가장 시험이 되는 곳이기 때문에 신앙생활을 하기에 가장 좋습니다."

비슷한 맥락에서 남성 수도사 그룹은 하루의 유일한 기도가 언젠가는 달라이 라마 성하를 만날 기회가 있기를 바라는 것이라고 말했다. 그들은 망명 중에 있는 그와 합류하기 위해 떠날 수 없다. 언젠가 그가 그들에게 돌아오기를 기도할 뿐이다.

그것은 아마도 티베트 신앙의 가장 진실하고 심오한 표현일 것이다. 훈련되지 않은 우리의 눈에는 상황이 어떻게 보일지라도 영적인 눈은 더 나은 다른 미래가 기다리고 있다는 것을 볼 수 있다는 생각이다. 중국의 티베트 편입은 곧 80년이 되어가지만 2,000년도 지난 티베트의 종교적 유산에 비하면 티끌과도 같은 시간에 불과하다. 달라이 라마 자신이 말했듯이, 인간으로서 우리는 모든 상황에 어떻게 대처할지 선택할 수 있다. 분노나 증오와 같은 파괴적인 감정을 가질 수도 있고, 가장 어려운 상황에서도 긍정적인 것을 구하고자 하는 차분하고 명확한 정신을 가질 수도 있다.

이러한 관점은 끔찍한 압제에도 티베트 신앙을 유지하는 데 필수적이었다. 세계에서 가장 높은 지역에서 티베트인들은 도덕적으로도 높은 길을 가고 있다. 그리고 그들은 특정한 생각이나 특별한 명분에 대한 헌신으로, 어떤 반대도 극복할 수 있음을 보여 준다. 당신과 다르게 믿는 사람들이 더 강력하고 영향력이 있을 수 있지만, 그들이 당신에게서 사거나 빼앗을 수 없는 한 가지는 당신의 헌신이다. 티베트는 아무리 어렵더라도 대의에 헌신하는 지속적인 힘을 보여 준다.

웨일스

퍼포먼스 *Performance*

웨일스의 헤이 온 와이*Hay-on-Wye* 마을에서 열린 헤이 페스티벌의 무대 위에 서 있는 에반 데이비스

웨일스를 생각하면 다양한 목소리들이 먼저 떠오른다. 무르익은 합창단 또는 최고조에 달한 카디프 럭비 관중들, 발라드를 부르는 셜리 배시 또는 톰 존스, 기내 오페라에서의 캐서린 젠킨스 또는 브린 터펠,

무대 위에서 열변을 토하는 리처드 버턴 또는 앤서니 홉킨스, 정치적 화법의 정점에 도달한 어나이린 베번 또는 닐 키녹, 자신의 시를 공중으로 퍼뜨리는 딜런 토마스.

웨일스의 문화와 정체성은 공연하는 사람들과 공연 자체에 뿌리를 두고 있다. 이 나라의 정체성은 연극 무대나 럭비계의 글로벌 슈퍼스타뿐만 아니라 남성 합창단이나 동네 럭비 동아리 같이 음악, 연극, 스포츠, 정치 등의 다양한 분야에서 함께하는 행위에서 비롯된다. 웨일스의 국가는 이와 같은 참여적이고 성악적인 문화를 반영하며 '시인과 가수의 땅' '시인의 낙원' '내 땅의 달콤한 하프' 등으로 다양하게 묘사한다.

웨일스가 세계적인 명성과 영향력을 얻은 것은 퍼포머들을 통해서이다. 20세기의 가장 영향력 있는 영국 정치인들 중 일부는 웨일스 출신으로, 웨일스의 정신을 활용하여 충성스러운 지지자를 끌어들이고 그들이 소중히 여기는 대의를 발전시켰다. 전시의 위대한 웅변가로 명성을 얻은 사람은 윈스턴 처칠이지만, 동시대인으로 제1차 세계대전 후반기에 영국 총리였던 데이비드 로이드 조지 역시 동일한 존경을 받았다. 총리가 되기 전 그의 연설은 국민들에게 전쟁의 명분을 설득하는 데 중요한 역할을 했다. 그는 웨일스의 어린 시절 경험을 통해 의무와 봉사에 대한 열광적인 지지(하늘을 향한 단호한 손가락처럼 희생의 위대한 절정)를 이끌어 냈으며, 유머러스하고 웅장한 말을 혼합함으로써 청중을 항상 자신의 손바닥 안에 쥐고 있었다. 한 친구는 나중에 이렇게 회상했다. "로이드 조지는 눈썹을 치켜올리는 것만으로도 청중에게 웃음을 선사할 수 있었어."

'웨일스 마법사'의 영적 후계자는 노동부 장관인 어나이린 베번이었다. 그는 노동조합 지도자로서 영국 국민건강서비스의 창설을 주도했고, 당대 최고의 대중 연설가로 명성을 얻었다. 베번도 청중을 마음대로 웃고 울고 응원하게 만드는 능력이 있었다. 그후 10년 동안 노동당을 이끌었던 닐 키녹이 등장했으며, 권력을 얻지는 못했지만 위대한 웨일스 전통에서 기억에 남을 또 다른 연사로 그의 명성을 확립했다. 로이드 조지, 베번과 마찬가지로 키녹의 연설은 자신의 업적과 역사에 관한 것들이었다. "제가 왜 키녹 가문에서 1,000년 만에 처음으로 대학에 갈 수 있었을까요?" 그가 영국 노동 운동을 사회적 유동성의 원인과 연결하는 연설에서 한 유명한 질문이다.

정치는 웨일스 출신들의 활약이 눈부셨던 분야이다. 이 작은 국가에서 세계적으로 유명한 배우, 가수, 공연 예술가들이 많이 배출됐다. 국적만 같은 유명인들이 아니라 자신들과 같이 광산 일을 하다가 등장한 글로벌 스타들이다.

아마도 웨일스에서 가장 중요한 공연장이나 무대를 꼽으라면, 가장 오래 인정받아 온 국가 영웅이 활약하고 그들의 결정적인 순간이 연출되었던 럭비 경기장일 것이다. 1972년 라넬리팀이 최강의 전력이었던 올 블랙스(뉴질랜드 대표팀)를 꺾었던 경기는 여전히 기념되며, 도시의 정체성과 자부심의 기반이 되었다. 웨일스 달력에서 잉글랜드와의 연례 럭비 경기 날짜보다 더 중요한 건 거의 없는데, 이 승부의 결과는 정말로 중요하다. 이러한 큰 경기가 다가오면 수만 명의 팬들이 모여 팀을 승리로 이끌기 위해 경기장에서 응원전을 펼친다. 모든 럭비 팬들이 응원가를 부르지만, 웨일스 사람들처럼 활약을 펼치고 경기 자체에 기여하는 사람은 없다.

웨일스의 퍼포먼스 문화는 경쟁적으로 진행되는 유럽 최대의 음악과 시 축제인 연례 행사에서 고스란히 진가를 발휘한다. 매년 8월 웨일스에서 열리는 내셔널 아이스테드포드National Eisteddfod는 일주일간의 공연 및 시상식 행사에 수천 명의 경쟁자와 약 15만 명의 관중을 끌어들인다. 이 행사는 12세기에 뿌리를 두고 있으며, 국가 행사로 제정된 전통 중에서도 가장 중요하다.

어떤 분야를 선택하든, 웨일스인은 퍼포먼스의 본질과 중요성을 누구보다 잘 이해하고 있으며 그것을 이끄는 열정, 함께 해 나가는 것, 그것으로 인해 파생되는 기쁨을 나눈다.

악기 연주나 대중 앞에서 노래를 부를 일이 전혀 없는 사람들일지라도, 거의 모든 분야에서 성공하는 데 있어서 퍼포먼스는 필수적이다. 우리는 주변 사람들을 설득하고 지지를 얻거나 영감을 주기 위해 퍼포먼스를 해야 하는 상황에 처해 있다. 위대한 웨일스 퍼포머들은 어떻게 마음이 변하고 대의를 일으키며 논쟁에서 승리할 수 있는지 보여 준다. 그들의 예술은 보편적으로 중요하며, 우리 모두가 배울 수도 있고 배워야 하는 대상이다.

5부

핵심 가치
CORE

우리가 변화를 추구하고 다른 사람들과 관계를 맺고, 지역사회에서 우리의 역할을 수행하는 방법보다 더 근본적이고 포괄적인 가치들이 있다. 그것들은 우리의 핵심 존재, 즉 우리가 어떤 사람인지와 우리가 이끌어가고 싶은 삶에 대해 직접 이야기한다. 우리의 통제 센터라고 할 수 있다.

모든 국가에는 고유한 성격이 있다. 즉, 국가 문화를 독특하게 만드는 통합된 특성 또는 행동이다. 일부 국가들에서는 이 특성이 다른 나라들보다 더 강력하고 더 분명하다. 그리고 이제부터 살펴볼 국가들의 가치는 매우 명백하고 잘 변하지 않아서, 국가 구조의 일부가 되어 국가 내 모든 것을 포괄한다. 국민들 모두에게 인정받고 풍자화되며, 많은 경우 그 혜택과 단점에 대해 끊임없는 논쟁이 이루어진다.

아르헨티나

열정 *Passion*

거대한 이과수 폭포

아르헨티나는 절대 조용하지 않다. 부에노스아이레스를 걸으면서 감
각은 빠르게 고도의 경계 상태로 전환되고, 지속적으로 주변 상황에 집
중하게 된다. 거리에서 들리는 노래, 친구 사이의 대화, 고함소리, 세
계에서 가장 고기를 좋아하는 사람들이 석쇠에서 구워대는 고기 냄새,

구석구석의 벽화와 거리 예술의 광경, 그리고 밝은 무지개색으로 칠해진 건물들. 아르헨티나의 수도는 공식적으로 남아메리카에서 가장 시끄러운 도시이다. 끊임없는 시위 행진과 즉흥적인 탱고 춤 등 사방에서 감탄사가 펼쳐지는 곳이다.

아르헨티나 인구의 3분의 1이 거주하고 있는 부에노스아이레스에서는 축구, 춤, 붉은 고기, 정치적 행동, 친구, 사랑, 삶에 대한 열정이 발산된다. 여기서는 어중간한 정도는 통하지 않는다. 믿음이 있으면 죽을 때까지 추구하고 옹호한다. 어떤 것이든 최고 아니면 최악이다. 이기지 못하면 진다. 사랑하지 않으면 싫어한다. 하지만 무엇보다 깊고, 크게, 열정적이다!

축구는 아르헨티나의 열정을 가장 순수하게 표현하고, 국가 전체를 한순간 멈추게도 할 수 있는 유일한 것이다. 축구 대표팀이 경기장에 발을 딛는 순간 은행이나 학교는 문을 닫고 하던 일들을 한쪽으로 치운다. 아르헨티나가 지구상에서 가장 축구에 열광하는 국가라고 불리는 것에 이의를 제기할 사람은 거의 없다. 아르헨티나가 배출한 가장 유명한 축구 아들인 디에고 마라도나는 사람들과 그들의 축구선수 사이의 탯줄로 비유되는 관계의 전형이다. 비범한 재능으로 존경받고, 예측할 수 없는 폭발력으로 사랑받는 마라도나는 역사상 가장 위대한 선수 중 한 명일 뿐만 아니라 아르헨티나 축구 문화를 궁극적으로 대표하는 인물이다. 그가 국가 대표팀 감독으로서 흠뻑 젖어 있는 경기장에서 배를 깔고 슬라이딩을 하며 월드컵 본선 진출을 자축하거나 본인이 팬으로 응원하는 팀의 상대 팬들에게 손가락 욕을 했을 때, 그를 통해 아르헨티나의 시끌벅적한 국가 스포츠를 지배하는 흔들리지 않는 열정을 포착할 수 있었다.

정치적인 저항은 또 다른 일상의 취미 생활로, 수많은 사람들을 상당한 범위의 이슈들에 집중시킬 수 있다. 2018년 낙태에 대한 국민투표가 실시되어 궁극적으로 법안의 자유화를 막았다. 양측 모두 시위를 했는데, 전국에 걸쳐 100만 명이 넘는 지지자들이 모였다고 한다. 동료 파트리시오가 설명했듯이 사람들은 일을 하러 가거나 아침을 먹으려고 걸어가다가도 주 광장에서 시위를 보게 되면 그곳에 도착했을 때 무슨 목적으로 시위를 하는지 알아내기 위해 함께 행진하곤 한다.

아르헨티나인의 열정은 자부심과 불안정이 뒤섞인 독한 칵테일에서 비롯된다고 말할 수 있다. 남미의 나머지 지역과 구별되는 유럽의 유산이 이 나라의 독특함이며 축구선수들, 소고기, 적포도주, 춤, 음악 등을 수출한다는 것에 대한 자부심이 있다. 그러나 아르헨티나는 또한 1970년대와 1980년대에 있었던 더러운 전쟁Dirty war에서 집권 군사 정권이 3만 명의 아르헨티나인을 정치적 반체제 인사로 '사라지게' 한 때부터 2000년대 초반의 잔인한 금융 위기에 이르기까지 심각한 정치적, 경제적 불안의 장소였다. 국가가 부채를 갚지 못했을 때 경제는 4분의 1 이상 위축되었고, 수만 명이 극빈자 계층으로 전락했다.

일부 문화는 다른 문화보다 열정을 더 쉽게 받아들이지만 아르헨티나는 열정의 중요성이 보편적임을 상기시킨다. 다른 이들의 기대에 따라 사는 것보다 우리가 진정으로 원하는 길을 추구하고 열정을 따를 용기가 있다면 더 나은 삶이 아닐까? 그리고 사람들이 끊임없이 파티에 참석하려고 줄을 서는 대신, 자신의 입장을 굽히지 않고 자신이 믿는 바를 진정으로 옹호한다면 조직이 더 강해지지 않을까? 열정은 개인에게 힘을 주고 집단에게도 활력을 준다. 그것은 우리 자신과 우리가 믿는 것의 가장 진실한 표현이며, 우리의 인간성과 불완전함의 표현이다. 열정이 없는 삶이나 비즈니스, 지역사회는 여러 면에서 훨씬 더 형편없을 것이다.

벨기에

겸손 *Modesty*

벨기에 브뤼헤에 있는 수도원으로 돌아가는 수녀

벨기에인이 주말 점심 식사를 함께 하기 위해 자신의 집에 초대한다면, 만일의 상황에 대비하여 옷을 갖춰 입을 필요가 있다. 브뤼셀에 있는 유럽연합에서 일할 때, 초대를 수락하고 지정된 주소에 도착하고 나서야 새로 사귄 친구의 집이 성*castle*이었다는 것을 알았다. 이런 사실을 벨기에인들이 미리 언급하는 일은 꿈에서도 생각하지 못한다. 벨기에라는 국가의 특징인 겸손함으로 인해 과시라고 여겨질 수 있는 어떤 것도 볼 수 없기 때문에, 나는 친구의 말이나 행동에서 전혀 추측하지 못했다.

어떤 국가에서는 부와 소유를 과시하는 것이 일반적이지만 벨기에인은 그 반대이다. 자신과 자신의 삶에 관해 겸손한 사람들이 압도적으로 많다. 즉, 잘난 척하지 않고 자기를 낮추고 가능한 한 사람들 앞에 나서는 것을 피한다.

벨기에인들은 일부 문화권에서 일상으로 통용되는 자기 홍보와 과장을 극히 혐오한다. 자신의 분야에서 세계 최고의 전문가라 할지라도 그 사실을 본인의 입으로는 죽어도 말하지 않을 것이다. 예를 들어, 팀 버너스리가 인터넷의 전신인 월드 와이드 웹의 창시자라는 것을 알고 있을 것이다. 그러나 그것을 함께 개발했던 그의 벨기에인 파트너, 로베르 카이오의 이름은 아마 못 들어봤을 것이다. 프렌치 프라이가 실제로 벨기에의 발명품이라는 사실을 알고 있었는가? 아니면 미국에서 가장 많이 팔리는 맥주인 버드라이트가 벨기에 회사인 앤하이저부시 인베브의 소유인 것은?

외부인에게 제대로 된 국가도 아니라고—도널드 트럼프가 '아름다운 도시'라고 묘사하며—폄하되던 벨기에는 세상의 관심에서 멀어지면서 평안함을 찾았다. 위치상 유럽의 주요 강대국 사이에 끼어 있기 때문에라도 벨기에는 겸손한 역할을 맡아야 했다. 네덜란드, 독일, 프랑스와 같은 직설 화법을 쓰는 문화권에 둘러싸인 벨기에는 부드러운 말투로 집단 또는 개인의 성취를 모두 감추는 경향이 있다. 벨기에의 겸손함은 또한 네덜란드어를 중심으로 하는 플란데런(벨기에의 북방 지역)과 프랑스어를 사용하는 왈롱(플란데런과 브뤼셀을 뺀 벨기에의 남부 지역) 간의 분열을 해소하고 우호를 장려하는 데 도움이 된다.

벨기에 경제는 북유럽 이웃 국가들처럼 다른 나라에서 기준점이 될 사례로 찬사를 받지는 못하지만, OECD는 이 나라를 세계에서 가장 생산적인 국가 중 하나로 평가한다. 벨기에 기업 문화가 언론의 주목을 받지는 않지만 볼보, 하이네켄, 네슬레의 최근 CEO들이 모두 벨기에 출신이라는 점이 알려지면서 겸손함이 상당한 기업의 자산임이 입증됐다. 다른 나라들이 자신들의 기술 발전을 자랑할 때, 벨기에는 조용히 실력을 발휘한다. 태양열 자동차의 가장 효과적인 원형을 만들어 낸 것이 그 좋은 예이다.

또한 겸손함은 벨기에가 유럽 정치에서 중요한 역할을 하게 된 이유이다. 벨기에 부총리인 알렉산더 드 크루가 내게 말했듯이 벨기에가 정치적, 경제적, 지리적 교차로 역할을 할 수 있는 능력을 감안하면 유럽연합의 주요 본부 역할을 하는 것은 우연이 아니다.

베스트블레테렌의 트라피스트회 수도사들이 만든 맥주가 세계 최고라 평가받는다. 그러나 이것이 수요를 창출하고 이윤을 극대화하기 위해 산업 규모로 만들어졌는가? 전혀 아니다. 수도원은 매년 70일 동안만 양조하는데, 이는 제한된 공급량을 감안해 수도원에 직접 가서 맥주를 사야 하는 고객들의 수요를 충족시키기에는 충분하다.

겸손한 문화가 만연해 있다는 것은 지위의 상징들은 외면당하고, 불필요한 자랑은 눈살을 찌푸리게 하는 것을 의미한다. 대신 대부분의 벨기에인들은 '편안하고 현실에 기반을 둔 삶'이라는 꾸밈없는 목표에 초점을 맞춘다. "모든 벨기에인은 배 속에 벽돌을 가지고 태어난다."라는 말은 자신의 집과 작은 땅을 소유하고자 하는 국민적인 욕망을 반영한다. 소박하지만 꼭 필요한 야망이다.

벨기에의 겸손함은 너무나 확고해서 일부 사람들은 잘못된 상황에서는 불리해질 수 있다고 걱정한다. 미국 대학의 장학금을 관리하는 풀브라이트 위원회Fulbright Commission는 벨기에의 예비 지원자들에게 겸손함을 버리고 경쟁이 치열한 미국 고등교육 시장에서 자신을 더 잘 팔아야 한다고 말했다.

겸손함이 장애물이 될 수 있는 상황이 있을 수 있지만, 대부분의 경우 벨기에는 그 미덕으로부터 혜택을 받을 수 있음을 증명한다. 더 겸손해진다는 것은 물질적 부와 소유를 덜 강조하고, 인간관계의 본질을 더 강조한다는 것을 의미한다. 논쟁보다 타협이 먼저 이루어져야 하고, 사람들이 어떻게든 우월하다는 것을 증명하기보다는 함께 일하는 데 집중할 것을 요구한다. 겸손은 작고 눈에 띄지 않는 것일 수 있지만 벨기에는 그것이 문화에 녹아들 때 얼마나 가치가 있는지를 보여 준다. 덜 자랑하는 사람들이 더 많이 성취한다는 것이 밝혀졌다.

불가리아

건강 *Health*

불가리아 플로브디프 타타레보 마을에서 수확한 토마토

"잘 지내?" 많은 국가에서 이것은 악의 없는 질문이며 "괜찮아."라고 대답할 것으로 예상되는 대화의 시작이다. 그러나 불가리아에서는 사람들이 가장 좋아하는 주제인 건강에 대한 대화를 나누도록 사람들을 초대하는 것이다. 그들의 엉덩이가 아프거나, 잘못된 자세를 취하거나,

철분 보충제를 음식으로 섭취할 수 있는 대안을 찾았을 수도 있다.

불가리아인들은 영국인들이 날씨에 대해 얘기하듯이 건강 관리에 대해 이야기한다. 남녀노소, 친구 사이, 가족의 식탁, 어디든 등장하는 최우선 순위이자 최후의 수단인 토론 주제이다.

불가리아에 있으면 건강에 대한 대화가 도처에서 들린다. 사람들은 케이크가 아니라 집에서 만든 민간요법과 응급처치를 위한 레시피를 교환하며, 쇼핑 채널은 건강 관련 제품이 지배한다. 처음 방문했을 때, TV와 라디오 프로그램의 상당 부분이 건강에 관한 내용인 것 같다는 생각을 했다.

친구 댄과 함께 있으면서 나는 그의 할머니가 매 식사 때마다 알약 한 봉지를 챙기시는 것을 보았다. 무릎 관절염 약, 요통 약, 안구 건조용 안약, 비강 스프레이, 그리고 며칠 전 TV에서 본 적이 있는 약들이었다. 할머니뿐 아니라 댄의 친구들도 똑같을 것이다. 불가리아에 사는 대부분의 50대 이상의 사람들은 걸으면서 약에 대해 이야기하고, 일상적인 소일거리로 알약을 까먹으면서 치료 계획을 나눈다.

불가리아인은 자신의 건강만큼 다른 사람의 건강에도 관심을 갖는다. 재채기를 너무 많이 하는 경우, 즉시 누군가로부터 조언을 듣게 될 것이다. 사람들은 소란을 피우며 창문을 닫아서 찬 공기를 차단하며, 양말을 신고 방금 만든 이 새로운 치료법을 시도해 보라고 말할 것이다. 불가리아 사람들이 기본적으로 참견하기 좋아하거나 과잉보호를 하는 것은 아니지만, 서로의 건강에 대한 국가적인 집착은 사람들이 당신을 돌보는 걸 주저하지 않는다는 것을 의미한다. 모든 사람이 가능한 한 건강한 삶을 살아야 한다는 것이 유일한 동기라고 할까? 모든 것을 돈 주고 사야 하는 포스트소비에트 시대에, 건강은 지불하지 않고도 유지하고 보호할 수 있는 것 중 하나이다.

그렇지만 불가리아인의 생활방식에 대한 모든 것이 완전히 건강한 건 아니다. 특히 국가 식단과 관련하여 의사나 영양사의 완전한 승인을 얻을 가능성은 거의 없다. 평소에는 아침 메뉴로 맛있는 페이스트리를 먹고, 바니차banitsa; 계란과 치즈로 속을 채운 구운 페이스트리 또는 튀긴 메키차mekitsa; 밀가루 반죽을 기름에 튀긴 고소하고 바삭한 도넛와 샐러드로 점심 메뉴를 즐긴 다음, 저녁에는 넉넉한 양의 고기와 감자를 먹는다. 섣달그믐날에는 건강을 기원하는 의미로 새해 복을 담은 특별한 납작빵을 만든다. 불가리아의 대표 알코올성 음료인 라키아를 포함해서 많은 양의 술도 즐긴다. 라키아는 종종 집에서 자두와 포도와 살구로 만드는데, 건강염려증이 있던 대니의 부모님이 지하실에서 양조하던 냄새가 기억난다. 미지근하게 먹는 경우는 거의 없고, 계절에 따라 뜨겁거나 차갑게 즐긴다.

불가리아 식단의 다른 요소는 건강을 중시하는 사람들에게 더 친숙할 것이다. 특히 요구르트는 오늘날 불가리아 식단 어디에나 등장하는데, 혹자는 불가리아의 창조물이라고 주장한다. 불가리아의 과학자인 스타멘 그리고로브 박사는 우유를 요구르트로 바꿀 수 있는 박테리아를 발견하여 불가리아 젖산간균이라고 명명했다. 요구르트를 기반으로 한 식단은 불가리아에 비정상적으로 많은 100세 인구와 관련이 있다. 종종 신선한 요구르트와 함께 제공되는 무사카 버전부터 요구르트와 딜 소스에 잘게 썬 오이를 곁들인 전통적인 스네잔카Snezhanka 샐러드에 이르기까지 요구르트는 불가리아 요리에 감초처럼 들어간다.

그러나 야외 문화와 일부 음식은 확실히 건강에 도움이 되지만, 불가리아의 생활방식이 특별히 건강한 것은 아니다. 중요한 것은 건강에 대한 집단적인 집착이다. 당신은 불가리아에서 완벽하게 건강을 의식하는 삶을 살지 않을 수도 있다(실제 전 세계 건강, 비만, 생활인식 통계에서 그리 좋은 성과를 거두지 못했다). 그러나 확실히 건강에 대해 많이 이야기하고 생각하게 될 것이다. 그것은 또한 국가가 스스로를 판매하는 방식의 일부이다. 농장에 사는 안색이 붉고 발그레한 가족의 목가적인 광고 이미지는 모두 건강과 행복 사이의 연결을 강화한다.

피할 수 없는 심각한 문제가 없음에도 검진을 위해 의사에게 마지막으로 갔을 때를 기억해 보자. 그리고 건강과 웰빙에 가장 큰 이익이 된다고 하여 무슨 일을 했었는지 떠올려 보자. 우리 중 많은 사람들이 이러한 것들을 무시하며 살고 있다. 우리는 건강이 누구에게나 가장 중요한 것이라는 명백한 사실을 알면서도, 바쁜 삶이 습관을 지배하도록 내버려두고 무언가가 잘못된 후에야 건강에 대해 생각한다. 건강 없이는 아무것도 가능하지 않다. 우리 대부분은 그럴 만한 중요성이 있음에도 최우선 순위를 부여하는 데 인색하다. 불가리아에서는 그런 일이 일어나지 않을 것이다. 부모나 조부모가 야단치며 치료받도록 강요하고, 질병의 첫 징후를 포착할 수 있을 것이다. 많은 이들이 해야 하는 것보다 건강에 훨씬 덜 관심을 기울인다. 따라서 실제 불가리아 할머니가 없더라도, 가끔 할머니가 우리에게 무엇을 하라고 하실지 생각해 보자. 건강은 재산임에도 우리는 위험을 무릅쓰고 그것을 잊는다.

칠레

관점 *Perspective*

칠레의 아타카마 사막

비행기를 타고 전 세계를 누볐지만 아타카마 사막의 바닥에서보다 하늘이 더 가깝다고 느껴 본 적은 없다. 고요함, 건조함, 공해의 사각지대인 이곳은 아마도 세계에서 별을 관찰하기에 가장 좋은 장소일 것이다(이곳이 세계에서 가장 큰 망원경의 소재지가 된 이유를 설명한다). 이처럼 경외심을 불러일으키고 날카롭고 무한한 자연에 직면했을 때 우리는 일상적인 불평에 대한 새로운 관점을 얻는다.

아타카마의 흠잡을 데 없는 밤하늘은 칠레 사람들이 삶의 관점을 유지하는 데 도움이 되는 이 나라의 극적인 자연과 기후의 한 가지 사례일 뿐이다. 세계에서 가장 긴 대륙 산맥과 경계를 이루고, 세계에서 두 번째로 긴 화산 사슬chain of volcanoes을 특징으로 하는 칠레는 다른 어떤 나라보다 지진이 더 많이 발생하기 쉬운 지형이다. 세계에서 가장 건조한 사막에서 파타고니아의 무성한 평원에 이르기까지, 극단과 극도의 대조가 있는 나라는 필연적으로 철학적인 문화를 창조한다. 자연재해가 일상적인 삶의 일부로 받아들여지면서, 칠레인들은 무엇이 중요하고 중요하지 않은지에 대해 다른 사람들보다 더 많은 관점을 가지게 되었다.

이러한 관점은 1973년 민주적으로 선출된 최초의 마르크스주의자인 살바도르 아옌데 정부를 전복시킨 군사 쿠데타부터 아우구스토 피노체트의 억압적인 17년 독재에 이르기까지, 칠레의 정치적 격변의 역사에도 반영된다. 같은 시기에 칠레 경제는 아옌데의 사회주의 강령에서, 밀턴 프리드먼과 시카고 학파에서 차용한 피노체트의 경제 자문들이 주장한 통화주의적 접근으로 바뀌었다. 1970년대에 하늘 높이 치솟던 인플레이션에서 1980년대 중반 노동 인구의 3분의 1로 증가한 실업에 이르기까지 양쪽 모두 피해를 남겼다.

이 모든 투쟁은 칠레인들에게 그들의 관점을 제공했다. 피노체트는 폭력적으로 축출된 것이 아니라 1988년 국민투표를 통해 반대파가 민주적 선거로 복귀하기 위해 과반수를 확보한 후 축출되었다. 피노체트와 그의 지지자들에 의해 3,000명 이상의 칠레인들이 실종되거나 살해된 것으로 추정되나, 승리한 저항 세력은 똑같은 방법으로 억압적인 폭력을 사용하지 않았다. 그 대신 피노체트 정권에 반대하는 세력의 책임자였던 게나로 아리아가다는 몇 년 후 《디 애틀랜틱》을 통해 다음과 같이 회상했다. "우리의 확신은 우리가 …… 피노체트 사람들을 감옥에 넣거나 추방한다면 이 나라는 끝이라는 것입니다. 모두를 위한 공간이 필요했습니다. 이것은 이전의 적들에게 관용을 베푸는 것과 '모든 사람'이 자리가 있는 나라를 건설하는 것에 대한 문제였습니다."

어떤 이들은 칠레가 피노체트 시대에서 벗어나 오늘날의 민주주의와 번영하는 경제를 만들 수 있었던 것은 이러한 관점 때문이라고 말한다. 2000년과 2015년 사이에 빈곤율은 4분의 1 이상에서 7.9%로 떨어졌고, 피노체트 정권 말기에는 40%를 넘었다.

관점이 의미하는 또 다른 점은 칠레가 문제를 해결하는 데 있어서도 정평이 나 있다는 것이다. 선진 경고 시스템, 엄격한 건축 규정 및 엄중한 재해 계획의 조합은 지진으로 인해 인명과 기반시설 피해가 큰 다른 국가들보다 주요 지진의 영향이 적다는 것을 의미한다. 또한 경제적으로도 일부 상품 수입을 국부펀드로 전환하는 등 구리 수출에 대한 의존도를 낮추기 위한 조치를 취했다.

칠레는 극단적인 환경이 결과적으로 극단주의를 낳을 필요가 없음을 보여 준다. 도전에 대한 관점을 유지함으로써 칠레는 정치적 불안정, 기후 스트레스, 경제적 불확실성이라는 길을 헤쳐 왔다. 아무 탈 없이 지나가지는 못한다고 해도, 아르헨티나를 포함한 주변 국가들에게 영향을 미칠 극단까지는 치닫지 않았다.

우리는 각자의 방식으로 삶과 직업에서 불가능해 보이는 상황에 직면한다. 결정적인 질문은 "다음에는 무슨 일이 벌어질까?"이다. 당신은 압도당하고 당황하는가, 아니면 명확한 결정을 내릴 수 있는 관점을 유지하는 데 성공하는가? 세계에서 가장 맑은 하늘을 자랑하는 칠레는 혼돈 속에서도 어느 정도의 투명도를 거듭 입증했다. 관점은 우리의 모든 삶에서 그래야 하는 것처럼 국가 발전의 열쇠였다.

콜롬비아

다양성 *Diversity*

죽마*stilts*는 콜롬비아 보고타 거리의 색다른 모습을 보여 준다

 줍이 많고 자극적이며 때로는 약간 이상한 과일들이 콜롬비아에 대해 갖게 된 압도적인 감각 기억이다. 이곳에는 매우 다양한 과일들이 있으며, 지구상의 다른 어떤 것과도 다르다. 그다음으로는 음악 비트가 있고, 마술적 사실주의가 있다.

콜롬비아는 이 문학 장르의 발상지이며, 초현실적인 환상을 정상적인 상황에 끼워 넣는다. 가장 유명한 작가인 가브리엘 가르시아 마르케스는 이 예술의 선구자이자 탁월한 거장으로 여겨진다. 한 평론가는 그의 고전 작품인 『백년의 고독』에 대해 "전 인류가 읽어야 할 창세기 이래 최초의 문학 작품"이라고 묘사했다.

가르시아 마르케스와 같은 작가가 콜롬비아에서 등장한 것은 우연이 아니다. 콜롬비아는 색상, 풍미, 기후, 자연의 생동감과 다양성으로 정의되고, 우리와 멀지 않은 현실감이 있는 곳으로 여겨진다. 여기서 시간을 보냄으로써 지리, 생물, 음식과 음료 등 모든 세계가 이 한 나라에 압축된 것처럼 압도적인 몰입 경험을 할 수 있다. 끊임없는 감각 과부하가 놀라운 다양성을 통해 전달된다.

콜롬비아를 이해하려면 카리브해와 태평양의 해안, 습지대와 산맥, 해안선과 열대우림, 거대한 도시와 광대한 무인 평야가 있는 콜롬비아의 독특한 위치와 지리를 이해해야 한다. 카리브 해변, 아마존 열대우림, 안데스 산맥 등 이 모든 것이 콜롬비아의 끝없는 지리적 다양성 안에 자리잡고 있다. 하나의 국가에서 모두 찾아보기 힘든 다양한 종류의 땅이 있다. 사실 콜롬비아는 하나가 아니라 여섯 개 지역이 모두 고유한 지리, 문화, 전통을 가지고 있다. 지구상에서 생물 다양성이 높은 순위로 보면, 면적으로는 비교가 안 되는 브라질 다음으로 2위를 차지했다. 이곳에는 56,343종이 등록되어 있으며 그중 9,000종 이상을 다른 곳에서는 볼 수 없다. 전 세계 식물과 동물종의 10분의 1이 콜롬비아에서 발견된다. 《내셔널지오그래픽》은 "지구의 생물 다양성을 국가라고 하면, 그건 콜롬비아라고 부를 수 있겠다."라고 적었다.

생물 다양성은 거의 타의 추종을 불허하지만, 또한 위협을 받고 있다. 콜롬비아는 광활한 광업 활동의 본고장으로, 약 2,700종이 위협받고 있으며 매년 2,300㎢ 이상의 산림이 파괴되는 등 빠른 속도로 삼림 벌채가 진행된다.

콜롬비아는 생물 다양성을 매우 중요하게 여기기 때문에 이러한 위협을 막기 위해 급진적인 조치를 취하고 있다. 2010~2018년까지 대통령이자 노벨평화상을 수상한 후안 마누엘 산토스는 "우리가 어머니 지구를 파괴하고 있다는 것이 너무나 명백하다."라고 말했다. 기후 파괴에 대응하기 위한 그의 조치들 중에는 국가에서 보호하는 자연보호구역을 수천 평방 킬로미터 추가하는 것이 포함되어, 콜롬비아의 총 국립공원 수가 60개로 늘어났다. 산토스는 또한 베네수엘라와 에콰도르를 연결하기 위해 콜롬비아 내에 계획된 주요 신규 고속도로 계획을 아마존의 보호 지역과 멸종 위기에 놓인 수십 종에 미칠 영향을 고려해 취소했다.

콜롬비아의 다양성 보존은 반세기에 걸친 내전이 2016년에 잠정 종식된 이후 분단 국가를 치유하려는 시도와 함께 진행되었다. 그 이후로 주요 반정부 단체인 FARC 회원들은 지속 가능한 농업과 불법 벌목을 추적하고 퇴치하는 방법에 대해 훈련받은 1,000명이 넘는 사람들과 함께 삼림 벌채와의 전쟁에 참여했다.

콜롬비아의 다양성은 그것이 뿌리를 둔 자연환경을 훨씬 넘어서 확장되어 음식, 음악, 문화에서도 볼 수 있다. 카리브해 연안의 양념 맛이 강한 생선과 쌀에서부터 아마조나스 지역에서 발견되는 브라질과 페루의 풍미와 유럽에서 잉카에 이르는 내륙의 다양한 영향에 이르기까지, 콜롬비아 전역에서 요리 전통에 따른 성찬을 즐길 수 있다. 음악도 마찬가지이다. 콜롬비아 6개 지역의 사운드는 아프리카 댄스에서 유럽의 빅 밴드와 남미의 살사에 이르기까지 다양한 전통을 반영한다.

콜롬비아에서 시간을 보내면서 경험을 통해 풍부함과 고양감을 느끼지 않는 것은 불가능하다. 사람, 동식물의 다양성, 소리와 맛의 다양성은 즐거운 만큼 몰입도 높은 경험을 선사한다. 콜롬비아가 세계에서 가장 행복하고 낙관적인 국가 중 하나로 자주 선정되는 것은 놀라운 일이 아니다. 다양성으로 성취할 수 있는 것들이다. 새로운 영향과 경험에 대한 생각과 마음을 열고 창의성을 촉발하며 공통의 이해를 돕는다. 다양성이 없으면 우리는 제한되고 한정되어 세상을 초대하는 대신 가까이 오지 못하게 한다. 이를 통해 우리는 발견하고 탐색하며 발전한다. 우리가 함께 재미를 느끼고 미지의 것을 즐기며 진정으로 사는 법을 배우는 것이 중요하다.

체코

장인정신 *Craftsmanship*

체코 노바 파카의 붉은 흙

체코 가정을 방문하면 세심하게 조각된 지붕 타일, 정원 울타리의 깔끔함, 손으로 만든 가구 및 장식과 같은 작은 세부사항들에 놀랄 것이다. 걸어가는 문에서부터 앉는 의자나 소파 그리고 작은 장식까지 모든 것을 신중하게 고려하여 제작한 것이다. 건너는 다리, 마시는 컵, 마시는 음식

등 모두 전국 공통이다. 체코에는 솜씨 좋은 사람들이 아주 많다.

체코의 장인정신은 큰 건축물과 일상생활의 가장 작은 부분까지 걸쳐 발현된다. 즉, 프라하를 유럽의 가장 중요한 관광지 중 하나로 만든 우뚝 솟은 건축물에서 사람들이 집을 디자인하고 장식하는 방법에 대한 작은 세부사항에 이르기까지 장인정신을 느낄 수 있다. 사람들은 방을 어떻게 꾸몄는지, 소시지에 어떤 양념을 했는지 등 여러 가지를 조합하는 과정에서 깊은 자부심과 만족감을 느낀다.

대성당과 같은 웅장함 속에 장인정신이 깃든 것은 분명하며 '100개의 첨탑이 있는 도시'인 프라하에는 장엄한 건축물이 차고 넘친다. 그러나 공예 문화가 얼마나 깊이 내재되어 있는지를 보여 주는 것은 작은 세부사항이다. 수도에서는 어디에서나 볼 수 있는 싸구려 소시지 가판대를 쉽게 무시할 수 있다. 얼핏 보면 뉴욕의 핫도그 판매점이나 이스탄불의 밤$_{kestane}$ 판매점과 다르지 않다.

그러나 체코 정육점에서는 소시지를 출출함을 달래는 간식에서 예술 형식으로 승격시킨다. 일반적으로 프라하에서 소시지를 달라고 하는 것은 피렌체의 젤라테리아에 가서 아이스크림을 달라고 하거나, 비엔나 커피하우스에서 아메리카노를 달라고 하는 것과 비슷하다. 체코 소시지 만들기 공예는 고기 선택부터 숙성 기간, 맛까지 미묘한 차이가 있어 선택의 폭이 매우 넓다. 파프리카와 마요라나로 양념한 클로바사, 절인 후 차갑게 제공되는 유토펜치 브라트부어스트, 미국식 핫도그는 비교도 안 되는 발 길이의 파렉, 내장을 재료로 하는 고리 모양의 야쩨르니체 등을 선택할 수 있다.

다양성이 정말로 삶의 향신료라면, 체코 문화는 양념과 함께 잘 어울린다. 대량 생산되는 일반적인 것들은 독창적이고 독특한 공예품을 선호하는 체코 사람들에게는 기피되므로, 이케아는 별로 없고 지역 DIY 매장이 더 많다. 세계에서 유일하다고 하는 프라하의 큐비즘 양식 가로등 기둥은 독특함에 사람들의 눈길을 사로잡는다.

오늘날에도 여전히 강세를 보이고 있는 유리 생산과 같은 전통적인 보헤미안 산업과 수제 품질의 세계적인 대명사인 체코의 장인정신에는 깊은 뿌리가 있다. 어떤 사람들은 공산주의 시대에 경험했던 부족함으로 인해 체코 고유의 문화가 강화되었다고 말한다. 사용 가능한 재료들이 무엇이든 간에 필요한 것을 직접 만드는 것 외에는 다른 대안이 없던 것이다. 부족함은 과거의 일이 되었을지 모르지만 해결하고 수리하려는 열망은 사라지지 않았다.

체코가 가진 공예 문화의 깊은 전통은 시간이 지남에 따라 더욱 강해졌다. 체코인 친구 집에 방문하면, 사람들이 집을 수리하고 개선하기 위해 일할 때 생기는 드릴 소리에 일찍 잠에서 깨어나는 경우가 많다. 여기에는 돈이나 재료를 낭비하지 않으려는 검소한 요소도 있다(이는 공산주의 시대에 직면한 부족함에 뿌리를 둔 것일 수도 있다). 그러나 근본적인 동인은 본인의 손으로 무언가를 만들 때 오는 자부심과 만족이다. 체코에서는 즐라티에 루티츠키zlaté ručičky; 황금 손라는 단어를 들을 수 있는데, 이는 장인과 엔지니어로서의 능력에 대한 국가적인 자부심을 반영한다.

무엇보다 체코에서 시간을 보낼 때 분명해지는 것은 사물이 어떻게 보이는지 세세한 부분까지 신경을 쓰는 것과 만드는 과정에서 땀을 흘리는 가치이다. 이것은 물건과 건물에서만 볼 수 있는 것이 아니라 사람에게도 존재하는 가치로, 작지만 중요한 차이를 축하하고 제품의 품질을 판단하는 만큼 제조 기술을 존중하는 것이다.

요리를 하든지, 손으로 무엇을 만들든지, 그림을 그리든지 스스로 무언가를 만드는 것에는 깊은 만족감이 있다. 특히 우리 중 많은 사람들이 이러한 기술과 전통으로부터 멀어진 세상에서, 이와 같은 일을 성취한 것에는 만족스럽고 개인적인 것이 있다. 체코의 장인정신을 가까이에서 보는 건 작고 일상적인 것들에도 존재할 수 있는 아름다움에 눈을 뜨는 일이다. 이는 시간을 들여 일을 제대로 하는 것의 중요성을 보여주는 새로운 관점이다.

도미니카공화국

활력 *Enlivenment*

산토도밍고에서 만난 마가리타 세데뇨 데 페르난데스 부통령과 레오넬 페르난데스 (전) 대통령

'보디랭귀지'에 대해 들어봤지만 도미니카공화국을 방문하기 전까지는 제대로 본 것이라고 할 수 없다. 여기에서 사람들은 온몸과 존재로 말하고 일하며 살아간다. 대화는 결코 조용히 수다를 떨거나 중얼거리

는 독백이 아니다. 도미니카인들은 움직이면서 말한다. 손을 흔들면서 앞으로 나가고 눈은 점점 커진다. 친구 사이의 일상적인 상호작용은 볼륨이 커지고 음이 높아지며 서로의 간격이 점점 더 가까워짐에 따라 격렬한 논쟁을 벌이는 것처럼 보인다. 오전 6시에 발코니 사이에서 이런 소리가 들리면 그다지 재미있는 건 아니지만, 의사소통이 전혀 없는 것보다는 낫다.

도미니카공화국에는 조용하거나 느긋하거나 절제된 것이 없다. 카리브해 지역에서 흔히 볼 수 있는 차가운 분위기는 전혀 없다. 대신 사람들은 속도, 소음, 행동에 대한 변함없는 감각으로 활기찬 상태에서 살아간다. 어디를 가나 음악과 춤과 패션이 있다. 오늘날의 도미니카공화국은 라틴, 아프리카, 카리브해, 토착 문화의 어지러운 칵테일과도 같다.

활력*enlivenment*은 이름에서 알 수 있듯 폭죽, 스파클링, 스프링클러 등 살아있는*alive* 것이다. 전 세계에 퍼진 이 나라의 자랑스러운 무용 전통만큼 도처에서 찾을 수 있다. 국가의 날과 연례 축제에서는 빠른 템포의 메렝게(춤곡)부터 한때 이 섬에서 불법이었던 엉덩이를 밀어붙이는 바차타까지 춤은 이 나라 사람들의 피와 함께 흐른다. 일어서서 걸을 수 있는 순간부터 소년들은 가족의 무용수에게 소개되어 전통을 배우며, 춤을 충분히 출 수 없는 파티나 가족 모임은 불완전한 것으로 여겨진다. 도미니카인들이 춤을 추는 데 합당한 이유가 필요한 것은 아니다. 그들은 거의 항상 모든 곳에서 춤을 추고 있다. 어디에서나 흘러나오는 음악은 수동적으로 들어야 하는 대상이 아니라 몸으로 느끼고 흔들며 리듬을 타는 데 몰두해야 하는 것이다.

춤과 그에 수반되는 음악은 공화국의 복잡한 역사를 반영한다. 아프리카 드럼, 스페인 아코디언, 토속 악기인 타이노*Taino*, 타악기인 구이라 *güira*의 비트에 맞춰 춤을 춘다. 그 자체로 문화의 융합인 춤 전통은 시간이 지남에 따라 계속 진화해 왔다. 팝, 재즈, 기타는 자연스럽게 전통 음악과 결합해 채택되었다. 크리스토퍼 콜럼버스가 1492년 이 섬에 상륙하고 수 세기 동안 스페인의 통치가 이루어진 이래로, 전통은 고정되어 있지 않고 끊임없이 진화한다.

음악과 춤을 위한 것은 공화국의 번창하는 패션 산업에도 똑같이 적용된다. 이 산업은 전설적인 도미니카 디자이너 오스카 드 라 렌타가 1960년대에 재키 케네디의 선택을 받으며 세계적인 명성을 얻었으며, 그의 유산은 오늘날 레오넬 리리오로 이어졌다. 도미니카공화국의 연례 패션 위크는 카리브해 꾸뛰르 달력의 중심 행사이다. 풍미 역시 도미니카공화국의 활력에 영향을 미친다. 특히 초콜릿이 세계적으로 유명한데, 4만 명의 농부들에게 고용을 제공하는 산업인 유기농 코코아의 가장 큰 수출국 중 하나이다.

도미니카공화국에서 시간을 보내면 소리, 광경, 맛과 같은 독특한 속도와 라이프 스타일의 풍요로움에 휩쓸리는 것을 피할 수 없다. 순응, 수동성, 조심성은 모두 사라진다. 이곳은 빠른 속도로, 그리고 완전한 총천연색으로 사는 법을 제대로 알고 있는 곳이자 사람들이다. 많은 활력에 둘러싸여 있기 때문에 고양되고 영감을 받지 않을 수 없다. 그리고 우리에게 질문을 하나 던진다. 모두가 좀 더 에너지를 갖고 전념하면서 살려고 노력한다면 얼마나 더 존재감을 느낄 수 있을까? 그리고 얼마나 더 재미있겠는가!

이집트

유머 *Humor*

이집트 나일강에서 웃고 있는 파라오

"이제 그만두세요, 대통령님. 제 아내가 임신 중이고 우리 아기가 당신을 보고 싶어 하지 않습니다."

"이제 그만두세요, 대통령님. 우리 팀은 당신이 그만두기 전까지 일을 하고 싶지 않다고 합니다."

"이제 그만두세요, 대통령님. 팔이 아파요."

이것은 호스니 무바라크를 축출한 2011년 혁명이 타흐리르 광장에서 벌어졌을 때, 전 세계적으로 보인 시위 배너의 일부였다. 이집트인들은 국가적으로 매우 중요한 순간에 엄청난 수로 집결했다. 그리고 여기에는 이집트인만의 재치와 유머가 빠지지 않았다.

국영 TV가 시위대를 돈과 미국식 패스트푸드로 뇌물을 받은 외국인 침입자로 규정했을 때, 사람들은 KFC를 때려잡는 자신들의 모습을 촬영했다. 다른 사람들은 군대의 공격에 대한 조롱의 의미로 머리에 냄비와 프라이팬을 보호 장비로 착용했다. 튀니지에는 재스민 혁명이 있었다면, 이집트에는 웃음 혁명이 있었다.

'농담의 아들'이라는 의미의 이분 눅타*Ibn Nukta*로 알려진 이집트인에게는 그럴 만한 이유가 있다. '가벼운 피'라는 의미의 카핏 이댐*Khafiift id-damm*은 이집트인들이 자신에 대해 자주 사용하는 문구이다. 그들은 삶을 너무 진지하게 받아들이기를 거부하는 것에 대해 호전적이며, 가장 심각한 상황에서조차 항상 농담을 한다.

이집트에서는 어디를 가든 무엇을 하든 중요하지 않다. 누군가의 가족과 함께 있는 것부터 버스를 타고 출근하거나 시위 행진에 참여하는 것까지 거기에 있는 누군가, 아마도 그곳에 있는 대부분의 사람들은 어떤 종류로든 농담을 할 것이다.

2011년 혁명에서 독재자 한 명을 내쫓고, 현 대통령 압델 파타 엘 시시와 같은 독재자가 단일 정당 국가의 대통령이 된 나라에서 유머는 사람들이 정치적인 반대를 표명할 수 있도록 하는 데 필수적인 역할을 한다.

정치적 풍자는 오랫동안 이집트 문화의 일부였으며, 종종 가혹한 검열에도 번성했다. 가멜 압델 나세르 대통령은 자신에 대해 국민들이 주고받는 농담을 보고받기 위해 비밀 경찰을 파견했다고 한다. 반면, 그의 후임자인 호스니 무바라크는 지능 부족에 대해 신랄한 풍자의 대상이 되었다.

저널리스트 메간 데트리에는 2012년에 다음과 같이 보도했다. "30년 전 무바라크가 대통령에 취임했을 때 유행했던 농담 중 하나는 다음과 같다. 그들은 이집트 대통령들에게 그들의 인생에서 가장 힘들었던 해를 꼽으라고 요청했다. 가말 압델 나세르는 고민 끝에 '1967년의 좌절(이스라엘과 아랍의 6일 전쟁의 패배)'이라고 말했고, 안와르 사다트 역시 생각하다가 '라마단 전쟁이 있었던 1973년'이라고 했지만, 무바라크는 곧바로 '고등학교 2학년 때'라고 말했다."

이집트 유머는 비공식적인 것만은 아니다. 연극과 인형극, 영화와 텔레비전, 오늘날의 소셜 미디어에 이르기까지 조직적인 공연에 뿌리를 둔다. 1869년에 세워진 이집트 국립극장은 국가의 조직적인 코미디 장면을 촉발시키는 데 일조했으며, 이집트의 가장 중요한 문화적 랜드마크 중 하나로 남아 있다. 이집트 영화의 코미디는 알리 알 카사르의 흑백 영화에서 나지브 엘 리하니의 영화에 뿌리를 둔다. 오늘날에는 모든 지도자와 권위 있는 위치에 있는 사람들을 조롱하는 '조 쇼Joe show'가 있으며, 최근까지 미국 풍자쇼 '토요일 밤 라이브Saturday Night Live'의 스핀오프 버전이 있었다. 아델 에맘과 같은 코미디언은 대단히 인기 있는 국가적 인물이다. 이 모든 현대적 버전에는 훨씬 더 깊은 뿌리가 있는데, 기록상 최초의 궁정 광대는 기원전 24세기에 이집트 파라오 페피 1세의 궁정에 참석했다.

종종 억압적인 환경의 독재 아래 살면서 이집트인들은 자신과 그들이 살고 있는 상황을 비웃는 데서 위안을 찾았다. 전기 요금이 자주 오르면서 에어컨을 틀고 바가지를 쓰느니 옷을 벗고 길거리를 활보해야겠다는 농담을 하는 사람들이 흔했다. 빈번하게 치솟는 물가, 정치적 공정성과 자유의 결여, 정치권에 대한 기성세대의 장악 등은 이 풍자를 부채질할 수 있는 토대이자 충분한 자료를 제공한다. 이것이 사람들이 대처하고 자신을 표현하는 방법이다. "우리는 이런 방법으로 반대 의사를 표현합니다."

그러나 이집트 유머에는 정치적인 표현보다 더 많은 것이 담겨 있다. 그것은 또한 낯선 사람들 사이에서 일상적인 유대 활동의 바퀴에 기름을 바르고, 가족 모임을 하나로 묶는 역할을 한다. 내 아랍어는 저녁 식사 때 무슨 농담이 오갔는지 정확히 알 만큼 결코 능숙하지 않았지만, 함께하면서 유머와 농담을 즐기는 사람들 간에 전염되는 분위기는 틀림이 없었다. 붐비는 차량에 올라타서도 버스 운전사를 포함하여 다른 모든 승객들과 함께 웃고 있는 자신을 금세 발견하게 된다.

이집트 유머는 어려운 상황에서도 종종 발견할 수 있는 작은 빛이 있음을 보여 준다. 그들의 접근 방식은 믿을 수 없을 정도로 심각해 보일 때조차도 삶을 가볍게 여기는 것이다. 웃음으로 몸을 떨고, 유쾌한 농담으로 인해 도파민이 공급되고, 사람들 사이가 웃음으로 채워지도록 허용한다. 당신의 건강, 당신의 기분 그리고 당신의 친구들은 그것에 대해 감사할 것이다. 이집트에서는 조롱이 진정으로 최고의 약이 될 수 있음을 배울 수 있다.

잉글랜드

확고함 *Steadfastness*

영국 런던 세인트폴 대성당 밀레니엄 브리지를 통해 템즈강을 건너는 통근자들

"영국은 모든 사람이 자신의 의무를 다하기를 기대합니다."

"우리는 해변에서 싸울 것입니다. 상륙지에서 싸울 것입니다. 들판과 거리에서 싸울 것입니다. 언덕에서 싸울 것입니다. 우리는 결코 항복하지 않을 것입니다."

"나는 몸이 약하고 연약한 여자라는 것을 압니다. 그러나 나는 왕의 심장과 위를 가지고 있으며, 여느 왕이 아닌 영국 왕의 마음도 가지고 있습니다."

영국 역사상 가장 유명하고 반향을 불러일으켰던 이 문장들은 각각 넬슨 제독, 윈스턴 처칠, 엘리자베스 1세 여왕의 말이다. 트라팔가르 해전, 덩케르크 철수, 스페인 함대 등 중요한 군사적 대결 직전에 했던 (넬슨 제독의 경우에는 방송으로 전달된) 연설은 수천 년 동안 영국 문화를 형성한 외부의 위협에 맞서는 확고한 결의와 같은 가장 강력한 국가 권력의 본질을 보여 준다.

지리만큼이나 정체성을 규정하는 '섬' 잉글랜드는 로마인부터 바이킹, 노르만인, 나치에 이르기까지 여러 침략자들의 위협에 대응하며 역사를 통해 국가의 모습이 정의되어 왔다. 부디카에서 처칠에 이르기까지 실존의 위협에 맞서 국민들을 결집시킨 지도자들은 역사에 기록되었다. 반면에 영국은 침략을 당했던 것보다는 침략을 한 경우가 더 많았다. 대영제국 아래 점령된 국가들은 확고함으로 대표되는 영국의 다른 면을 봤을 수 있고, 영국으로부터의 독립을 위해 전 세계의 점령국 국민들은 오랜 기간 저항의식을 표출했다.

확고함은 역사적인 영국의 특징이었으며, 현대의 정체성과 문화에 계속해서 영향을 미치고 있다. 이것의 대부분은 제2차 세계대전의 경험과 기억에 뿌리를 두고 있다. 확고함을 대표적으로 표현하는 '블리츠(공세) 정신'과 영국 본토 항공전Battle of Britain에서 독일군의 공습에 저항한 영국 공군 조종사들 '더 퓨The Few'의 역할이 바로 그것이다. 진정한 진실이 무엇이든 간에 포기하거나 협박받는 것을 근본적으로 거부한다는 신념(우리는 절대 굴복하지 않는다!)이 강력한 국가적 신화가 되었으며, 이는 브렉시트를 둘러싼 논쟁과 협상에서 계속해서 반향을 일으킨다.

그러나 확고함은 전투 직전에 군인들의 마음을 움직이기 위한 연설에서만 필요한 것만은 아니다. 세계적으로 유명한 영국 문화의 특징에 대한 것이기도 하다. 그것은 참을성 있게 줄을 서고, 비가 쏟아지더라도 바비큐를 계속하고, 레스토랑에서 잘못된 식사를 제공받아도 불평하지 않고, 차 한잔이 모든 병의 치료제라고 주장하는 것이다. 영국 문화를 정의하는 확고함은 예외적인 것만큼이나 일상적인 것과도 관련이 있다. 뻣뻣한 윗입술*stiff upper lip*◆은 모든 종류의 상황에서 표현된다.

확고함은 영국인들의 마음을 끌며, 여기에 자신의 표를 던질 준비가 되어 있다. 마거릿 대처와 제러미 코빈처럼 이념적으로 다양한 정치인들은 특히 자신의 정당 내에서 비판과 변화에 대한 압력에 직면하여 자신의 견해를 확고하게 고수했기 때문에 성공할 수 있었다. 그들이 매우 다른 방식으로 유행하는 바람에 따라 변화하거나 굽히는 것을 내키지 않았다는 사실이 그들의 핵심적인 강점들 중 하나가 되었다.

엄청나게 심각한 상황이든 완전히 하찮은 상황이든, 확고함은 수천 년 동안 국가의 이상과 특징을 정의했다. 곤경에 처했을 때, 신화적이든 아니든 간에 지도자들이 돌아오고 사람들을 단결시키기 위해 찾는 것은 국가의 이야기이다.

◆ '뻣뻣한 윗입술'은 역경을 만났을 때 강인함을 나타내거나 감정 표현에 있어 큰 자제력을 발휘하는 사람은 지칭한다.

우리의 삶에서도 포기하고 싶은 순간이 있기 때문에 이러한 이야기는 의미가 있다. 사업을 하든, 가정을 꾸리든, 예술을 하든 모든 것이 너무 과해 보이고 몸과 마음이 그만두라고 소리치는 순간이 올 것이다. 많은 마라톤 주자들이 말하듯이, 런던에서 첫 마라톤을 뛰었을 때의 기분이 바로 이런 마음이었다. 관중의 응원이 없었다면 바로 포기해버렸을 것이다. 코스 주변에 모인 사람들은 나를 포함하여 다른 누구도 포기하게 내버려두지 않았다. 그들은 결승선을 향한 마지막 지친 발걸음을 응원했다. 이와 같은 순간에 확고한 자세를 유지하고 단기적인 고통을 장기 목표와 분리하는 능력은 대단히 가치가 있다. 때로는 행주에도 쓰여 있는 문구처럼 우리는 그저 침착함을 유지하고 계속해 나가야 한다 *keep calm and carry on*. ◆

◆ 제2차 세계대전이 발발하기 몇 개월 전인 1939년에 대규모 공중 폭격이 예고된 가운데 영국 정부가 시민들의 사기를 돋우기 위해 제작한 동기 부여 포스터 문구이다. 2000년 이후 앞치마, 행주 등 다양한 물품에 디자인되었다.

핀란드

침묵 *Silence*

헬싱키의 템펠리아우키오 바위 교회

똑똑함의 증거는 의견을 정하고 말하기 전에 주의 깊게 듣고 생각하는 것이다. 그렇지 않으면 종종 무의식적으로 눈을 뜨고 보기만 할 때 이미 무슨 이야기이고, 그림이 어떻게 보이는지를 결정하고 있다.

모든 의사소통의 70~90%가 비언어적이라는 것이 일반적으로 이해된다. 펜실베이니아 대학교의 의사소통의 미학_The Art of Communication_ 연구에 따르면, 실제로 의사소통의 93% 중 70%는 몸짓 언어로, 23%는 어조와 억양으로 표현된다. 따라서 말하지 않는 것이 중요하다. 그리고 핀란드는 아마도 침묵의 힘이 가장 잘 보이는 나라일 것이다. 이들은 양측이 생각하고 듣고 말하는 내용을 모두 흡수할 수 있다.

핀란드는 마법처럼 고요한 나라이고, 유럽연합에서 가장 인구밀도가 희박한 국가이다. 유럽에서 여덟 번째로 영토가 큰 이 나라의 인구는 550만 명에 불과하며, 4분의 1은 헬싱키에 살고 나머지는 13만 평방 마일에 걸쳐 널리 퍼져 있다. 사람이 많지는 않지만 그들이 사는 방식은 흥미롭다. 시골의 집들은 고립되어 있고, 사람들은 함께 모여 있는 것보다 넓게 트인 지역을 선호한다. 더욱 놀라운 것은 학생들이 계속해서 이러한 생활방식을 선호하고 본보기로 삼는다는 것이다. 다른 세계의 사람들과 함께 기숙사에 모여 살아야 하는 시기에도, 핀란드인들은 차라리 약 6평 남짓한 스튜디오를 하나 빌려서 혼자 시간을 보내고 싶어 한다.

침묵과 고독의 공간은 핀란드인들에게 소중하다. 이러한 사실은 핀란드에서 누군가를 만나거나 알기도 전에 이 나라에서 받은, 나를 매우 놀라게 했던 핀란드의 첫인상이었다.

헬싱키의 거리를 걸으면서 밤낮으로 핀 떨어지는 소리를 들을 수 있을 정도로 조용했고, 이는 시골 지역에서도 마찬가지였다. 차가 거의 없고(사람들은 걷거나 자전거 타는 것을 선호한다), 사람들은 떼를 지어 이동하지 않고 혼자 걷는다. 핀란드인들은 지하철, 버스, 트램에서 신기할 정도로 조용하다. 이상하게도 사람들이 함께 먹고 마시는 동안 음악을 틀고 있는 카페나 레스토랑이나 바를 찾기가 어려웠다. 한 바텐더는 서로의 말을 경청하는 것이 머리 속의 소음을 없애는 것보다 더 중요하다고 말했다. 핀란드는 서로, 그리고 그들 자신과의 양질의 의사소통을 포용하는 나라이다.

핀란드인은 대화 중에 고요함이 흘러도 긴장하지 않는다. 침묵은 의사소통의 일부로 간주되며, 많은 핀란드인이 여러 외국어에 능하지만 대개는 서두르지 않고 말한다. 그 결과 핀란드인들은 말과 화법에 특별한 태도를 보인다. 말은 진지하게 받아들여지기 때문에 사람들은 다른 이의 말을 그대로 따른다. 핀란드 속담에 "말로 사람을, 뿔로 황소를 잡아라."라는 말이 있다. 그러니 3분 동안 속도를 늦추고 안정을 취하면서 주의를 기울여 보라.

사람들이 혼자 장거리 달리기를 하거나 혼자 걷기를 좋아하기 때문에 조용히 묵상하는 것은 여가 활동으로 여겨진다. 조용한 사람들이 만들고 사용하는 디자인 역시 미니멀하고 깔끔하다. 그들의 가장 일반적인 휴식 방법은 사우나이다. 550만 명 인구의 국가에 150만 개의 사우나가 있다. 사우나는 '멈춰서 자신의 심장 박동 소리만 들을 수 있는 곳'이다. 관광객들이 가장 많이 방문하는 장소들 중 하나는 어디일까? 한 번에 한 사람만 올라갈 수 있는 나선형 계단을 갖춘 높은 옥상은 그들에게 (그들이 말하는) 자유를 준다.

나는 그들이 스스로 자연과 이루는 조화를 좋아한다. 나라의 4분의 1 이상이 호수로 이루어져 있고 나머지는 대부분이 숲이다. 자연과의 이러한 연결은 인내심과 침착함에도 반영된다. 신호등에 있는 초록 남자를 조용히 기다리는 것처럼, 핀란드인은 다른 사람들에게 순종하고 그들을 존중한다. 실용적인 핀란드인은 냉정하고 겸손하며 합리적인 동시에, 지위에 집착하지 않고 믿을 수 없을 정도로 자립적이다. 주간 시간에는 사회에서 육아를 책임져 주기 때문에 일을 하면서 삶을 영위할 수 있다. 핀란드의 대통령도 장보기, 청소, 집안일을 스스로 한다.

아마도 이러한 내성, 다른 사람에 대한 인식, 세부사항에 대한 관심이 기술과 디자인의 일상적인 혁신으로 이어지는 것 같다. 핀란드에서 미국특허청에 출원한 특허 수는 지속적으로 세계 20위 안에 든다(이는 핀란드 인구가 세계 117위인 점을 감안하면 매우 높은 순위이다). 노키아와 네슬레는 모두 핀란드 기업이다. 전성기에는 이 작은 나라에서 시작한 노키아가 전 세계 휴대전화 시장의 41%를 차지했다. 핀란드의 유럽 외교 및 대외 무역 장관인 알렉산데르 스투브에 따르면, 핀란드의 성공은 주로 노키아에 의해 정의되었다. "우리는 예전에 세계 200개국 중 30위권에 들었지만 지금은 국제 기준에 따라 교육, 경쟁력, 1인당 GDP 규모 등을 고려하면 3위입니다. 노키아의 등장으로 우리는 매우 부유한 국가가 되었습니다."

그 결과 노키아는 21세기의 가장 인기 있는 비디오 게임 아이콘 중 하나가 된 앵그리버드를 비롯한 동료 혁신가들의 물결을 촉발했다.

침묵에 대한 존중이 있고 이유 없이 말할 의무가 없는 현대 일본과 마찬가지로, 그러한 국가가 어떻게 기술 커뮤니케이션을 주도했는지 흥미롭다. 아마도 이것이 여기에서 휴대전화 사용이 확대된 이유일 것이다. 핀란드의 휴대전화 대화는 보통 짧고 정보 전달 위주이다. 핀란드에서 휴대전화 사용은 다른 사람들에게 방해가 되거나 통화하기에 위험한 상황인 경우에 대해 느슨하게 정의된 에티켓이 있다. 비행기와 병원에서는 휴대전화 사용이 금지되고, 회의나 콘서트 및 교회에서는 부적절하며, 식당 등에서는 거슬리는 것으로 여겨진다. 사회학자인 셰리 터클이 강조하는 것처럼, 대화 중 테이블 위에 휴대폰이 있는 것만으로도 사람들이 공유하는 속도와 깊이가 변경되며 대화가 더 피상적이 될 수 있다.

핀란드는 1950년대까지 산업화에 상대적으로 늦었고, 대부분 농업에 의존했지만 선진 경제를 빠르게 발전시켰다. 1939년 이래로 4개의 100억 유로 기업과 4명의 노벨상 수상자가 배출되어 경제적, 지적으로 뛰어난 성과를 내고 있다. 교육 분야에서 세계 10위권이고, 1인당 GDP는 세계 14위이다. 작은 영토에 비하면 나쁘지 않은 성적이다.

"그러나 모든 것이 약간 우울하고 재미없지 않나?" 내가 아는 회의적인 미국인이 이렇게 물었다. 그러나 나에게는 그렇지 않으며, 핀란드 사람들에게도 당연히 그렇지 않다. 전통적으로 북유럽 국가에서 자살률이 더 높았다. 세계에서 33번째이고 (미국은 50번째) 러시아보다는 12단계 뒤쳐져 있으며, 차분한 벨기에와 함께 핀란드는 그다지 자살률이 높지 않다. 자살 충동이 침묵과 관련이 있다기보다는 일년의 반 이상 자연 채광이 부족한 장소의 특징이다.

유엔의 지속가능발전 해법 네트워크$_{SDSN}$에서 발표한 보고서에 따르면, 핀란드는 세계에서 가장 행복한 10대 국가에 지속적으로 올랐으며 2022년에는 6위로 미국이나 영국보다 앞섰다. 또한 모든 시민에게 투표를 허용한 최초의 국가 중 하나였다(1906년). 《뉴스위크》에서 2010년 세계 최고의 국가로 선정했고, 2015년 5월에는 세계경제포럼이 발표한 세계인적자본지수 1위에 올랐는데, 이는 세계에서 가장 생산적인 인구를 보유하고 있다는 의미이다.

그러나 핀란드는 겸손하고 성취에 대해 침묵하기 때문에 사람들은 이에 대해 전혀 모른다. 마음 챙김과 명상을 열렬히 지지하는 시대에 핀란드는 본보기가 될 수 있으며, 침묵이 진정 황금임을 보여 준다.

그리스

선 *Goodness*

그리스 델포이의 아폴로 신전

그리스를 정의하는 가치는 너무 오래 지속되고 포괄적이어서 핀다로스에서 플라톤, 성 바오로 사도, 버락 오바마에 이르기까지 고대와 현대 세계의 저명인사들이 거론한 바 있다.

그 가치는 세계에서 가장 오래된 문명 중 하나에 깊은 뿌리를 두고 있는 생각 '필로티모_{philotimo}'이다. 많이들 알고 있는 단어이지만 어느 누구도 적절한 번역에 완전히 동의할 수는 없다.

필로티모의 사전적 정의는 '명예로운 친구'인데, 이는 그 의미와 중요성을 설명하는 데에만 사용된다. 종종 인용되는 고행 승려 파이시오스의 설명은 다음과 같다. "필로티모는 겸손한 사람들이 보여 주는 사랑인 선함의 경건한 정수이며, 자아의 모든 흔적에서 걸러져 나왔다. 그들의 마음은 신과 이웃에 대한 감사로 가득 차 있고, 영적인 감수성으로 남이 베푼 작은 일에도 보답하려고 한다."

나는 그의 설명을 따르며 필로티모를 선_{goodness}이라고 정의한다. 필로티모는 사람들에게서 좋은 점을 보는 것이기 때문에 자신을 위해 선하고 도움이 되는 일을 하며 친구, 가족, 지역사회의 삶에 긍정적으로 기여하는 좋은 사람이 되려고 노력하는 것이다. 개인으로서 당신에게만이 아니라 당신의 주변 세계를 위한 '선'에 관한 것이고, 현재뿐만 아니라 장기적으로 무엇이 좋은지에 대한 것이다.

필로티모를 따르면 항상 큰 그림을 보고 옳은 일을 하려고 한다. 그리고 그리스인처럼 선을 열망함으로써 우리는 존경, 이타심, 겸손, 공감, 관대함, 감사와 같은 다른 많은 가치도 보여 줄 수 있다. 이 모든 것이 필로티모로 표현되고 지원하는 것들이다.

필로티모의 핵심은 도움이 필요한 사람들을 돕는 것인데, 이는 시리아 내전으로 촉발된 난민 위기에 그리스가 큰 도움이 되었다. 전성기였던 2015년과 2016년에 100만 명이 넘는 난민들이 그리스 해안에 도착했다. 이와 같은 상황은 금융 위기의 여파로 많은 부채로 인해 경제가 붕괴된 이후 그리스를 괴롭힌 치솟는 실업과 빈곤, 구제 금융의 일환으로 EU가 부과한 엄격한 긴축 조치가 취해진 힘든 경제 사정 속에서 벌어졌다.

그러나 국내 경제의 어려움으로 고통을 겪고 있던 바로 그 순간, 많은 그리스인들은 위태로운 배를 타고 온 절박한 도움이 필요한 난민들에게 필로티모를 보여 주었다. 해변에 도착한 사람들을 돕기 위해 바다로 뛰어든 그리스 섬 주민들, 숙박 시설을 제공한 가족들, 부족한 물품을 기부한 상점 등 많은 미담들이 전해진다. 하나의 국가로서 그리스는 여러 난민 캠프에서 보고된 충격적인 상황 속에서 대량 이주의 요구에 대처하기 위해 고군분투했다. 같은 인간으로서 그리스인들은 고대 철학자인 밀레토스의 탈레스가 했던 말을 증명했다. "그리스인들에게 필로티모는 호흡과 같다. 그리스인은 그것이 없으면 그리스인이 아니다." 그들은 필로티모가 시대를 초월한 가치이며, 이는 맥락과 상황에 관계없이 증명될 것임을 보여 주었다. 그리스인들은 그 결과가 어떠할지 생각하지 않고 옳은 일을 한다. 마라톤 전투 현장에서 아테네까지 그리스의 승전보를 전하기 위해 26.2마일을 달린 후 사망한 최초의 마라톤 주자 페이디피데스와 같은 고대 그리스 인물의 이야기가 좋은 사례가 될 수 있다.

그리스는 자신과 자신의 가치에 대해 성찰하지 않을 수 없는 곳이다. 내가 그랬듯이, 델포이에 있는 아폴로 신전을 방문해서 그 유명한 비문을 읽어 보면 특히 그렇다. "너 자신을 알라." 이 말은 역시 매우 유명한 또 다른 소크라테스 격언("성찰하지 않는 삶은 살 가치가 없다.")을 촉발했고, 햄릿에서는 셰익스피어가 상기시켰다. "자기 자신에게 진실하라." 이것은 나에게 매우 중요한 것이다. 자신에게 정직하지 않고 자신의 가치에 따라 생활하지 않는 한, 필로티모가 요구하는 방식으로 헌신할 수 없다.

행동하는 그리스의 선함과 필로티모의 힘을 관찰하는 것은 자기반성과 자기 성찰을 위한 강력한 자극제이다. 우리가 '선'의 편에 서서 우리의 이기심과 상관없이 옳은 일을 하기로 결정할 때, 그것은 우리에 관한 모든 것과 우리가 세상을 보는 방식을 바꿀 수 있다. 우리는 더 관대해지고, 더 사려 깊고, 다른 사람들에게 더 개방적이며 그들의 필요를 의식하게 된다. 우리는 우리 자신의 이익과 단기적 과제를 넘어선 더 큰 그림을 보고, 무엇이 중요한지에 대한 중요한 관점을 얻는다. 필로티모는 그 자체로 중요한 가치일 뿐만 아니라, 내가 이 책에서 쓴 많은 것들에 대한 관문 역할을 하는 가치이기도 하다.

인도

신앙 *Faith*

펀자브 알미스타에 있는 황금 사원

머리에 두르는 천 조각이 왜 그토록 의미가 있는지 입어보기 전에는 이해하기 어려울 수 있다. 내가 처음으로 인도에 살면서 시크교 전통 천으로 된 터번인 다스타르를 착용하고 나서야 그 힘이 분명해졌다. 머리를 감는 단순한 행위가 나를 취약하고 대상화된 소녀에서 "나한테 까

불지 마!"를 외치는 영적 전사로 변화시켰다. 더욱이 나를 믿음의 사람으로 내세움으로써 다른 사람에게 안전, 믿음, 신뢰의 등대가 되었다. 할머니들은 기차역에 와서 내 옆에 앉아 기차를 맞게 탔는지 물어보곤 했다. 남자들은 나를 동등하거나 더 나은 사람으로 존중할 것이다. 나는 무성화無性化되었고, 손목에 두른 카라가 나의 강인함, 반항심, 회복력에 대한 느낌을 더했다. 더 높이 서고 머리를 더 높이 드니 마치 나의 터번이 왕관인 것처럼 보였다. 천이 흰색일 때 확대되는 효과는 빛의 등대처럼 대담하며, 봉사와 규율과 헌신을 상징한다. 이때 처음으로 믿음의 힘을 깨달았다.

그때의 방문에서, 나는 한 달 동안 암리차르에 있는 황금 사원으로 더 잘 알려진 하르만디르 사히브에서 살았다. 이 통과의례는 영국 성공회 학교에서 자란 시크교도로서 나 자신의 믿음과 더 넓게는 사람들의 삶에 대한 믿음의 힘, 이 두 가지 모두에 대해 더 많이 이해하는 데 도움이 되었다. 사원을 둘러싸고 있는 사로바르sarovar, 신성한 웅덩이 옆에 앉아 있으면, 가장 큰 문제나 두려움을 나누기 위해 먼 거리를 여행한 사람들이 물로 인해 치유될 것이라고 믿었던 것을 볼 수 있다. 그것은 사람들이 어떻게 믿음에서 힘과 위안과 목적을 얻을 수 있는지에 대한 교육이었다.

신앙은 규칙적인 기도나 특정한 의식의 엄격함을 통해 드러날 필요가 없다. 그것은 매우 다양한 행동과 상호작용에 존재할 수 있으며, 그중 일부는 눈에 띄지 않는다. 나마스테—내 안의 신성이 당신 안에 있는 신성을 인식한다는 의미—처럼 간단한 인사라도 믿음을 공유한다는 심오한 표시이다.

인도에서 자동차나 인력거를 운전해 본 사람이라면, 세계에서 두 번째로 인구가 많은 나라에서 신앙이 얼마나 중요한지 이해할 것이다. 믿음이 없다면 당신은 도로를 전혀 여행할 수 없을 것이다. 기도할 때 부르는 모든 신, 메시아 또는 메신저가 인도 차량의 앞 유리를 장식하는 데는 이유가 있다.

그러나 신앙은 인도의 혼란스럽고 위험으로 가득 찬 길을 가는 데에만 꼭 필요한 것이 아니다. 이것은 또한 세계에서 가장 널리 퍼진 일부 종교(힌두교, 시크교, 불교, 자이나교)의 발상지이며 10억이 넘는 힌두교도들의 고향이자, 가장 많은 시크교도들이 살고 있고 세 번째로 많은 이슬람 인구를 보유한 국가를 정의하는 특징이기도 하다.

현대 인도의 다종교 사회(또한 실질적인 기독교인과 유대교 공동체도 포함)에는 종교적 신념과 실천에 있어 거의 끝없는 변이가 있지만, 하나의 통합 요소가 있다. 믿음이 중요하다.

인도인의 삶에서 신앙이 하는 역할을 고려할 때 그것은 놀라운 일이 아니다. 이름이 선택되는 방식에서부터 결혼할 사람에 이르기까지, 가장 의미 있는 결정은 당신이 선택했거나 태어나면서 정해진 믿음에 따라 결정된다. 신앙은 당신이 그것을 원하든 그것이 당신에게 생긴 것을 축하하든, 새로운 직업을 시작하는 것부터 새 집으로 이사하거나 자녀를 낳는 것에 이르기까지 인생의 거의 모든 중요한 순간에 수반된다. 사람들은 믿음을 신뢰하여 기도하고 관습을 따르거나(아이를 갖기를 원할 때 작은 종이 요람 만들기 등) 물, 음식, 꽃, 향을 신에게 바치는 행동을 한다.

신앙은 또한 일에 필수적인 것으로 간주된다. 아유다 뿌자_Ayudha Puja: 악기 숭배, 연례 나브라뜨리 축제의 일부_ 기간 동안 장인의 도구, 인력거 및 기타 기계는 그날 하루 특별히 청소하고 화관을 씌우고 숭배될 것이다(손대지 않은 채). 이것은 작업하는 것이 단순히 교역의 도구가 아니기 때문에 중요하다. 당신을 사람의 영혼과 정신과 같이 더 깊은 것에, 그리고 우리가 하는 일에 연결한다. 저명한 사진 작가인 나의 멘토 라구 라이는 카메라를 사용하여 관찰하고 포착할 뿐만 아니라 그가 기록하는 사람, 장소, 순간의 정신을 드러내기도 한다.

축제의 존재는 신앙이 일상생활 곳곳에 스며드는 정도를 보여 준다. 인도인의 삶에서 신앙에 영향을 받지 않거나 종교적인 예배에 둘러싸여 있지 않은 경우는 거의 없다. 사방에서 종교 의식과 헌신의 흔적을 볼 수 있는데, 거의 모든 인도 가정에는 방이든 제단이든 전용 공간이든 매일 기도를 드리기 위한 사당이 있다. 승인된 영적인 장소에서 당신은 특정한 욕망이나 약속을 위해 사람들이 묶어 놓은 다채로운 천 조각으로 덮인 나무를 보게 될 것이다.

비틀즈, 줄리아 로버츠, 스티브 잡스, 마크 저커버그, 이들은 모두 영성이나 신앙이 조금 또는 많이 필요하다고 결정할 때 인도로 간다. 개인 예배는 많은 구루, 사두스, 리쉬의 발치에 모이거나 순례를 준비하는 등 집단적인 의식의 순간으로 보완된다. 순례를 위한 수많은 산과 장소가 있으며, 그다음으로 3년마다 4개의 신성한 강을 순환하는(12년마다 강 하나씩 방문) 세계 최대의 순례 축제인 쿰브 멜라가 있다. 가장 바쁜 날에는 3000만 명에서 4000만 명이 한 장소에 모이는 것으로 알려져 있다. 동양 신앙에 기반을 둔 개념들은 얼마나 많은 사람들이 자신의 삶을 살고 이해하는지에 결정적인 역할을 한다. 잘 알려진 카르마 개념에서 선행은 보상을 받고 악행은 벌을 받는다(그래서 사람들에게 자신의 운명을 통제할 수 있다는 믿음을 심어 준다). 그리고 다르마 *Dharma: 문자 그대로 '의무'*는 환경에 대한 존중과 숭배의 핵심 특성을 알려 주며 인간의 행동을 지배하는 신의 법칙이다.

따라서 여러 면에서 신앙은 인도의 모반*birthmark: 날 때부터 몸에 있는 반점*이었고, 지금도 여전히 남아 있다. 사람으로서 내리는 결심의 진정한 깊이를 발견하고, 힘든 시기를 이겨내고, 서로를 지지하고, 궁극적으로 최고의 나 자신이 되어야 한다는 내면의 믿음을 발견하게 하는 것이 바로 '믿음'이다. 믿음은 증명되거나 반증될 수 없다. 하지만 믿음이 있다면 가장 암울한 시기에도 위안을 찾을 수 있고, 이해할 수 없는 일이 있을 때 신뢰할 수 있다. 믿음은 다른 어떤 것도 할 수 없는 틈을 메운다. 그것은 우리가 알려진 것에서 알려지지 않은 것, 가능한 것에서 불가능한 것에 이르기까지 우리 자신을 넘어 도달할 수 있게 해 주는 것이다. 그것은 세상에 대한 우리의 인식을 바꾸어 우리가 무관심 대신에 경이로움을 보고, 회의주의 대신 신념을 포용할 수 있게 한다. 그것은 세속적이든 종교적이든 모든 삶에서 가장 중요한 것 중 하나이며, 축적된 논리와 이성과 기대의 힘을 극복하는 신념의 힘이다.

이란

헌신/전념 *Commitment*

이란의 쿠르디스탄 지역 근처에 있는 신비주의자 수피

시리아, 이란, 이라크, 튀르키예에 걸쳐 있는 쿠르디스탄 산맥의 중심부로 가는 긴 여정이었다. 그곳, 성스러운 계곡에 숨겨진 집 한 채가 다른 세상의 에너지로 고동치는 것 같은 공터에 있었다. 나는 신발을 벗고 안으로 들어가 내부에서 흘러나오는 경쾌하고 압도적이며 거의 초월적인 음악과 시에 빠져들었다.

예배에 넋을 잃은 천여 명의 사람들을 지나 복도를 계속해서 통과하자, 마침내 미로 중앙에 숨어 있던 안뜰이 나타났다. 향은 진하고 공간은 어두웠으며 박자는 빨랐지만 노래하는 사람들의 눈은 감겨 있었다. 서로의 팔에 껴 있었고, 발은 회전하고, 머리는 뱅글뱅글 돌았다. 눈은 고동치고 목소리는 거의 인간을 초월한 것 같은 광적인 음조로 높아지고 있었는데, 그것은 내가 거의 불가능하다고 생각했던 수준으로 빠르고 더 활기차게 지속되었다.

이들은 수피교도Sufi: 이슬람교의 신비주의자들이었으며 '완벽한 예배'를 의미하는 이산ihsan을 위해 노력하고 있었다. 이것은 내 눈에는 강도 높은 이슬람의 실천으로 보였다. 그것은 영적, 감정적 그리고 무엇보다도 높은 에너지를 느끼는 경험이었다. 모든 일에 최선을 다하는 이란 문화의 한 징후이자 전적인 전념이었다.

이란인들은 극적이고 열정적이며 무엇보다 헌신적인 사람들이다. 그들은 말하고 믿고 바라는 것을 위해 자신의 모든 것을 던진다. 이로 인해 뛰어난 시인, 건축가, 음악가를 많이 배출하는 데 도움이 된 것 같다. 코미디언 오미드 다릴리가 농담했듯이, 이란에서 연애 편지를 쓰는 방법은 팔을 자르고 자신의 피로 쓰는 것이다.

이란의 언어는 헌신의 언어이다. 많은 문화권에서 "사랑합니다."라는 말은 가장 의미 있고 소중한 말이지만, 이란인에게는 충분하지 않다. 자신의 사랑이나 헌신을 표현하고 싶은 이란인은 "고르부넷 베람Ghorboonet beram: 나는 당신을 위해 희생할 것입니다"이라고 말할 것이다. 사랑하는 사람이나 가족에게 "지가레토 복호람Jigareto bokhoram: 당신의 간을 먹고 싶어 죽겠다"이라고 농담을 할 수도 있다. 놀라움이나 좌절감의 표현은 "코다 마르감 베데*khodah margam bedeh; 신이시여, 저에게 죽음을 주십시오*"이다.

나는 달력을 채우는 종교 행사나 의식에 참석할 때, 이란인들의 헌신이 어떤 모습인지 목격했다. 여기에서 예배와 의식은 완전히 새로운 차원으로 올라간다. 이란 새해의 전조로 열리는 야외 축제인 차하르샨베 수리(빨간 수요일)에 사람들은 모닥불을 피우고, 그 위로 뛰어오르며 조로아스터교의 후렴을 부를 것이다. "누런 해를 가져가시고 불 같은 빨강을 주세요." 다시 말해서, 낡고 지친 해를 없애고 활기차고 신선하고 새로운 빨간 해를 가져오는 것이다. 이란에서 시작된 조로아스터교 신앙에서 신성시되는 불의 열기와 순수함은 지난해의 문제들을 상징적으로 정화한다. 이것은 이란 정부가 공식적으로 금지하고 있음에도 계속된다.

무함마드의 순교한 손자이자 시아파 이슬람교의 창시자인 후세인 이븐 알리를 추모하는 한 달 동안의 아수라 기간에는 자해 행위가 일반적이다. 나는 사람들이 스스로 채찍질하는 것을 보았다. 일부(비록 소수라고 들었지만)는 사슬로 스스로를 때리고, 다른 사람들은 예리한 칼날을 사용하여 피를 뽑는다. 이는 현재 공식적으로 금지된 관행이다. 680년 10월 카르발라 전투에서 살해되고 참수된 후세인이 겪은 고통의 일부를 나누기 위해 모두가 함께한다. 칼로 자신을 베는 꽤 나이든 여성들을 지켜보는 것은, 이란인들이 그들의 전통과 신념에 얼마나 헌신하는지를 보여 주는 끔찍하고도 무서운 증거였다.

그러나 이란인들을 전통적이고 좁은 의미에서 종교적으로만 특징짓는 건 잘못된 것이다. 내가 자주 접한 것은 전통적인 종교보다 영성에 더 가까운 것이었다. 사람들은 음악, 노래, 춤을 통해 알라를 찬양하고 숭배하며 신과 소통했다. 이란은 공식적인 예배 장소들로 가득 차 있지만, 많은 예배는 정권의 감시 대상이 아닌 가정 내에서 비공식적으로 이루어진다. 그것은 특정한 종교적 관습보다는 헌신의 본질에 관한 것이다.

우리는 신념, 사람, 책임과 같이 전념할 수 있는 것들이 필요하다. 전념은 우리를 사람으로 만들고, 우리 삶에 닻을 제공하고, 중요한 것이 무엇인지 상기시켜 준다. 자신의 실력에 대한 절대적인 전념, 즉 자신이 될 수 있는 최고가 되기 위한 전적인 전념 없이 뛰어난 시인, 건축가, 음악가, 운동선수가 된 사람은 없다. 이란 문화의 아름다움과 깊이와 풍부함은 바로 이러한 '전념'을 반영한다. 일말의 의심이나 자의식도 없이 일에 전념하려는 이란의 의지가 우리 모두에게 영감을 주어야 한다. 반쪽짜리 약속과 막연한 개념은 우리에게 도움이 되지 않는다. 성취를 위해서는 중요한 것을 선택하고, 우리의 몸과 마음과 영혼을 그것에 바쳐야 한다.

이스라엘

후츠파(대담함) *Chutzpah*

통곡의 벽

후츠파가 이스라엘의 본질적인 부분인 이유를 이해하려면, 이름 자체부터 시작해야 한다. 그 의미, 즉 '하나님과 싸우는 자'는 당신이 알아야 할 모든 것을 알려 준다. 신성한 힘을 가진 싸움을 선택하는 것보다 더 큰 후츠파가 어디 있을까? (많은 이스라엘 사람들이 조직화된 종교에 대해 엄지손가락을 코에 대고 모욕한다는 사실은 그들에 대한 인상을 더 강화시킬 뿐이다.)

후츠파는 존경할 만하지만 덜 매력적인 특성을 모두 포착하는 가치이다. 그것은 사람들이 할 수 없다고 말해도 해내겠다는 결단력과 내면의 힘에 관한 것이며 완고함과 잔혹함, 심지어 무례함과도 관련된다. 그들은 동전의 양면이다.

원래 이디시어*Yiddish* 의미에서 후츠파는 우리가 존경해야 할 대담함보다 나쁜 매너와 오만함에 관한 것이다. 오늘날 틀을 깨고 규칙을 어기는 사람들이 일반적으로 기피되기보다 각광을 받지만, 후츠파는 더 긍정적인 의미를 갖는다. 달성할 수 없는 것들도 순수한 의지의 힘으로 이룰 수 있도록 가차없이 추구하는 것이다. 당신의 아이디어와 그것을 성취할 수 있는 능력에 대한 흔들리지 않는 믿음이다. 훨씬 더 크고 확고한 경쟁사를 따라잡고자 하는 신생 기업들에게는 후츠파가 있다. 기득권층에 반대하는 정치 신인들에게도 후츠파가 있다. 현상 유지에 반대하고 파괴자에게 유리하게 정의되는 요즘 세상에서 후츠파는 질책받아야 하는 특성에서, 축하되고 모방되어야 하는 행동으로 변했다.

그리고 행동하는 후츠파의 가장 좋은 예를 찾고 있다면 이스라엘을 보면 된다. 후츠파는 이스라엘의 역사, 현재 및 국민의 행동 등 모든 면에서 찾을 수 있다. 처음에 현대 이스라엘 국가를 만들고 가까운 곳에서나 먼 곳에서나 폭력적인 반대 세력 속에서 70년 이상 생존하는 데 후츠파가 필요했다. 60%가 사막인 나라가 그토록 번성하는 농업의 본거지가 되기 위해서도 후츠파가 필요했다. 이스라엘만큼 작은 나라

◆ 유대인 언어

가 세계에서 가장 혁신적이고 기업가적인 경제 국가 중 하나가 되기 위해서도 역시 후츠파가 필요했다.

나는 이스라엘에 발을 들여놓기 전부터 많은 이스라엘 사람들을 만났는데, 대다수가 의욕이 넘치고 매우 성공적인 사람들이라는 것을 알고 있었다. 그러나 실제로 이스라엘을 경험하고 나서야 이렇게 작은 나라가 어떻게 그토록 많은 것을 성취할 수 있었는지, 그 성공의 실제 규모와 후츠파의 진정한 의미를 이해하게 되었다. 처음에는 이 단어가 정말로 그것을 한다는 의미라고 생각했다. 그러나 더 깊은 의미와 동기가 있다는 것을 이해하게 된 것은 이스라엘의 안식일과 유월절에 테이블 주위에 앉아 있을 때였다. 고통, 역경과의 투쟁, 생존에 대한 이야기와 언급된 역사는 후츠파의 진정한 초석이다. 가장 큰 힘을 얻는 것은 이전에 지나간 일에 대해 규칙적이고 의식적으로 기억함을 통해서이다. 우리가 여기서 살아남을 수 있다면, 어디서든 살아남을 수 있다. 단순히 생존하는 것이 아니라 번성할 것이다. 과거에 대한 이러한 연결은 이스라엘 민족을 이 지점에 이르게 한 수천 년의 경험에서 오늘날 이스라엘을 정의하는 후츠파의 근거가 된다. 이스라엘 기업이 미래를 창조해 나가도록 돕는 후츠파는 처음부터 그들의 국가가 생성되고 생존하도록 허용한 후츠파에 뿌리를 둔다. 어떤 상황에서도 역경을 이기고 승리할 내면의 힘을 찾는 것이다. 이스라엘은 존재 자체가 후츠파인 민족이다.

우리 개인이 직면하는 문제가 크든 작든 우리가 적절하고 민감하게 후츠파의 기술을 채택하면 모든 문제는 더 관리하기 쉽고 극복하기 쉬워진다.

리투아니아

일 *Work*

리투아니아 빌니우스 카운티 라벤더 마을

리투아니아에서는 어디를 가든 호수와 숲, 라벤더 농장 그리고 폴란드와 연결되는 큐로니안 스핏*Curonian Spit*의 사구에 이르기까지 놀랍고 예상치 못한 자연환경 안에서 무언가가 따라온다. 윙윙거리는 소리는 리투아니아 상징인 꿀벌이 배경에서 끊임없이 움직이고 있는 소리이다.

오랜 토속 문화에 뿌리를 둔 벌은 리투아니아 전통에서 독특한 위치를 차지하고 있다. 고대 리투아니아의 꿀벌 여신인 오스테자는 여전히 인기 있는 소녀의 이름이다. 꿀은 리투아니아의 중요한 수출품이자 전통 요리에 반드시 필요하다. 꿀벌의 죽음을 가리키는 단어는 인간에 대한 단어와 동일하다(다른 동물에 사용되는 단어와 다르다). 대부분의 장소에는 벌떼가 있다. 리투아니아인들은 사람들의 가족에 대해서 말하는 것처럼 꿀벌의 가족에 대해 이야기한다.

벌은 리투아니아 문화에서 존경받을 뿐만 아니라, 이 나라의 대표 가치인 '일'의 상징이기도 하다. 이곳은 사람들이 여유를 부리거나 개인적으로 휴가를 선택하는 나라가 아니다. 이런 이유로 우리가 방문했을 때 아들 나리안은 매우 실망했다. 열심히 일하는 것은 똑같이 실천되고 전파된다. 일벌보다 리투아니아를 정의하는 가치를 더 적절하게 표현할 수는 없다.

특히 구세대에게 소비에트 시대의 흔적은 노동이 삶의 가장 중요한 측면 중 하나로 널리 인식된다는 것을 의미한다. 중요한 것은 직업을 갖는 것이고, 자기가 맡은 일을 얼마나 빠르고 효과적이며 효율적으로 완료할 수 있느냐이다.

일부 국가에서는 여러 직업을 가지는 건 한 곳에서의 수입이 충분치 않은 것으로 여겨지기 때문에 부정적으로 받아들여지는 반면, 리투아니아에서는 이를 자랑스럽게 여긴다. 2~3개의 직업을 가진 사람은 리투아니아인들이 존경하는 헌신과 직업 윤리를 가지고 있는 것으로 받아들여진다. 사람들은 한 분야만을 전문으로 하지 않고 운전, 요리, 노인 돌보기 등 다양한 직업을 갖고 있는 경향이 있다. 더군다나 직업 사이에는 실제로 위계질서가 없다. 의사나 교사도 환경미화원이나 정원사와 비슷한 삶을 사는 것이다.

리투아니아인에게 할 수 있는 가장 큰 칭찬은 그들이 매력적이거나, 잘 생겼다거나, 좋은 부모라는 것이 아니라 열심히 일한다는 것이다. 일이라는 가치는 또한 리투아니아 속담에서도 강력하게 전달되는데, "일이 완료되기 전에는 행복하지 않다." "일하지 않는 사람은 먹지 않는다." 등이 인기 있는 속담이다. 런던으로 이사한 리투아니아인 친구는 병가로 쉬는 동료들을 만났을 때 당황하며, 리투아니아라면 결코 꿈도 꾸지 못할 일이라고 말했다. 그녀에게 전에는 결코 일어나지 않았던 일인 것이다.

직업윤리는 어린 나이부터 리투아니아인에게 주입되어 무슨 일을 하든 부모님을 경제적으로 지원하기 시작한다. 아마도 이것이 유명한 리투아니아인 중 일부가 자신의 분야에서 일찍 일을 시작한 이유일 것이다. 수상 경력에 빛나는 여배우 잉게보르가 답쿠나이테는 〈나비 부인〉 공연에서 4세에 처음으로 무대에 등장했다. 수영선수 루타 메일루티테는 15세의 나이로 2012년 런던 올림픽에서 금메달을 땄다. 아버지와 함께 더 나은 훈련 시설을 이용하기 위해 몇 년 전 영국으로 이사한 후였다. 세계적으로 유명한 아코디언 연주자 마티나스 레비츠키는 3세 때 처음 악기를 잡았다.

리투아니아는 15세기에 유럽에서 가장 크고 영향력 있는 국가 중 하나였으며, 1990~1991년에 선거와 후속 시위를 통해 소련을 무너뜨리는 데 중요한 역할을 했던 자랑스러운 국가이다. 그러나 종종 외부의 지배를 받았고, 가혹한 경제 상황에 직면하여 생존을 위해 고된 노동을 해야 했다. 18세기 말 이래로 세계 대전과 1991년 이후에야 독립 국가가 되었다.

오늘날 많은 국가들이 대규모 이민 문제로 분열되어 있는 상황에서 리투아니아는 정반대의 문제에 직면해 있다. 인구는 2005년부터 2017년 사이에 거의 15% 감소했는데, 이는 특히 다른 곳에서 경제적 기회를 찾는 젊은이들 사이에서 널리 퍼진 이민 추세이다(한 사람은 나에게 종종 친족주의적인 고용 시스템에서 벗어나기 위해서라고 말했다). 노동력 감소와 저임금 문제에 대한 정치적인 초점은 2016년 이전에 알려지지 않았던 리투아니아 농민 및 녹색연합의 정부 선출을 촉발시키는 데 도움이 되었다. 무엇보다 일이 중요한 나라에서 두뇌 유출로 인해 인력이 비어 있지 않도록 하는 방법을 찾는 것이 가장 시급한 문제 중 하나가 되었다.

일에 대한 리투아니아의 헌신은 우리 삶 전체에서 그것이 얼마나 중요한지, 즉 육체적 그리고 정신적 웰빙에 얼마나 근본적 의미인지 그 목적 의식과 자존감을 심어 주는 일의 중요성을 일깨워 준다. 우리는 일의 본질이 빠르게 변화하는 시대에 살고 있지만 일의 본질적 가치는 여전히 그대로이다. 일의 본질은 우리 삶의 닻을 내리고 우리가 사랑하는 사람들과 함께 성취하고 개선하며 부양할 수 있는 기회를 제공한다는 것이다.

몽골

자율성 *Autonomy*

울란바토르에서 만난 차히야 엘벡도르지 전 대통령

임신 6개월이었던 나는 며칠 동안 말을 타고 몽골 전역을 가로질러 왔다. 그리고 마지막으로 태동을 느낀 것이 언제였는지 느낌이 없어졌다. 의사를 만나보길 원했는데, 며칠 동안은 진료를 받을 수 없을 거라는 말을 들었다. 이것은 자율성의 결과이다. 나는 원하는 것을 정확히

했고 모든 경고들을 무시한 결과, 이제 내가 상상할 수 있는 것은 아기에게 무슨 일이 생긴다면 어떻게 할 것인가 하는 것뿐이었다.

그러나 우리가 동물들에게 둘러싸인 게르(유르트)◆에서 생활하고 이곳저곳을 옮기는 몽골의 생활방식에 익숙해지면서, 아들이 그 어느 때보다 강하게 발로 차고 있음을 느꼈다. 야외의 땅에서 자신만의 길을 개척해 나가자, 마치 나에게서 그랬던 것처럼 그에게서도 무언가가 살아나는 것 같았다.

이것은 칭기즈칸과 그의 후손 시대까지 거슬러 올라가는 삶의 방식이다. 당시 몽골 제국은 세계에서 가장 큰 제국이었다. 유목민들은 전성기의 러시아 제국보다 더 큰 세계 땅의 16% 이상에 걸쳐 자리를 잡았다.

현대 몽골은 이전의 모습에 비하면 아주 작은 부분만 차지하고 있지만 제국 건설에 원동력이 된 동일한 문화가 많이 남아 있다. 몽골의 광대한 탁 트인 공간과 초원을 가로질러 뻗어 있는 유목민의 자율적이고 자기 결정적인 생활방식은 다른 어느 곳에서도 볼 수 없다.

아마도 이러한 마음가짐은 칭기즈의 본명인 테무진_Temujin_의 한 부분인 테물_temul_이라는 한 단어로 가장 잘 요약될 것이다. 역사가 잭 웨더포드는 이 단어를 이렇게 설명한다. "테물은 여러 몽골어 단어에서 '급하게 서두르다, 영감을 받다, 창의적인 생각을 하다, 공상에 빠져들다'라는 의미로 쓰입니다. 한 몽골 학생이 제게 설명했듯이, 이 단어는 '말을 탄 사람이 무엇을 원하든 상관없이 가고 싶은 곳으로 달려가는 말의 눈을 바라보는 것'으로 가장 잘 예시되었습니다."

◆ 몽골인들의 이동식 천막집을 말한다.

말은 몽골 자치의 적절한 상징이다. 징기스칸 이후 늑대가 종종 국가 상징으로 여겨지지만, 말은 몽골 문화와 생활방식을 정의하는 동물이다. "말 없는 몽골인은 날개 없는 새와 같다."라는 속담이 있다. 몽골은 말을 타고 광대한 제국을 건설했으며 말은 사냥, 여가를 위한 승마, 경쟁, 지위 상징을 위한 유목민 문화의 중심으로 남아 있다. 몽골 국민 음료인 아이라그는 암말의 발효된 우유이며, 몽골 어린이가 말 타는 법을 배우는 것은 걷는 법을 배우는 것과 같은 통과 의례이다. 몽골 민속 문화에서 말은 영적 의미도 있다고 여겨지는데, 몽골 전사들은 전통적으로 말과 함께 묻혔고 전투 전에는 암말의 젖을 땅에 뿌렸다. 오늘날 말은 일상적으로 몽골을 방문하는 정치인과 세계 지도자들에게 외교적 선물로도 주어진다.

그들의 말처럼 몽골인들은 다른 사람들이 이끄는 곳이 아니라 그들이 원하는 곳으로 간다. 많은 사람들이 개인적인 자유가 있다고 말할 수 있지만 몽골 유목민들은 텐트 칠 장소를 선택하고, 하루 또는 몇 주 동안 동물을 방목할 수 있는 자율성을 가진다.

급속하게 팽창하는 수도인 울란바토르를 포함하여 많은 사람들이 수세기 동안 사용되어 온 동일한 게르에 여전히 살고 있다. 내부와 외부 모두 개방적이고 이동 가능한 공간인 게르는 몽골인들의 자율성이라는 마인드셋을 상징한다. 어디를 갈지 제약이 없고, 어디든 자유롭게 돌아다니고, 자기의 삶을 스스로 결정하려는 자유 의지를 의미한다. 실제로 몽골 대초원의 대부분은 정부에 의해 국민들에게 무료로 제공되며, 모든 몽골 시민은 무상으로 토지를 자신의 것으로 주장한다. 어디까지, 얼마나 갈지 한계를 두지 않고 완전한 지평선을 볼 수 있다. 사방이 탁

트여 있고 자율적인 정신을 불러일으키는 몽골의 환경을 경험하는 것에는 뭔가가 있다.

이와 동일한 정신이 몽골 정부를 지배한다. 당시 수상이었던 수흐바타린 바트볼트를 만났을 때 그는 몽골이 어떻게 자체 방식과 자체 모델로 빠르게 성장하는 '늑대 경제'를 구축하기로 결정했는지에 대해 말했다. 이것은 아시아의 '호랑이 경제*'와 대조되는 것으로, 늑대처럼 강하고 영리하며 가장 가혹한 조건에서도 살아남을 수 있는 경제이다.

이곳에서 시간을 보내면 몽골인이 기대나 마감 또는 관습에 관계없이 가둬놓을 수 있는 민족이 아니라는 것을 곧 깨닫는다. 몽골 문화는 탐험하고, 미지의 것을 시험하고, 예상치 못한 일을 하는 것이다. 자율성과 의지가 이끄는 곳으로 갈 수 있는 기회가 보장된 삶을 추구한다. 자유가 공유된 권리를 위한 투쟁에 가깝다면 자율성은 더 개인적이다. 즉 자기 삶의 방향을 설정하고, 자신의 고유한 경로를 따를 수 있는 능력이다.

우리 중 많은 사람들이 일상의 틀 안에서 살아가며 직업을 추구하면서 약간의 테물과 자유에 대한 몽골인의 욕구를 받아들인다면 어떤 식으로든 도움을 받을 수 있을 것이다.

◆ 일본의 발전 모델을 따라 성장과 수출 지향적 경제 체제를 갖춘 한국, 대만, 싱가포르, 홍콩의 경제를 이르는 말이다.

미얀마

순종 *Obedience*

미얀마 양곤에 있는 쉐다곤 파고다에서의 새해 기도

"차 한잔 드릴까요?" 미얀마에서 대답은 항상 '예'이다. 실제로 뜨거운 음료를 원하든, 원하지 않든 누군가가 제안하면 수락한다.

이것이 바로 아나데anade라고 불리는 다른 사람에 대한 깊은 공감과 부끄러움을 피하고 싶은 압도적인 욕망이다. 음료를 거부하거나 음식을 두 번 담는 것조차 그것을 제공하는 사람이 잠재적으로 체면을 잃는 것으로 여긴다. 그래서 당신은 사회적 당혹감을 피하기 위해서라도 '예'라고 말한다. 당신은 개인의 선호를 '순종'이라는 민족적 문화에 의해 유지되는 사회적 조화라는 더 큰 선$_{good}$으로 뒤엎고 자제력을 보인다.

아나데는 사람들이 일상생활의 모든 측면에 대해 어떻게 생각하는지 알려 주는데, 그것은 당신이 내리는 모든 작은 결정들에 대한 프리즘이다. 어떻게 하면 다른 사람들과의 어색한 상황이나 문제를 일으키는 것을 피할 수 있을까? 이것이 완전히 사라지는 한 번이 있는데, 바로 새해 전 물 축제 기간 동안이다. 모든 사람들이 4일 동안 서로에게 물을 뿌려 지난해의 죄를 씻는다. 이때 그 어떤 당혹감보다 이 전통에 대한 순종이 우선한다.

미얀마의 문화는 나이와 사회 계층을 존중하는 위계적 원칙인 가도$_{gadaw}$에 의해 뒷받침되며, 노인과 사회적 지위가 높은 사람들은 상황에 관계없이 자동으로 존중받는다. 버마인 친구의 아버지는 교수인데, 학생들은 그의 주장에 결코 의문을 제기하지 않는다고 한다. 직장에서도 마찬가지이다. 여기서는 360도 피드백*을 하지 않는다. 조직 내 상사가 당신보다 나이가 조금 많거나 살짝 선배라고 해도 상사의 말은 그대로 진행되며, 당신은 자신의 의견과 비판을 표현하기 전에 연장자의 위계와 지혜에 순종한다.

순종은 버마 문화에 깊이 뿌리내리고 있다. 인구의 90%가 종교를 갖고 있는 나라에서, 불교에서 깨달음에 이르는 여정의 초석이 되는 계율 (도덕)에서 순종의 의미를 찾는 건 어렵지 않다. 불교에서는 또한 악을

◆ 상사에 의해 평가하는 일반적인 방식이 아닌, 동료나 팀원들의 평가도 진행하는 것을 의미한다.

최소화하면서 선을 최대화하라는 업보의 중요성에 모두 함께 초점을 맞추도록 가르친다. 대부분이 불교도인 버마인들은 푼나punna: 공로 달성에 크게 관심을 가지고 있는데, 이는 미얀마가 자선 기부나 자원봉사, 낯선 사람과 도움이 필요한 사람들에게 도움을 주려는 의지를 종합적으로 측정하는 세계기부지수에서 자주 1위를 차지하는 이유를 설명한다. 더 나아가 그 누구도 서비스 대가인 팁은 자신의 돈이 아니라는 이유로 받지 않을 것이다. 순종은 선한 사람이 되는 것과 선한 업을 유지하는 것의 일부로 간주된다. 사람들은 선한 말, 선한 일, 선한 생각 등 부처님의 도道에 따라 최대한 순종하며 살려고 한다.

영국 식민 정권 이래로 1962년부터 2011년까지 통치한 군사 정권에 이르기까지, 오랜 억압의 역사와 이후 소수민족인 로힝야족에 대해 자행된 잔학 행위는 반대 의견과 저항이 일상적으로 가장 폭력적인 방법으로 억압되었던 순종 문화의 또 다른 뿌리이다. 미얀마에서 순종이 발견되지 않는 곳에서는 종종 잔인하게 강요된다.

1988년 민주화 시위 동안 수천 명이 군대와 보안군에 의해 사망했고, 수백 명의 승려가 2007년 군부에 반대하는 사프론 혁명의 일환으로 벌어졌던 시위에서 구타당하고 체포되었다.

사람들에 의해 증명되고 권력으로부터 요구되었던 순종은 최근 역사를 통틀어 미얀마 문화의 토대가 되었다. 그리고 그 시사점은 광범위하지만 그 기반과 교훈은 간단하다. 자기 자신을 생각하기 전에 남을 먼저 생각하는 것이다. 이는 위계질서, 관습, 전통을 존중한다는 것을 의미한다. 그것들을 뒤엎는 것은 다른 사람들이 체면을 잃을 위험이 있기 때문이다. 이 원칙의 이점을 이해하기 위해 계층 구조를 존중할 필요는 없다. 행동의 결과를 생각하고 주변 사람들의 입장을 충분히 고려함으로써 우리는 더 나은 친구, 더 나은 직원 또는 고용주, 더 나은 가족이 될 수 있다. 순종을 그 자체로 좋은 것으로 여기든 그렇지 않든, 남이 먼저여야 한다는 기본 원칙은 우리 모두에게 해당된다.

페루

긍정성 *Positivity*

페루 쿠스코의 라레스 트렉에서

페루의 2018년 축구 월드컵 출전은 36년 만에 처음이었다. 그러나 오랜 세월 실망해 왔던 페루의 축구 역사는 월드컵 출전국들 중 가장 열정적이고 긍정적인 지지자로 빠르게 자리잡은 페루 팬들의 기대를 낮추는 데 아무런 역할을 하지 못했다. 페루가 월드컵 본선에 진출한 것을 태어나서 처음 본 사람들이 많았지만, 페루인들은 대표팀이 여전히 우승할 수도 있다고 믿었다.

유튜브는 긍정적인 동기 유발 영상들로 넘쳐났다. 15,000명이 넘는 페루인들이 러시아로 몰려들었고, 그들 중 많은 사람들이 특별한 순간을 경험하기 위해 개인적인 희생을 치르며 특별한 장거리 여행을 했다. 직장을 그만두거나, 항공편을 5번 갈아타거나, 갖고 있던 것들을 팔아야 했던 사람들의 이야기가 공유되었다. 1982년에 페루가 본선에 진출했을 때 참석했던 사람들이 이제 손주들과 함께 참석할 수 있게 되어 온 가족이 함께 여행하기도 했다. 대표팀에 대한 뜨거운 응원은 페루의 특징인 '긍정성'을 반영한다.

친구나 가족이 시험을 보거나 면접을 보러 가는 등 중요한 일을 앞두고 있으면 행운을 빌지 않는다. 대신 부에나스 비브라스_buenas vibras; 좋은 분위기 또는 에네르히아 포지티바_energía positiva; 긍정적인 에너지를 보내고 그들의 성공을 기원한다. 이것은 운에 의존해서는 안 되며, 결과는 당신의 손에 달려 있다는 의미이다. 마음가짐이 충분히 긍정적인 경우에만 원하는 결과를 얻을 수 있다. TV 뉴스에서 운동선수, 정치인 등 사람들이 더 열심히 노력했다면 상황이 달라졌을 것이라는 논평을 듣게 될 것이다.

이와 같은 자극이 페루의 자기 계발 산업의 싹을 틔우고 있다. 페루에서 셰프는 단순한 셰프가 아니며, 운동선수는 단순한 운동선수가 아니다. 그들은 또한 페루 문화와 긍정적인 국가 정신을 모두 옹호하는 동기를 유발할 수 있다는 측면에서 두 배 이상 부각된다. 페루에서 가장 유명한 셰프인 가스통 아쿠리오는 국가 음식 문화를 재건하고, 세비체와 같은 페루 요리를 전 세계적으로 확산시킨 것으로 알려져 있다. 레스토랑을 운영하는 것 외에도 그는 페루 요리의 글로벌 대사가 되었다.《워싱턴 포스트》기자 닉 미로프는 "오늘날 아쿠리오를 유명 셰프라고 부르는 것은 오프라 윈프리가 토크쇼 진행자라고 말하는 것과 같다. 그는 예술가, 통역사, 치료사, 기획자, 국가 선전자 등 현대 음식 주술사에 가깝다."라고 썼다. 아쿠리오 자신이 말했듯이 "우리는 요리를 변화의 무기로 사용할 수 있다." 페루가 단순히 전통 식품만을 수출하는 것이 아니라 건강과 웰빙에 대한 긍정적인 이점으로 널리 소비되고 있는 퀴노아 및 루쿠마와 같은 슈퍼 푸드를 수출하는 것은 놀라운 일이 아니다.

이 타고난 긍정 에너지는 어디에서 오는 걸까? 부분적으로는 페루의 강력한 토착 문화와 유산에서 그 원인을 찾을 수 있다. 인구의 4분의 1 이상이 여전히 토착민으로 구성되어 있는데, 요리부터 마추픽추와 같은 세계 문화 유산에 이르기까지 모든 것에 나타나는 이러한 강한 뿌리는 페루의 문화가 세계에 제공할 수 있는 것에 대한 자부심과 믿음이 있음을 보여 준다. 또한 페루가 남미 이웃 국가들과 싸운 전쟁과 1980년에서 2000년 사이에 7만 명의 목숨을 앗아간 잔혹한 내전의 유산을 뒤로 해야 하는 필요성에서 비롯되었을 수도 있다.

이제 페루인들은 라틴아메리카에서 가장 빠르게 성장하는 경제와 세계 수준에서 점점 더 중요하고 영향력 있는 문화로 인식되는 미래를 자신감 있게 바라보고 있다.

티티카카 호수 주변과 건너편의 잉카 트레일에서 감동을 받은 나는 "백만 개의 다이아몬드 호수"라는 제목의 글을 썼다. 객관적으로 이것들은 단지 물의 잔물결과 염전의 수정에 불과했지만, 나는 페루의 긍정적인 생각에 둘러싸여 새로운 시각으로 사물을 보고 있었다. 긍정성은 우리 삶의 모든 측면에서 이와 동일한 효과를 가질 수 있다. 새로운 일이나 주요 사업을 시작하든, 문제를 다루든, 자기 개선을 추구하든 긍정적인 마음가짐은 성공의 기초이다. 페루는 우리가 되고자 하는 바를 기꺼이 실현하는 것의 중요성을 보여 준다.

러시아

강인함 *Fortitude*

모스크바 크레림의 붉은 광장

"당장 사진을 삭제하십시오."

상트페테르부르크 한복판에 서 있는데 포주 한 사람이 내게 소리를 질렀다. 나는 의외의 시선을 사로잡는 장면을 우연히 발견했다. 몸을 다 드러내다시피 옷을 걸친 소녀들이 도시를 행진하는 행렬이었다. 본능적으로 찍었는데, 카메라는 내 손에서 빠져나가고 있었다. 다른 덩치 큰 남자가 시야에 들어왔을 때 항의하려던 생각이 사라져버렸다. 추위 때문에 떨고 있는 건 아니었다. 이 사람들이 그저 장난으로 그러는 건 아니었다. 사진은 사라졌지만, 나는 러시아에 대한 큰 교훈을 작은 경험을 통해 배웠다. 러시아는 가혹하고 용서할 수 없는 곳으로, 생존할 수 있는 유일한 방법은 '강인함'이다.

대부분의 러시아인들에게는 개인이나 가족, 투쟁을 통해 살아온 자신만의 강인함의 이야기들이 있을 것이다. 러시아에서 강인함은 단순한 가치가 아니라 삶의 방식이다. 힘은 힘일 뿐만 아니라 생존의 필수 요소이기도 하다. 그리고 러시아 정치와 외교 정책에 대한 당신의 견해가 무엇이든 간에, 러시아에 있으면 러시아 국민의 강인한 결의에 감탄하지 않을 수 없을 것이다. 러시아에서 어려운 시기는 굴복을 고려하는 것이 아니라 강인함과 자기 보존의 저수지를 더 깊이 파내려 가는 것을 의미한다.

사람들은 강인함을 거의 국가의 표시인 명예의 휘장으로 착용한다. 내 호스트였던 올가는 소련 붕괴 후 9개월 동안 시스템이 무너지고 학계에 있는 사람들이 아무도 급여를 받지 못하는 상황에서, 그녀의 어머니가 국경을 넘어 러시아 물건들을 팔았다고 내게 말했다(또한 동시에 러시아로 가져왔을 때 수익을 낼 수 있는 제품을 찾아보기도 했다고 한다). 이로 인해 그녀는 마피아로부터 꼬리를 밟혔다.

그러한 냉혹한 경험이 이러한 문화를 만들었으며, 이 문화는 강인함을 가까이에 두고 눈에 띄게 발휘하게 했다. 따라서 군사력의 과시는 러시아 문화에서 중심적인 위치를 차지한다. 제2차 세계대전의 종전과 나치 독일의 승리를 기념하는 5월 9일 승전 기념일 기념식은 러시아에서 가장 중요한 연례 기념일 중 하나가 되었다. 이때 전국적으로 군사 열병식이 열리는데, 2015년에 70주년 기념 행사에서는 만 6,000명이 넘는 군인들이 모스크바를 행진했다.

과거의 승리에 대한 이야기, 특히 강인함을 상징하는 이야기도 집단 기억에서 중요한 위치를 차지한다. 독일의 맹공격에 맞서 60일 동안 버텼던 아파트 건물인 돔 파블로바는 스탈린그라드 전투에 대한 저항을 상징한다. 스탈린그라드의 소련 사령관인 바실리 추이코프는 독일군이 파리 전체를 점령할 때보다, 이 건물 하나를 차지하기 위해 더 많은 전력 손실을 입었다고 자랑했다고 한다. 강인함은 러시아의 전통적인 고기와 음료라고 볼 수 있다. 외부인과 침략자에 맞서는 힘과 투쟁이며, 오늘날에도 같은 정신이 기념되고 있다.

2018년 초, 시리아에서 격추된 러시아 조종사는 포로가 되는 것을 피하기 위해 수류탄으로 스스로를 폭발시켰고, 보고된 마지막 말은 "이 것은 우리를 위한 것입니다."였다. 이 이야기는 크렘린궁과 러시아 언론에 의해 위험에 직면한 러시아인의 강인함을 보여 주는 전형적인 사례로 소개되었다.

오늘날 많은 일반 러시아인들이 직면한 어려움은 군사적 행동이 아니라 경제 제재의 산물이다. 2014년 러시아의 크림반도 침공 및 병합 이후 유럽연합과 미국이 부과한 자산 동결과 무역 제한으로 인해 경제는 심각한 침체에 빠졌고, 빈곤층의 수는 2000만 명에 육박한다(2000년도에 비하면 절반 수준이다).

그러나 러시아인에게 현재 처한 상황에 대해 이야기하면 대부분 공격적인 반응을 보일 것이다. "우리는 먹을 필요가 없습니다. 그것은 우리가 두려워하고 있다는 것을 알게 해 줍니다."라고 한 사람이 말했다. 외국인으로서 당신은 끊임없이 외부의 전망에 대해 질문을 받고 있다. "그들은 우리에 대해 무엇이라고 말하는가?" 항상 포위당하고 있다는 마음자세가 있다.

우리는 삶에서 극도의 고난을 겪지 않을 수도 있지만, 그렇다고 해서 러시아의 강인함에서 영감을 찾을 수 없다는 의미는 아니다. 정도 차이는 있지만 우리도 어려움과 좌절을 경험할 것이다. 우리 모두는 가능성에 맞서 싸울 방법을 찾아야 할 것이다. 이 시점에서 많은 것이 강인함에 대한 우리 내면의 핵심에 달려 있다. 즉, 계속해서 궁극적으로 목표를 달성하려는 의지와 자신감과 결단력이 필요하다. 그런 강인함이 없다면 최고의 아이디어와 최고의 위치에 있는 경력을 가진 가장 유능한 사람들조차도 궁극적으로 흔들리게 될 것이다. 우리 모두는 어려운 시기를 극복하고 성공하기 위해 러시아인들이 갖고 있는 어느 정도의 강인함이 필요하다.

스리랑카

기쁨 *Joy*

스리랑카 콜롬보의 아이들

나는 따뜻한 차 한잔과 따뜻한 미소와 함께 일찍 일어났다. 우리는 스리랑카에서 가장 높고 성스러운 곳 중 하나, 신성한 발자국이 있는 스리파다로 향했다. 7,300피트 높이의 이 산 정상에는 종교에 따라 부처, 시바신 또는 아담의 것으로 여겨지는 발자국이 바위에 새겨져 있다. 트레킹은 약 4시간이 걸리므로 일출 시간에 정상에 오르려면 일찍 시작하는 것이 좋다.

모든 사람이 한밤중에 눈을 떴을 때, 또는 말을 많이 하고 싶을 때 미소를 지을 수 있는 것은 아니다. 그러나 동이 트기 전 등반하는 동안 나는 기쁨으로 둘러싸여 있었다. 사람들이 서로 이야기를 나누며 격려하고 영감을 주기 때문이었다. 주변 사람들의 에너지와 선의에 마치 저절로 산 위로 올라가는 기분이 들었다.

방문객들은 종종 스리랑카인의 친절과 그들이 항상 웃는 모습에 대해 언급한다. 한 여행 작가는 그곳을 '미소의 섬'이라고 불렀고, 인도의 죽 수라이야는 두 나라의 차이에 대해 이렇게 썼다. "인도에서는 대중의 웃는 모습을 그리 많이 볼 수 없습니다. 하지만 스리랑카에는 미소와 여유가 있습니다." 스리랑카에서 가장 유명하고 성공적인 스포츠맨인 크리켓 선수 무티아 무랄리타란은 수년 동안 '미소 암살범'이라는 별명으로 알려졌다.

스리랑카는 어디를 가든지 미소가 함께하고 미소로 둘러싼다. 쉽게 목격할 수 있었던 것은 쾌활함 그 이상이었다. 스리랑카인들의 삶에서 발견되는 기쁨과 환희는 정치적 견해이든, 흔한 크리켓 경기를 하든, 보름달 아래에서 포야(보름달)를 매월 축하하든, 특별한 야외활동을 찬양하든 어딘가 만연하고 심오한 것이 있었다.

그들은 삶에 대한 근본적인 접근을 기쁨으로 한다. 이 접근 방식은 산과 숲과 바다로 둘러싸인 스리랑카의 놀라운 자연환경에서 코끼리, 치타, 돌고래, 고래 등이 등장하는 것이다. 모든 면에서 이렇게 굉장하고 압도적인 아름다움에 둘러싸여 있을 때, 기분이 우울하고 걱정에 사로잡히는 것은 불가능하다. 당신은 불교의 가르침대로 순간을 끊임없이 살고 있음을 발견하며, 사회적으로나 환경적으로나 영적으로나 더 위대한 것의 일부라는 느낌을 강력하게 느낀다.

기쁨은 우리가 어려운 상황에서 최선을 다하도록 돕고, 모든 사람이 각자의 역할이 있다는 생각에 중심을 두고 있다. 죽 수라이야는 다음과 같이 적절하게 요약했다. "스리랑카의 미소는 근본적인 사회 계약, 즉 나의 웰빙이 당신의 웰빙과 불가분의 관계에 있다는 것을 인정하는 것이며, 그 자체가 존재하기 위해서는 한쪽이 필연적으로 다른 쪽을 보장해야 한다는 것을 인정하는 것입니다."

황폐한 환경 재해를 경험하고, 길고 피비린내 나는 내전(10만 명 이상이 사망한)을 겪은 사람들 사이에는 고통을 넘어서고자 하는 의식적인 의지가 있는 것 같다. 어떤 사람들은 결코 끝나지 않을 것이라고 생각했던 전쟁이 마침내 종식되었으니, 이제 이 국가가 한때 불가능했던 비무장화를 할 것이라 기대할 수 있다. 2004년 쓰나미로 3만 명이 넘는 사망자와 150만 명의 이재민이 발생한 후 스리랑카의 많은 부분이 재건되었다. 2019년 소매 기업가이자 CEO인 앤더스 홀치 포블센은 스리랑카에서 ISIS 폭탄 테러로 자녀 넷 중 셋을 잃었는데, 그의 넷째 아이는 긍정적인 태도와 행동을 보이는 전형적인 스리랑카의 반응에 너무 감동받아 1년 동안 휴학을 하고 같은 기쁨으로 보답했으며 포블센은 의료 허브 등을 통해 기부를 했다.

문제와 진보가 모두 장기적인 성격을 띠는 나라에서는 즉각적인 만족에 거의 초점을 맞추지 않는다. 기쁨은 더 깊은 근원에서 발생한다. 사람들이 함께 오고, 무언가의 일부가 되고, 일에 모든 것을 바친다.

현재에 존재하고 다른 사람들을 위해 존재하는 것이다.

　스리랑카에서 나는 긍정적인 태도의 진정한 가치를 배웠다. 하지만 실제로 그것은 삶에 대한 개인적인 전망 이상이다. 당신이 하는 일에서 아무리 사소하더라도 기뻐하고, 다른 사람을 향한 수많은 작은 친절과 관대함의 행동에서 의미와 성취를 찾는 것이다. 그리고 그렇게 함으로써 기쁨을 찾고 그것을 다른 사람들에게 퍼뜨리면 우리 스스로 그것을 찾는 데 성공할 수도 있다.

시리아

존엄 *Dignity*

다마스쿠스의 우마이야 모스크 안뜰

"우리는 당신의 빵을 원하지 않습니다. 우리는 존엄을 원합니다."

시리아 남부 도시 다라에서 있었던, 비밀 경찰에 의해 사망한 시위대를 위한 장례식에서 큰 외침이 들렸다. 엄청난 수의 참석자들의 더 많은 시위가 이어졌고, 더 많은 장례식을 촉발하게 되었다.

2011년 봄 시리아 전역에서 혁명이 일어났을 때 주제는 단 하나, '존엄성'에 대한 요구였다. 일자리를 찾는 것이 어렵고 불안정한 나라에서의 노동의 존엄성, 30년 동안 한 가족이 다스리던 나라에서의 정치적 자유와 민주주의의 존엄성, 부패한 제도에 의해 부가 착취당하지 않는 공정한 사회에서의 삶의 존엄성, 그리고 사방에 비밀 경찰이 있는지 어깨너머로 보지 않고 자유사회에서 사는 존엄성 등이다.

3월, 혁명 초기 몇 주 동안 아사드 정권에 대한 광범위한 시위와 함께 '존엄의 금요일'은 봉기의 초기 발화점 중 하나였다. 군부가 여러 그룹의 시위대에 발포하여 38명이 사망한 것으로 추정된다. 그해 11월, 시민 불복종 운동의 일환으로 전국적인 존엄 파업이 조직되어 더 많은 탄압이 자행되었다.

살인적인 정권 앞에서 저항이 초래할 치명적인 결과를 알고 있으면서도 시리아인들은 자신들의 존엄을 위해 싸웠다. 평화의 선물을 들고 보안군에게 접근한 '장미를 든 남자'로 유명해진 비폭력 활동가 야햐 셜반지의 말이다. "나는 살인자가 되느니 살인을 당하겠다."

셜반지의 이야기는 일반 시민의 존엄이 정권에 의해 법적 절차를 거치지 않고 침해되는 충격적인 방식을 보여 준다. 그는 2011년 9월에 체포되었고, 그의 석방을 위해 가족이 수년간 캠페인을 벌였지만 2018년에야 그가 약 5년 전에 감옥에서 살해되었다는 소식을 들을 수 있었다. 혁명으로 인해 생겨난 유혈 내전의 많은 쓰라린 비극 중 하나는 2011년 존엄의 이름으로 시위를 했던 사람들이 그 후 몇 년 동안 너무 많이 고문을 받았다는 것이다.

잠시 멈추어 내전이 일어나기 전 시리아가 존엄성을 중요한 국가의 가치로 생각했던 것을 감안하면, 이 비극은 더욱 복잡해진다. 종교의 자유와 관용에 대한 존엄성은 전 세계에서 가장 오래되고 중요한 문명의 발상지인 시리아 어느 곳에서나 볼 수 있었던 문화의 특별한 별자리로 여겨졌다. 뉴욕이나 런던이 (많은 생각들이 뒤섞인) 용광로라고 생각하는 사람은 내가 신혼 여행에서 그랬던 것처럼 혁명 이전에 다마스쿠스를 봤어야 한다. 세계에서 가장 오래된 도시 중 하나의 살아있는 역사를 앞마당이나 거리에서 느낄 수 있는 곳인 시리아의 국화인 재스민과 수천 년에 걸친 이민, 침략, 상인들이 거쳐갔던 음식을 맛봐야 한다. 다마스쿠스에는 제국과 종교와 무역의 역사가 교차한다. 세계의 주요 문화와 종교가 흔적을 남긴 세계에서 가장 오래된 거주 도시의 위엄을 가지고 있다.

시리아는 역사적, 문화적, 종교적 존엄성을 지닌 나라였다. 그중 많은 부분이 내전의 공포에 의해 공격을 받고 파괴되었다. 수십만 명이 죽고, 수백만 명이 집에서 쫓겨났고 강제로 국가를 탈출했으며, 도시는 폐허로 변했다.

독재 정권이 법원의 판결도 없이 시리아 국민을 고문하고 살해하고 화학무기를 사용하여 존엄성을 깔아뭉갰다. 그러나 시리아인들은 억압받고 추방당해도 존엄을 갈망했다. 2018년에 7년에 걸친 내전이 막바지에 접어들면서 쫓겨난 수백만 명의 사람들이 언제, 어떻게 돌아올 수 있는지에 대한 고민이 시작되었다. 많은 사람들에게 조국과 문화와 삶을 재건하는 출발점은 잔인하게 **빼앗겨버린** 존엄성을 되찾는 것이다. BBC가 인터뷰한 한 난민은 다음과 같이 말했다. "우리는 그 이상도 그 이하도 아닌 우리의 존엄성을 되돌려 줄 솔루션을 원합니다." 과거에 존엄이 정말 중요했던 시리아에게는 존엄이 없으면 미래도 없다.

우루과이

겸양 *Humility*

우루과이의 리오 데 라 플라타가 내려다보이는 '녹슨 정원 의자'에서 찍은
사진

"겸손해야 해!" 우루과이 호스트 가족의 딸인 캐롤라이나가 핸드볼
을 하기 위해 코트에 발을 디딜 때마다 귓가에 맴도는 말이었다. 그것
은 그녀의 어머니가 내면화한 가장 중요한 계명이었다. 재능 있는 선수

라면 자신의 기술을 자랑하거나, 자신의 업적을 자축하거나, 자기 팀에서 덜 유능한 사람들을 배제하는 말을 결코 들을 수 없다. 그것은 "절대 우쭐해하지 마라!"라고 말씀하시던 어머니를 생각나게 했다.

이것은 국민들로부터 정치 지도자들에 이르기까지 우루과이의 국가적 특성인 겸양의 쉬운 사례이다. 2010년부터 2015년까지 대통령을 지낸 호세 무지카는 대부분의 사람들이 생각하는 정치 지도자에 대한 생각과 완전히 상반되는 접근 방식을 통해 국가적으로 존경받고 세계에서 가장 겸손한 리더들 중 한 명으로 세계적인 인정을 받았다.

그의 정치 철학은 다음과 같이 표현되었다. "권력이 위로부터 나온다고 생각하면 오산입니다. 사람들의 마음 속에서 나옵니다." 이는 일반 정치인에게서 볼 수 있는 겸손한 믿음으로, 그는 자신의 지위를 높이는 것보다 자신을 선출한 사람들에게 봉사하는 것이 우선임을 주장했다.

그리고 무지카는 그가 말했던 것처럼 겸손하게 살았다. 우루과이 군사 독재하에서 14년을 감옥에서 보낸 게릴라 혁명가였던 그는 고급 저택과 호화로운 국빈 행사의 규범에서 벗어나 대통령의 생활방식과는 거리가 먼 생활을 했다. 그 대신, 이 70대 대통령은 아내의 농장에 계속 살면서 일했다. 그는 급여의 90% 이상을 자선 활동에 기부하여 평균적인 시민의 소득(한 달에 약 775달러)과 비슷한 수준의 소득만으로 생활했다. 그의 공식적인 이동 수단은 차 유리에 선팅을 한 리무진이 아니라 낡고 바랜 파란색의 1987년형 폭스바겐 비틀이었고, 이는 부나 명성을 외적으로 과시하는 데 관심이 없음을 상징했다. 또한 그는 모든 해외여행에서 이코노미 클래스를 이용했다. 방 3개짜리 농가를 찾는 방문객들에게는 무지카의 가장 저명한 경호원인 다리가 세 개 달린 개

마누엘라가 인사한다.

지리와 인구 통계는 모두 우루과이 문화에 내재된 겸양을 설명하는 데 도움이 된다. 거대한 브라질과 아르헨티나 사이에 위치한 이 '작은 나라_paisito: 파이시토_'는 인구가 300만 명에 불과해 남아메리카에서 수리남 다음으로 작은 나라이다. 우루과이의 크기는 이웃 나라 브라질의 47분의 1 정도이다. 우루과이 인구는 19세기 이후 주로 스페인과 이탈리아에서 온 이민자들로, 아무것도 가진 것 없이 와서 함께 어울려 살아가고 있다.

방문객으로서 당신은 일상의 작은 몸짓에서 공감과 겸양을 볼 수 있다. 사람들은 당신이 버스에 탑승하기를 기다리고, 타고 나면 자리를 양보할 것이다. 겸양은 말 그대로 또는 은유적으로 결코 앞으로 나아가지 않는다는 것을 의미한다. 과시와 자기 과신은 그들에게 저주이므로 자신의 재능이나 부 또는 성공을 과시하지 않는다. 절제는 다른 사람들로부터 기대되고 널리 시행된다.

겸양은 우리가 야망을 추구하거나 높은 지위를 달성하기 위해 서두를 때 종종 간과하거나 버리게 되는 가치이다. 시끄럽고 경쟁이 치열한 세상에서 일부 사람들은 겸손해지는 것은 자신을 낮추게 되어 주목받을 기회를 잃는 것이라고 생각한다. 겸양심을 통해 세상을 다르게 바라볼 수 있음은 매우 중요하다. 즉 당신의 성공이 실제로 어떻게 성취되었는지, 그리고 그 성공에 기여한 다양한 요인과 사람들에 대한 감사가 필요하다. 겸양은 실제로 균형, 공감 및 공동체를 기념하는 사회적 계약에 관한 것이다.

겸양은 지는 것이 아니다. 호세 무지카는 종종 '세계에서 가장 가난한 대통령'이라는 꼬리표를 받았지만, 이렇게 불리기를 거부했다. 그는 임기 말 《가디언》에 현재 유명한 농가 밖에 있는 자신의 '녹슨 정원 의자'에 앉아 이렇게 말했다. "살아있는 빚은 저에게 희생이 아닙니다. 그 것은 자유에 대한 긍정이며, 제가 동기를 갖는 데 가장 많은 시간을 할 애할 수 있다는 것입니다. 그것은 개인의 자유의 대가입니다. 나는 이 렇게 하면 더 부자가 됩니다."

부탄

행복 *Happiness*

부탄의 용왕-지그메 케사르 남기엘 왕추크 왕, 데첸촐링 궁전(부탄 팀푸)

101가지 가치를 소개하려고 했지만, 도저히 빠뜨릴 수 없는 또 하나의 가치가 있다. 바로 행복을 달성하는 방법에 대한 부탄의 예이다. 행복에 대한 생각은 아마도 가치라기보다는 기본적인 권리로 느껴지겠지만, 내가 개최하는 워크숍에서 몇 번이고 반복해서 등장한다. 그러니

이 보너스 장을 보며 행복이 당신을 정의하는 가치 중 하나가 될 것인지 스스로 결정해 보자. 행복과 긍정 심리학은 최근에야 연구의 초점이 되었는데, 유엔과 학자들에게 연구 주제로 이를 부각시킨 나라는 바로 부탄 왕국이다.

행복은 기분이 좋기 때문에 대부분의 사람들이 무엇보다도 중요하게 생각하는 것이며, 연구에 따르면 우리가 행복할 때 더 건강하고 생산적이고 창의적이며 갈등이 적다. 그러나 행복은 우리의 욕구들 중 많은 부분이 충족되고 균형을 이루며, 더 넓은 체계에서 동의해야 하기 때문에 달성하기 어렵다. 현지에서 K5(제5대 왕)로 알려진 지그메 케사르 남기엘 왕추크 왕과의 만남에서 그는 국민이 행복을 추구할 수 있는 환경을 조성하는 것이 정부의 책무라고 보았다. 부탄이 1974년 세계에 문을 연 이후부터 본격적으로 행복에 대한 연구를 시작할 수 있었다.

부탄은 아시아의 작은 신생 경제 국가이며 경제 발전을 추구할 것으로 예상할 수 있지만 그로 인해 지불해야 하는 대가가 문화, 환경 및 사회 시스템의 상실이라는 것을 알고 있다. 이것은 부탄이 국민총생산 지표가 인간의 필요를 충족시키기에는 부적절하고, 보다 포괄적인 지표인 국민총행복Gross National Happiness이라는 지표가 필요하다고 결정한 이유이다. "우리는 행복의 근원이 자아 안에 있으며, 만족을 위한 외부 근원은 없다고 믿습니다. 더 빠른 차, 더 큰 집, 더 세련된 옷은 당신에게 더없는 즐거움을 줄지 모르지만 만족은 아닙니다." 왕이 내게 말했다. 이 접근 방식의 일환으로 왕국은 전원화(시골화)를 적극적으로 장려하고 있다. 즉, 사람들이 기본적으로 도시로 이사하지 않고 머물도록 장려하는 편의 시설을 시골에 만들었다. 팀부는 신호등이 없는 세계 유일의 수도라는 점에서 이러한 감소된 도시화의 영향을 알 수 있다. 그리고 부탄의 수력 발전 능력을 완전히 활용하는 것을 거부하는 것과 같은 결정에서 국민총행복의 중요성을 알 수 있다. 이는 상업적으로 수익성이 있을 수 있지만, 계곡을 범람시키고 사람들이 집을 떠나게 하는 대가를 치르게 할 뿐이다.

부탄은 또한 종교, 영성, 삶의 철학 등 더 높은 목적을 갖는 것의 중요성을 보여 준다. 부탄은 불교 신앙이 깊이 자리잡은 땅으로 남아 있기 때문에 자신의 이익이 아니라 다른 사람의 안녕을 이익으로 삼는다. 이러한 이유로 부탄의 산속에는 약 7,000명의 승려들이 개인의 발전뿐만 아니라 사회의 안녕을 위해 명상을 하며 평생을 보낸다. 종종 가족의 맏아들은 다섯 살에 수도원에 바쳐짐으로써 그의 가문에 큰 명성을 가져다준다고 믿는다.

중국과 인도라는 거대국 사이의 히말라야 산맥에 자리잡은 마지막 샹그릴라◆ 부탄은 겁먹지 않고 자신만의 방식으로 살아가고 있어, 아시아에서 한 번도 식민지가 된 적이 없는 몇 안 되는 국가 중 하나이다. 'Druk' 또는 '천둥 용*Thunder Dragon*'은 국가의 상징이며 국기에 나타나는데, 용이 들고 있는 보석은 다른 종류의 '가치'를 나타낸다. 부탄은 물질적인 것뿐만 아니라 인간의 행복을 위해 충족되어야 하는 인간의 욕구가 많다는 것을 알고 있다. 마찬가지로 긍정 심리학자들은 흥미를 가지고 즐겁게 일할 수 있고, 우리의 강점과 능력을 사용하는 목표를 가짐으로써 성취감을 찾도록 권장한다.

바람직한 국가 지배 구조는 부탄 사람들에게 중요하다. 이것이 바로

◆ 이상적인 도시라는 의미이다.

세계 최연소 국가원수인 지그메 왕추크 왕이 그의 아버지가 현직에 있었음에도 2006년 26세의 나이에 왕위에 올랐던 이유이다. 그는 왕이자 정부의 수반으로서, 여당이 부족할 수 있다는 장기적인 관점을 가져야 한다. 그는 "나는 작은 히말라야 나라의 왕에 불과하지만 이 시대에 이 세상 모든 사람들의 더 큰 복지와 행복을 증진하기 위해 많은 일을 할 수 있기를 기도합니다."라고 말했다.

　가장 큰 교훈은, 행복 추구는 개인 차원에서는 소용이 없다는 것이다. 그것은 우리의 관계와 우리가 서로를 돕는 방법에 관한 것이다. 또한 우리 모두에 관한 것이다. 그것은 우리 자신보다 더 큰 대의를 갖고, 우리가 살고 있는 세상을 개선하는 것이다.

에필로그_당신의 가치 생활

이제 나는 다음에 벌어질 일에 대해 몇 가지 조언을 하고 싶다. 이 책을 읽는 동안 마음에 와 닿았던 가치를 어떻게 하면 최대한 활용할 수 있을까? 당신의 가치를 인식하는 것이 1단계이며, 이는 많은 사람들이 결코 취하지 않는 중요한 단계이다. 그러나 한 단계 더 나아가 실제로 구현하는 방법에 집중해야 한다. 이러한 방식으로 가치를 사용하면 결정을 내리고, 관계를 구축하고, 리더로서의 목적과 삶과 힘을 형성할 야망을 설정하는 데 도움이 될 수 있다.

이것은 세계에서 가장 영향력 있는 몇 군데 기업들도 자신이 누구이며 무엇을 지지하는지 정의하기 위해 활용해 온 프로세스이다. PwC의 글로벌 회장인 밥 모리츠는 234,000명의 직원을 대상으로 설문을 진행했는데, 그 설문은 전체 직원들의 핵심 가치를 몇 가지로 정하기 전에 직원들이 중요하게 생각하는 것들이 무엇인지 이해하기 위해 진행되었다. 리피니티브_Refinitiv_의 데이빗 크렉은 대담하고 개방적이며 집중하는 그들의 가치가 어떻게 건강하고 창의적인 긴장감 속에서 토론과 진보의 생산적인 환경을 초래하는지 설명했다. 맥킨지는 일 년에 하루를 따로 떼어놓고 그들의 가치가 그들의 일과 삶에 어떤 의미가 있는지 그룹 단위로 성찰하면서 변화하는 시대에 뒤처지지 않기 위해 작은 것들이라도 조금씩 스스로를 업데이트했다. 이와 같이 여기서 정리하고 있는 프로세스는 가족, 기업, 기관 등 개인 또는 집단으로 수행할 수 있다.

이를 실행에 옮기기 위한 첫 번째 단계는 읽는 동안 강조하고 표시했던 가치의 초기 목록에서 5개의 핵심 그룹으로 이동하는 것이다. 당신이 믿는 모든 것을 하나의 가치로 요약하는 것은 너무 단순하지만, 마찬가지로 가치가 너무 많아 각각 무슨 의미였는지 잊어버리는 것도 의미가 없다. 당신의 근본적인 가치는 머리로만이 아니라 마음으로도 늘 가지고 다녀야 하는 아이디어이다. 즉시 기억할 수 없을 정도로 많다면 그것들은 당신에게 충분히 중요하지 않은 것일 수 있다. 나침반에는 네 가지 기본 방향만 있다는 것을 기억하라.

이 과정은 그 자체로 가치가 있다. 우리가 단지 끝내버리고자 하는 것은 가치라기보다는 단순히 우리의 흥미를 끌거나 보람이 있거나 우리 삶과 관련성이 있는 정도일 것이다. 그보다 더 강한 유대가 있어야 한다. 이것들은 당신에게 내재된 원칙이자, 갖고 있지 않고는 살 수 없는 신념이어야 한다. 중요한 것에서 본질적인 것을 분류하는 건 우리에게 진정으로 중요한 것, 우리를 정의하는 것, 누군가 짓밟았을 때 우리에게 고통을 주는 것이 우리에게 본질적인 가치일 가능성이 높다.

작은 카드에 상위 15개 또는 20개의 가치를 기록하는 것으로 시작하라. 이것들은 변화, 연속성, 연결, 공동 및 핵심 가치의 단면을 제공하거나 하나 또는 두 개의 핵심 영역의 가치에 가중치를 부여할 수 있다. 그 가치들을 공통된 아이디어들로 연결되거나 겹치는 부분이 있는지 확인하여 그룹으로 묶어 본다. 분명히 겹치는 부분이 많다는 것을 알게될 것이다. 일부 가치들은 수평으로 연결되어 중심 주제를 중심으로 묶이고, 다른 가치들은 수직으로 연결되어 가장 가치 있는 궁극적인 단어를 가리키게 된다. 몇 개의 그룹에서 선택을 시작하고 우선순위를 설정해야 한다.

그러기 위해서는 우리 자신부터 시작해야 하는데, 우리에게 가장 강력하게 울림이 있고 우리의 경험에 직접적으로 말을 거는 가치들을 고르면 된다. 그런 다음 우리가 살면서 일하는 세상이 어떻게 우리의 가치를 형성해 왔는지 이해하면서 이것들을 맥락 속에 넣어야 한다. 마지막으로, 우리는 다음 둘 사이에서 합의점을 찾아야 한다. 먼저 우리의 가치가 우리의 삶과 개인적, 직업적 삶을 탐색하는 데 어떻게 도움이되는지, 그리고 그것이 우리가 최고의 진정한 자아와 우리 삶의 사명을달성하는 데 어떻게 도움이 될 수 있는지 이해해야 한다.

이 과정에서 4개의 질문을 하고, 그 다음 4단계를 따르는 것을 권장한다.

질문들

1. 당신의 인생이나 경력상 진정으로 행복했던 때를 생각해 보자. 그 순간에 무엇이 있었는가? 어떤 욕구가 충족되었으며 어떻게 되었는가? 성취감을 느낀 이유는 무엇인가?
2. 살면서 특히 실망스러웠던 때를 생각해 보자. 빠진 것이 무엇인가? 무엇이 잘못되었는가? 어떤 욕구가 충족되지 않았는가?
3. 살면서 가장 속상했던 때를 생각해 보자. 그 이유는 무엇이며

어떤 가치를 위반했는가?

4. 인생의 궁극적인 목표, 가장 큰 성취, 가장 큰 후회는 무엇인가? 그것들을 연결하는 것이 있는가?

단계들

● 먼저 목록을 다시 살펴보고, 덜 중요하다고 여겨지는 가치들을 제거하라.

● 그 단어들을 읽을 때 어떤 느낌이 드는지 생각해 보고, 당신과 당신의 삶에 미치는 중요성에 대해 숙고해 보라. 줄어든 목록은 당신에게 의미가 있는 가치들로만 구성된다. 이제 중요한 것과 근본적인 것 사이의 차이를 느껴보라. 질서나 비전, 정밀함이나 휴식, 에티켓이나 비공식성 중 어떤 쪽에 더 관심이 있는가? 이를 통해 초기 15개 또는 20개를 최종 8개 또는 10개로 줄일 수 있을 것이다.

● 그런 다음 당신을 잘 아는 세 사람, 즉 친한 친구, 가족, (전문적인) 동료의 의견을 들어보자.

● 가치 목록을 그들과 공유한 다음, 그들에게 당신이 고른 가치들에 대한 견해를 물어보라(물론 그에 대한 대가로 당신도 똑같이 해 주겠다고 제안하라).

● 이것은 다른 사람들이 우리를 보는 것처럼, 자신을 이해하고 외부의 시각을 통해 현실을 우리 자신의 인식과 일치시키는 방법에 대한 객관적인 관점을 얻는 데 도움이 된다. 사랑하는 사람부터 당신을 전문적으로 아는 사람에 이르기까지 다양한 관점

을 취하면, 현실 확인을 통해 목록에 있는 가치들을 점검하고 이상 징후를 제거하는 데 도움이 된다. 당신이 생각하는 당신의 모습과 실제로 시간을 보내는 모습, 그리고 당신이 원하는 것, 즉 열망하는 가치 사이에는 차이가 있다. 자신에게 정직하라. 그리고 지인이든 직장 동료든 상관없이 핵심 팀의 말에 귀를 기울이라.

● 마침내 당신에게 다시 돌아왔다. 당신이 작업 중인 목록을 가지고 가치들을 다시 세심히 살펴보자. 각 가치가 왜 당신에게 중요한지 뿐만 아니라, 그것을 빼앗길 경우 어떻게 느낄지 생각해 보자. 궁극적으로 어떤 상황에서든 지키기 위해 싸워야 할 다섯 가지 가치를 찾아야 한다. 손실 혐오*loss aversion*는 인간으로서 매우 중요한 심리적 충동이기 때문에, 우리가 가장 빼앗기고 싶지 않은 것을 기반으로 결정하는 것이 더 쉬울 수 있다. 이것은 우리에게 정말로 가장 중요한 것을 선택하는 데 도움이 된다. 어떤 상황에서도 잃는 것을 용인할 수 없는 다섯 가지 가치이다.

당신은 이 마지막 단계가 도전적이라고 생각할 수 있지만, 그것은 의미 있는 일이다.

이런 식으로 자신을 성찰하는 것은 어려울 수 있지만, 동시에 유익하다. 자신과 주변 사람들의 눈을 통해 자신의 가치를 스트레스 테스트하면, 이것들이 진정 나에게 무엇보다 중요한 가치들이라는 확신을 가질 수 있다.

다음에 무슨 일이 일어나는가?

5가지 핵심 가치가 있으면 중요도에 따라 순위를 매길 것을 권장한다. 이렇게 하면 힘이 더 실리고 집중을 하게 된다. 지금 이 순간, 이러한 가치들 중 당신이 결정을 내릴 때, 그리고 우선순위를 결정하는 데 가장 큰 역할을 하는 것은 무엇인가? 현재와 같은 당신의 삶의 상황에서 가장 일상적인 관련성은 무엇인가?

나는 경험을 통해, 당신이 어떤 고립된 지점에서 가치에 대해 생각하는 것이 아니라 삶의 환경이 변화함에 따라 계속해서 가치에 대해 생각하는 것이 얼마나 중요한지 안다. 나는 삶의 여러 갈림길에서 여기에 설명한 기법을 사용했다. 아이들이 태어났을 때, 가족은 내 우선순위에 있었기 때문에 처음 5년을 가족과 함께했다. 이것은 아이들의 발달 단계에서 내가 가장 많은 것을 줄 수 있다고 느꼈을 때 가장 중요하게 생각한 가치였다. 그러나 가족이 압도하기 시작한 내 삶의 다른 부분이 있었는데, 내 건강과 그들 사이의 일이었다. 나는 또한 시간이 지나면서 당신의 가치가 다른 사람들과 관련됨에 따라 변한다는 것을 인식하게 되었다. 열여덟 살 때, 무엇보다도 가족과 전통에 대한 어머니의 가치에 숨이 막힐 정도였다. 탐험에 대한 나의 욕구는 어머니에게는 저주였고, 결국 둘은 수렴되었다. 10년 후 나는 옥스포드에서 공부했지만 어머니가 그리던 〈Bride-head Revisited*영국 BBC 드라마*〉의 캐리커처와 전혀 다른 개빈과 결혼했다. 사실, 그는 어머니와 내 기준 둘 다를 충족했다. 아이들이 성장함에 따라 나의 우선순위는 균형을 이루었고, 나의 가치의 위계*hierarchy*도 차례로 진화했다. 많은 부모들이 직면하는 이러한 질문들을 가치의 렌즈를 통해 바라봄으로써 단순히 상황에 얽매이지 않고 의식적으로 결정을 내릴 수 있었다.

이 다섯 가지 가치들은 시간이 지남에 따라 변경될 가능성이 거의 없지만, 우선순위는 거의 확실하게 변경될 것임을 명심하라. 가치는 고정되어 있는 것이 아니라 역동적이다. 삶의 여러 단계에서 다른 가치들은 또 다른 의미로 다가온다. 나이가 들면서 좋아하는 책을 새로운 눈으로 읽고, 매번 새로운 것을 배우거나 인식하는 것처럼 가치에 대한 우리의 인식은 시간이 지남에 따라 진화한다. 목표 하나를 달성한 후 우선순위가 여전히 유효한지 또는 그렇지 않은 경우 변경된 사항과 이유를 자문하면서 새로운 맥락을 염두에 두고 목록을 확인해 볼 수도 있다.

이제 가치가 명확하고, 우선순위가 깔끔하게 지정되었으므로 일상생활에서 가치를 활용해야 한다. 시간이 지남에 따라 이것은 본능적일 것이다. 당신의 가치는 당신이 내리는 결정에 필수적인 렌즈가 되며, 직감적 본능을 교차 확인하고 당신이 자신에게 진실하다는 것을 스스로 만족시키는 방법이 된다. 최종 목록에 있는 각각의 5개의 가치에 대해 다음 질문을 하는 것으로 시작하자.

1. 이 가치가 나에게 중요한 이유는 무엇인가?
2. 내 삶의 어떤 영역에서 이 가치가 가장 관련성이 있는가?
3. 나는 현재 이 가치에 따라 얼마나 잘 살고 있는가?

이 답변들을 통해 당신의 가치가 변화를 일으키는 부분과 그것이 더 큰 역할을 할 수 있는 삶의 영역을 모두 드러낼 것이다. 이제 구체적으로 알아볼 때이다. 이러한 가치들은 무엇을 할 수 있는가?

즉각 이 가치들은 삶의 세 가지 영역(즉 일과 경력, 가족 및 친구와의 관계, 인생 목표)을 재평가하는 데 도움을 줄 수 있다. 다섯 가지 가치들을 현재 직면하고 있는 결정과 선택해야 하는 우선순위에 대해 비춰보자. 힘든 일이 있었다면 어떤 일이었는가?

이전에 찬반 양론 목록을 사용했다면, 이제 새로 문자화된 목록으로 전환하라. 우선순위에 따라 아래로 이동하라. 이 특정 가치가 당신으로 하여금 무엇을 하게 하는가? 당신이 내리는 결정이 당신의 가장 중요한 가치와 일치하는가? 또는 어떤 방향으로 점프해야 하는지 모르는 경우, 가치가 가리키는 방향은 어느 쪽인가?

지금 당장 삶의 일부 영역에서 적응하는 데 도움이 될 수 있으며, 자신의 가치에서 멀어진 부분을 인식하거나 한동안 숙고해 왔던 문제를 해결하는 데 도움이 될 수도 있다. 그리고 장기적으로 이 가치들은 인생을 살아가면서 당신의 동반자가 될 것이다. 가장 깊은 믿음의 표현을 형성하고, 올바른 결정과 우선순위를 정하는 데 도움이 되는 메커니즘이 될 것이다.

우리 모두는 본능적으로 우리가 인생에서 무엇을 지지하는지 알고 있다. 그리고 우리가 그렇게 하고 있다는 사실을 반드시 인지하지 않더라도 항상 우리의 가치에 따라 결정을 내린다. 그러나 그러한 가치를 적극적으로 인정한 다음 목표를 추구하고, 관계를 관리하고, 시간을 계획하고, 우선순위를 조정할 때 엄청난 차이가 발생한다. 당신의 가치가 명확하게 정의되면 어려운 생각은 이미 끝나고, 선택을 단순화하며 불안을 제거할 수 있다. 인생에서 원하는 것이 무엇인지, 다음에 무엇을 해야 하는지, 어떻게 어려운 결정을 내려야 하는지 모르겠다고 말할 변명의 여지가 없다. 이제 나침반이 생겼다. 대부분의 경우 뒷주머니에 넣어둘 수 있지만, 항상 앞으로 나아갈 길을 가리킬 준비가 되어 있다.

가치를 염두에 두고 살면 당신이 하기로 선택한 일에 대해 더 의식하고, 더 자신감을 갖고, 더 헌신할 수 있게 해 준다. 자신의 가치를 인식하는 것은 가치를 명확히 하는 것만큼 자신이 누구인지를 바꾸지 않는다. 즉, 자신을 더 잘 이해하는 데 도움이 된다. 이것은 매우 중요하다. 왜냐하면 우리의 성격, 우선순위 및 잠재력에 편안함을 느낄 때만 우리가 원하는 것을 가질 수 있기 때문이다. 우리의 가치를 분명히 염두에 두는 것은 우리가 누구이고 왜 그런지, 즉 우리를 이 지경에 이르게 한 삶의 모든 것에 대해 감사할 수 있다. 리더로서 그것은 우리가 내리는 결정에 당당하고, 팀에 편안함과 일관성을 제공할 수 있게 해 준다. 우리의 가치들을 통해 우리는 그 순간에 살고, 보다 역동적으로 결정을 내리며, 우리 자신이 힘을 더 얻을 수 있음을 깨닫는다.

가치는 성공과 성취를 달성하기 위한 플랫폼인 자기 지식의 수준을 얻는 방법이다. 그 가치들은 행복하고 성공하며 성취하는 삶의 토대를 제공한다. 이 세상의 모든 기쁨을 포용하고 탐험할 수 있기를 바란다.

감사의 글

먼저, 헌신적으로 사심 없이 도움을 주신 제 부모님과 형제자매에게 감사를 표합니다. 이들은 헌신과 사심 없는 봉사 및 지원을 전형적으로 보여 주는 니쉬깜*Nishkam*을 실천해 주셨습니다. 제 파트너인 Gavin Dhillon은 내 꿈에 귀를 기울이고 계속 나아갈 수 있게 해 주었습니다. 끝없이 돌봐주시는 시부모님, 그리고 저희 부부 양쪽 집안의 절대적으로 훌륭하고 가장 사랑하는 가족이 없었다면 저희는 아무것도 아닙니다. 고향인 인도를 떠나신 조부모님들은 강하고 회복력 있고 용감한 분들입니다. 그리고 우리에게 어깨를 내어주신 조상님들에게도 감사드립니다. 존재 자체를 통해 제가 숨쉬는 모든 것을 비추는 제 아이들도 생각납니다. 그리고 무엇보다 저희들의 구루인 Sri Guru Granth Sahib Ji와 가장 존경받는 멘토 Bhai Sahib Mo-hinder Singh Ahluwalia의 영적 지도에 감사드립니다. 가깝거나 먼 여행을 하면서 만난 모든 사람들에게도 고마움을 표합니다. 이 페이지에서 언급된 사람도 있지만, 언급하지 않은 사람이 무수히 많습니다. 여러분은 인류에 대한 제 믿음을 만들어 주셨고 제 여정에 끝없이 기여해 주셨기 때문에, 앞으로 살아가면서 항상 그 은혜를 갚아 나가는 것이 제 목표입니다. 영원히 감사하겠습니다.

저와 함께해 주신 모든 분들께 감사의 인사를 전하고 싶습니다. 여러분은 자신이 누군지 알고 계셨고, 제가 제 자신을 믿는 방법조차 몰랐을 때 저를 믿어 주셨습니다. 글로스터_Gloucester_의 덴마크 로드 고등학교를 포함해, 제가 만났던 가장 헌신적인 선생님들에게 감사드립니다. 제가 일곱 살에 처음 일할 때부터 만났던 분들도 떠오릅니다. 제 첫 멘토였던 Aero의 Roger Poolman은 비행 수업과 개인 조종사 면허를 취득할 수 있도록 도와주셨습니다. Ralph Young 교수님을 비롯한 맨체스터 대학교와 멜버른 대학교의 활기찬 교수님들에게도 감사드립니다. 취업설명회에서 제 잠재력을 알아보고 JP 모건에서 일할 기회를 주신 것으로 그치지 않고 지원을 아끼지 않은 Jo Ryan도 감사한 분입니다.

만난 순간부터 전적으로 믿어 주신 제 대모 Kathy Eldon은 항상 제 안의 최고의 것을 보셨고, 그 이후로 삶의 많은 부분에 영감을 주셨습니다. 제게 석사 학위를 주시고 오늘날에도 계속해서 정보를 제공하고 연결을 유지하는 런던 정치경제대학교와 Destin에게 감사드립니다. BBC 월드 서비스에서 훈련, 스토리텔링, 여정에 불을 붙인 Keith Bowers와 제가 계속 탐구하고 나눌 수 있도록 격려해 주신 프로듀서들_Jasper Bouverie, Richard Collings, Lamine Konkobo_은 모든 면에서 제게 관대하셨습니다. 정말 고맙습니다. Chad Ruble와 FSN의 Nathan King을 포함하여 적응력, 외교 및 정의의 모범을 보이는 유럽연합, 유엔, 로이터의 희망적인 동료들에게도 감사합니다. 제가 내는 빛을 보고 중동 최초의 미디어 벤처 캐피탈 펀드를 만들기 위해 아부다비에서 두 번째 직원으로 저를 고용하셨던 Tony Orsten에게, 또한 Noura Al Kaabi와 아랍에미리트의 Khaldoon Al Mubarak에 이르기까지 영감을 주셨던 분들께 감사드립니다. 그리고 저는 런던 정치경제대학, MIT 및 하버드 비즈니스 스쿨에 빚을 지고 있습니다. 특히 Madeleine Tjon Pian Gi와 Natalia Donde의 지원, 그리고 MBA와 글로벌 비즈니스 서약에 대한 작업을 통해 Nitin Nohria 학장님은 제 삶을 변화시키는 지도해 주셨고, 결국 제 안에 가치 개념의 씨를 뿌려 주셨습니다.

무엇보다 제 잠재력을 충분히 보시고 이 (무한한) 잠재력을 현실로 만들어 주신 Deepak Chopra로 인해, 이 책을 경력 개발 서적으로 봐 주신 Trident, Robert Gottlieb, Amanda Annis에게 연결될 수 있었습니다. 제가 보기도 전에 이 모든 것을 봐 주신 것에 대해 Deepak에게 정말 감사합니다. 비전을 명확하고 강력하게 보게 해 준 North Star Way의 Michele Martin에게 큰 감사를 드립니다. 처음부터 저를 믿고 저와 함께 모든 작은 일들을 확인한 것으로 인해 금메달을 수상할 자격이 있는 Josh Davis와 그에게 저를 인도해 주신 Richard Hall에게 감사드립니다. Simon Trewin은 소중한 멘토링을 통해 저를 지지함으로써 이 책 아래에 로켓을 놓아 주셨습니다. 그리고 Simon and Schuster의 믿을 수 없는 편집자 Julianna Haubner는 마감일마다 전폭적인 격려를 아끼지 않았습니다.

저는 Nick Davies를 만난 날을 결코 잊지 못할 것입니다. 그 에너지와 열정은 Hachette에서 Holly Bennion, Emily Frisella, Ellie Wheeldon, Rosie Gailer, Charlotte Hutchinson 및 Emma Petfield를 통해 증폭되었습니다. 우리 팀은 경이로웠습니다. 매일 저에게 기적이 일어나도록 하는 Cathryn Summerhayes, Katie McGowan,

Callum Mollison 등 Curtis Brown의 전체 팀이 있었습니다.

제 인도를 묘사한 보석 같은 사진을 제공한 속이 깊은 사색가 Raghu Rai에게 감사하고, 아프리카 의식의 Zuwadi와 콩고 사진을 주신 나의 천사 Angela Fisher와 Carol Beckwith에게 감사합니다. 가치에 대한 오랜 연구에 대해 Dr.Kapoor는 천천히 제 박사 과정을 이끌어 주셨고, Dav Panesar와 Malini Vishhwakaram은 그것을 살아있게 유지시켜 주었습니다. 저의 매일매일의 지지자들과 글로벌 부족에 대한 감사는 제가 내딛는 모든 발걸음에 있습니다.

이 모든 것은 모든 국가, 배경 및 각계각층의 사람들이 공유하지 않았다면 불가능했을 것입니다. 사람들이 운영해 온 가치, 그들이 공유한 진심 어린 친절, 전 세계 인류에서 제가 본 아름다움에 대해 더없이 감사합니다. 이 책의 아이디어를 '태어나지 않은 아이에게 보내는 편지'로 처음 제안하고 그 이후로 지금까지 제게 창의적인 조언을 해 주고 있는 동료 Andy Taylor에게 감사합니다. 무엇보다 저를 믿고 앞으로 나아갈 수 있도록 도와주는 가장 사랑하는 친구들을 제가 비추어 내고 있습니다.

저희가 개최하는 가족 및 어린이 가치 수업, 조직 및 기업 워크숍 등을 통해 운 좋게 함께 일할 수 있는 모든 분들에게 매우 감사드립니다. 무엇보다도 저는 이 책을 읽는 당신에게 빚을 지고 있습니다. 독자들이 최고의 자아로 더욱 발전할수록 이 세상은 더 나은 곳이 되기 때문입니다. 연락을 주고받으시죠. 우리는 항상 함께 있을 때 더 강합니다. 고맙습니다.

역자 후기

『The Values Compass(원제)』를 알게 된 건 이 책 출간 시점의 1년 전쯤인 2022년 3월입니다. 이 책을 2021년에 그리스어로 번역한 『Elpida Trizi』를 코액티브 코칭이라는 교육 프로그램에 테크 호스트로 참여했다가 우연히 만났던 것이 계기가 되었습니다. 책 내용을 접하고 난 후 다 읽기도 전에 저자에게 연락해서 번역 의사를 밝혔고, 몇 마디 나눠 본 다음 "Let's do it!" 결정을 들었습니다. 번역 결정을 빨리 내릴 수 있었던 이유는 두 가지였습니다.

첫째, 1994년 대학 졸업을 앞두고 2개월간 혼자서 유럽 배낭여행을 한 이후 COVID-19 이전까지는 회사에서 해외법인 소속 직원들을 교육하러 출장을 자주 다녔습니다. 저자가 책에서 다룬 102개 국가들 중 세어보니 34개국은 방문했던 경험이 있더군요. 또한 몇 나라들만 제외하고는 대부분의 국가 출신 사람들을 만나본 적이 있었습니다. 자연스럽게 석사 학위 논문도 교육학 전공이었지만, 전 세계 지역별로 다른 문화적인 배경에 따라 학습 스타일이 어떻게 다른지를 탐구하게 되었습니다.

둘째, 1990년대 초반 대학 시절 '왜 사는가'에 대한 질문의 답을 찾으려고 이런저런 고민을 했습니다. 그 이후 결혼을 하고, 크리스천이 되어 어느 정도 답을 찾아가고 있다고 확신을 가집니다. 하지만 5~6년 전부터 코치로서의 삶을 살아가면서 다른 사람들의 삶에 관여하게 되었고, 사람들이 각자의 삶 속에서 힘들어하고 갈피를 잡지 못할 때 중요한 가치를 찾는 노력이 매우 중요한 의미가 있음을 깨달았습니다.

그리고 이화여대 윤정구 교수님과 구루피플스의 이창준 대표님이 주창하는 진성 리더십을 배우고 난 후, 저 자신의 진북True North를 찾기 시작했습니다. 그 와중에 『The Values Compass(원제)』를 번역하면서 알게 된 지식은 제 시야를 넓히게 되는 계기가 되었습니다. 몸담고 있던 회사를 '졸업'하고 저의 가치와 잘 연결된 일들을 해 보려던 시기에 저자를 만난 것은 '종교를 뛰어넘어서 인류애를 실현하려는 노력이 연결된 건가?' 하는 생각을 하게 했습니다. 제가 새로 이끌게 된 사단법인 글로벌인재경영원www.gtmi.or.kr이 젊은 인재들 간의 연결, 협업, 기여하려는 시도에 어느 정도 힘이 되리라 기대해 봅니다.

이 책을 번역해서 출간해 보자는 제안에 기꺼이 동의해 주신 플랜비디자인의 다니엘에게 감사드리고, 1년의 시간 동안 함께 격려해 주신 신디, 깔끔하게 편집 및 교정을 해 주신 지젤, 고맙습니다. 책 내용이 어렵지는 않았지만 다양한 나라의 경험을 제대로 우리 말로 표현하기 어려워 수차례 줌 미팅을 요청할 때마다 선선히 받아들여 주신 저자 만딥 라이 박사님에게도 감사 인사를 드립니다. Cheers, Mandeep! 우리나라를 '역동성'이라는 가치로 글을 쓰셨지만, 저자의 역동성 또한 만만치 않았습니다. 그럼에도 불구하고, 제 부족함으로 인해 저자의 생각이나 경험을 온전히 전하지 못한 것 같은 마음입니다. 혹시라도 읽으면서 이해가 안 되는 부분은 출판사를 통해 연락 주시면, 저자에게 확인해 보고 답변드리겠습니다.

무엇보다 20년 가까이 몸담았던 회사를 떠나 새로운 일을 도모하는 시점에 마음으로 응원해 준 아내 조신영 작가와 아들 형준이, 딸 서영 이에게 고맙고, 거친 우리말 표현들을 섬세한 여성 감성으로 바꿔 주신 대학원 제자 이지성 코치님과 진성 리더십 아카데미 동기인 손가연 코치님에게 감사를 표합니다.

마지막으로, 40여 년 전 너무 일찍 가족을 떠나 하늘나라로 먼저 가신 아버지께 이 번역서를 바칩니다. 어린 나이였기 때문에 살아계실 때 부자간의 깊은 대화를 나눌 수는 없었지만, 고향인 해주를 떠나 서울에서 타향살이를 하며 젊은 시절에 많은 어려움을 겪고 북한에 두고 온 가족을 그리워하시던 모습이 눈에 선합니다. 한반도의 통일을 제 손으로 이루기는 어렵겠지만, 코치로서 그리고 비영리 사단법인의 리더로서 할 수 있는 일을 해 보려고 합니다.

한 권으로 읽는 101개국
101가지 핵심 키워드

초판 1쇄 인쇄 2023년 6월 12일
초판 1쇄 발행 2023년 6월 30일

지은이 만딥 라이
옮긴이 김상학

편집 지은정
마케팅 총괄 임동건
마케팅 지원 이유림, 안보라, 임주성
경영 지원 임정혁, 이순미
펴낸이 최익성
펴낸 곳 플랜비디자인
디자인 박규리

출판등록 제2016-000001호
주소 경기도 화성시 동탄첨단산업1로 27 동탄IX타워 A동 3210호

전화 031-8050-0508
팩스 02-2179-8994
이메일 planbdesigncompany@gmail.com

ISBN 979-11-6832-052-9 03320